Werkzeuge für Ideen

T0338945

Eines Tages wird es zweifellos eine Wissenschaft geben – vielleicht wird sie ‚Wissenschaft vom Menschen' heißen –, die versuchen wird, den Menschen durch das Studium des schöpferischen Menschen besser zu verstehen... Ich denke oft an diese Wissenschaft...

Pablo Picasso, 1943

Christian Gänshirt

Werkzeuge für Ideen

EINFÜHRUNG INS ARCHITEKTONISCHE ENTWERFEN

2., aktualisierte Auflage

Birkhäuser

Basel

Gestaltung: Atelier Fischer, Berlin

Umschlaggestaltung: Rein Steger, ActarBirkhäuserPro, Barcelona

Reproduktion: LVD GmbH, Berlin

Druck und Bindung: Freiburger Graphische Betriebe

Die 1. Auflage dieses Buches ist auch in englischer Sprache erschienen:

ISBN 978-3-7643-7577-5

Bibliografische Information der Deutschen Nationalbibliothek

Die Deutsche Nationalbibliothek verzeichnet diese Publikation in der Deutschen Nationalbibliografie;

detaillierte bibliografische Daten sind im Internet über http://dnb.d-nb.de abrufbar.

2., aktualisierte Auflage

© 2011 Birkhäuser GmbH

Basel

Viaduktstrasse 42, CH-4051 Basel, Schweiz

Ein Unternehmen von ActarBirkhäuser

Gedruckt auf säurefreiem Papier, hergestellt aus chlorfrei gebleichtem Zellstoff. TCF ∞

Printed in Germany

ISBN 978-3-0346-0704-9

9 8 7 6 5 4 3 2 1

www.birkhauser.com

Inhalt

Vorwort

Dieses Buch geht von der Metapher „Werkzeuge des Entwerfens" aus. Am
direktesten ließe sich das Entwerfen anhand der einzelnen, im Verlauf eines
Entwurfsprozesses ausgeübten Tätigkeiten beschreiben. Diesen Prozess aus
der Perspektive der „Werkzeuge des Entwerfens" zu betrachten, erlaubt hingegen, eine Distanz zu persönlichen Arbeitsweisen einzunehmen. Die hier
vorgeschlagene Darstellung ist nicht aus der Perspektive eines Architekten
verfasst, der seine Entwurfshaltung begründen oder eine bestimmte
Entwurfsmethode darstellen möchte. Der Blick richtet sich vielmehr auf die
allgemein gültigen Wechselwirkungen zwischen Entwerfenden, den ihnen
zur Verfügung stehenden „Werkzeugen" und den damit zu bearbeitenden
„Werkstoffen".

Gegenstände, die „Werke zeugen", sind grundlegend für alles menschli-
che Arbeiten. Die folgenden Kapitel wollen zunächst einen Überblick über
die aktuelle Literatur verschaffen, einige Begriffe und Definitionen zum
Thema Entwerfen vorstellen und den Vorgang des Entwerfens detailliert
beschreiben. Im Hauptteil des Buches werden dann die grundlegenden
„Werkzeuge des Entwerfens" benannt, ihre Entstehung und spezifischen
Eigenschaften beschrieben, um dann ihre gegenwärtige Bedeutung als
„Entwurfswerkzeuge" zu analysieren und kritische Aussagen über ihren
Gebrauch und ihre zukünftige Bedeutung zu treffen, besonders im Hinblick
auf die gegenwärtige Digitalisierung aller Werkzeuge. Dieses Vorgehen
erlaubt, so hoffe ich, das Erkennen und systematische Erschließen der vielfältigen Bedeutungsebenen entwurflicher Handlungsmöglichkeiten.

In den langen Jahren, die ich an diesem Buch arbeitete, erhielt ich
Unterstützung und Ermutigung von vielen Seiten. Mein erster Dank gilt
Prof. Jörg J. Kühn, der mich für sechs Jahre am Institut für Entwerfen der
Brandenburgischen Technischen Universität Cottbus aufnahm und mir
damit den Freiraum für diese Arbeit eröffnete. Die Begeisterung des
Neuanfangs, von der die damals noch junge Fakultät getragen war, hat mir
den Mut verliehen, die grundlegenden Fragen des Entwerfens neu anzuge-
hen. Mein ebenfalls erster Dank gilt der Redaktion der Internet-Architektur-
zeitschrift Wolkenkuckucksheim [cloud-cuckoo.net], besonders ihrem
Herausgeber Prof. Dr. Eduard Führ, der wesentliche Anregungen zu dieser
Arbeit gab und ihre Entstehung gerade in den ersten Jahren mit großem

Interesse förderte. Ganz besonders danke ich dem Berliner Tagesspiegel-Redakteur Holger Wild, der mich seit mehr als zwölf Jahren zu verständlichem Schreiben zu erziehen versucht, und Prof. Ralph Johannes, der über viele Jahre hinweg mich mit Literaturhinweisen anspornte und mit nie nachlassender Geduld immer wieder nach meinen Fortschritten fragte.

Für inspirierende Gespräche, Literaturhinweise, Kritik und Ermutigung danke ich allen meinen Freunden, Kollegen und Studenten, insbesondere: Ulrich Ackva, Florian Aicher, Karyn Ball, Raimund Binder, Nicolau Brandão, Peter Böke, Axel Buether, Jorge Carvalho, Ariane Epars, Christian Federmair, Anton Graf, Matthias Gorenflos, Tobias Hammel, Dagmar Jäger, Cornelia Jöchner, Christian Keller, Nico Knebel, Gereon Legge, Claudia Moddelmoog, Norbert Palz, Constanze A. Petrow, Jörg Petruschat, Ute Poerschke, Riklef Rambow, Hinrich Sachs, Eran Schaerf, Astrid Schmeing, Andreas Schwarz, Jürgen Schwinning, Melanie Semmer, Álvaro Siza, Sandra Staub, Peter Testa, Yvonne Wuebben und Ulrike Wulf-Rheidt.

Mein ganz besonderer Dank gilt allen, deren Abbildungen ich verwenden durfte, sie sind in den jeweiligen Bildunterschriften genannt. Als Verlagslektor hat Andreas Müller die Entstehung des Buches in den letzten anderthalb Jahren weitsichtig und sehr engagiert unterstützt und Entscheidendes zu seinem Gelingen beigetragen. Ohne seine Ideen und Vorstellungen und ohne seine konzentrierte und produktive Kritik wäre es nicht zu der vorliegenden Form und Stringenz gelangt. Bernd Fischer hat sich bei der Herstellung und grafischen Gestaltung des Buches außerordentlich engagiert und dabei dessen Grundgedanken hervorragend getroffen. Michael Robinson verdanken wir die schöne und präzise Übertragung ins Englische. Zu guter Letzt und vor allem danke ich meinen Eltern, Martin und Elfriede Gänshirt, die mich auch dann unterstützten, wenn es sonst niemand tat, und die am Ende durch ihren Druck- und Übersetzungskostenzuschuss dieses Buch ermöglichten.

Den Leserinnen und Lesern wie auch dem Verlag danke ich für die Möglichkeit, nun eine zweite, aktualisierte Auflage vorzulegen. Neu sind eine Bibliografie der seit Abschluss der ersten Auflage erschienenen Literatur zum Thema Entwerfen und das Nachwort. Die anderen Ergänzungen wurden so eingefügt, dass sich die Seitenzahlen nicht geändert haben. Erste und zweite Auflage können somit parallel verwendet werden.

ENTWERFEN UND FORSCHEN

Alle Theorie meint am Ende, was über sie hinausweist. Hans-Georg Gadamer (1986, S. 50)

9   Seit einiger Zeit ist das Fachgebiet Architektur als vollwertige Fakultät an Universitäten vertreten. Im Verhältnis zur Jahrhunderte alten Geschichte dieser Institution stellt dies ein Novum dar, dessen Bedeutung weder von den Architekten noch von der Universität bislang ausgelotet wurde. Bis vor wenigen Jahrzehnten waren es vorwiegend Kunstakademien, Ingenieurschulen, Fachhochschulen und Technische Hochschulen, an denen das Entwerfen und Bauen unterrichtet wurde. In Deutschland, wo Architektur seit Mitte der achtziger Jahre vermehrt an Universitäten gelehrt wird, wurden viele Kunsthochschulen und Technische Hochschulen, an denen das Fach zuvor beheimatet war, zu vollwertigen Universitäten ausgebaut. Damit wurde der seit Beginn der Neuzeit von Künstlern und Architekten erhobene Anspruch anerkannt, nicht nur als bessere Handwerker, als Künstler und Ingenieure, sondern auch als Wissenschaftler zu gelten.

Die Vereinheitlichung der Lehre durch die Einführung von Bachelor- und Masterstudiengängen stellt gegenwärtig in Europa gerade im Bereich Architektur einige Länder vor große Herausforderungen. An den Universitäten stellt sich die Frage, inwieweit die Einführung der neuen, stark vorstrukturierten Studiengänge die Lehr- und Forschungsfreiheit der Lehrenden und die Lernfreiheit der Studierenden einzuschränken droht. Eine längere Praxisphase zwischen Bachelor- und Masterstudium, wie in den USA üblich, würde es andererseits ermöglichen, die zum Entwerfen nötige Erfahrung zu sammeln. Die internationale Kompatibilität der Studiengänge fördert sicherlich die Mobilität von Studierenden wie Lehrenden. Sie macht aber auch neue Formen des Entwurfsunterrichts notwendig, die eher allgemeingültige als an persönlichen oder lokalen Vorlieben orientierte Inhalte vermitteln.

Die Umstellung auf Bachelor- und Masterstudiengänge erfordert eine Straffung der Studieninhalte, die nicht selten auf Kosten der „weichen" Themen des Architekturstudiums geht. Kulturelle und kreative Inhalte werden tendenziell von technischen und ökonomischen Fächern verdrängt. Diese Tendenz folgt den Zwängen einer Wirtschaftsordnung, die kreative Leistung erst und nur dann honoriert, wenn sich damit Geld verdienen lässt. Das allen kreativen Berufen innewohnende Versprechen der schöpferischen Selbstverwirklichung ist ein tragender Mythos dieser Wirtschaftsordnung, dem

Entwerfende ebenso gutgläubig folgen wie Autoren, bildende Künstler, Musiker oder Filmemacher. Zu beobachten bleibt, inwieweit die Umstrukturierung der Studiengänge noch dem Leitbild eines schöpferischen Berufs folgt.

Erstaunlicherweise können bis heute Architekten, gerade auch diejenigen, die sich als Entwerfende verstehen, der ursprünglichen Idee der Universität, Lehre und Forschung zu verbinden, nur wenig abgewinnen. Einer wissenschaftlichen Auseinandersetzung mit den grundlegenden Fragen des Entwerfens begegnen sie mit Skepsis, zumal ein Wissenschaftsverständnis, das dieser besonderen Tätigkeit adäquat wäre, noch längst nicht etabliert ist. Als sogenannter Entwurfsarchitekt zu promovieren gilt als unüblich, um nicht zu sagen kontraproduktiv. Was gegenwärtig für Entwerfende und Entwerfen Lehrende in aller Regel wirklich zählt, sind gewonnene Wettbewerbe und realisierte Projekte.

Dies aus gutem Grund: Da viele der mentalen Prozesse des Entwerfens (oder jeder anderen kreativen Tätigkeit) unbewusst ablaufen und nur mittelbar und in komplexen Zusammenhängen geübt werden können, kann eine Forschungstätigkeit nur indirekt die für das Entwerfen nötigen Fähigkeiten erweitern. Sie erzeugt ein Wissen, das von grundlegend anderer Kategorie ist als das an die Person gebundene Können der Entwerfenden. Deshalb wird auch weiterhin von allen akademisch tätigen Architekten der Einwand

Jaspers 1946, Adorno 1971, Bourdieu 1984: eine idealistische, eine theoretische und eine soziologisch-ethnografische Sicht der Universität

Egon Eiermanns zu bedenken sein, wie wenig wissenschaftliche Leistung zu unserem Beruf notwendig sei im Verhältnis zu der menschlichen Grundhaltung, mit der dieser Beruf begonnen und beendet werden sollte. (Eiermann 1994, S. 39) Theoretisches Wissen und Handlungswissen sind nicht von gleicher Art, und das eine lässt sich oft nur unter großen Schwierigkeiten in das andere übertragen. (Dörner 1989, S. 65) Aber dieses *„graue"* Wissen (a. a. O., S. 304) kann als Grundlage dienen, um über das Entwerfen und Bauen zu reden, es kann *„mitteilbare, nachprüfbare, diskutierbare"* (Jaspers, nach Saner 1970, S. 69) Erkenntnisse produzieren, die wiederum zur Basis einer Lehrtätigkeit werden können. Das Entwerfen hat in der heutigen Gesellschaft eine so zentrale Bedeutung, dass seine Erforschung nicht länger vernachlässigt werden darf. *„Ein Blick aus dem Fenster lehrt, dass wir geradezu unter einem Notstand der Gestaltung leiden. Jede Ortsranderweiterung, jedes Gewerbegebiet offenbart die Abwesenheit des Entwerfens"*, schrieb der Architekt und Journalist Wolfgang Bachmann. (Bachmann 2006)

ENTWERFEN LEHREN

Die Position von Architekten an der Universität ebenso wie an allen anderen Architekturschulen ist in erster Linie die von Lehrenden – und als solche von vornherein eine problematische. In seinem Vortrag *„Tabus über den Lehrerberuf"* beschrieb Theodor Adorno charakteristische Defizite des Lehrerdaseins: Unverkennbar besitze der Lehrberuf, verglichen mit anderen akademischen Berufen wie dem des Juristen oder des Mediziners, ein gewisses Aroma des gesellschaftlich nicht ganz für voll Genommenen. Unbewusst, vermutet Adorno weiter, würden Lehrer vielleicht als eine Art von Krüppeln vorgestellt, als im Grunde genommen unmündige Menschen, die innerhalb des eigentlichen Lebens, des realen Reproduktionsprozesses der Gesellschaft keine Funktion hätten. (Adorno 1971, S. 71 ff.) Den Verdacht, viele Lehrende hätten nicht wirklich etwas zu sagen, äußert Gregory Bateson noch radikaler:

„Ist es etwa so, dass sich die Lehrer bewusst sind, den Makel des Todes zu tragen, der alles, was sie berühren oder lehren wollen, in Geschmacklosigkeit verwandelt, und deshalb klugerweise nichts berühren oder lehren wollen, was für das wirkliche Leben von Bedeutung ist? Oder verhält es sich so, dass sie den Makel des Todes tragen, weil sie es nicht wagen, irgend etwas Lebenswichtiges zu lehren?"
(Bateson 1979, S. 15)

Von diesem Odium ausgenommen sieht Adorno jedoch die Lehrenden an den Hochschulen. Es sei bezeichnend, dass diejenigen Lehrer am meisten Ansehen genießen, nämlich eben die akademischen, die mindestens der Idee und der öffentlichen Vorstellung nach produktiv forschen, also nicht auf den als sekundär und scheinhaft verdächtigten pädagogischen Bereich fixiert sind. Adorno berichtet von einem Hochschullehrer, der feststellt, er habe pädagogisch nur deshalb gewirkt, weil er niemals seine Studenten pädagogisch behandelt habe. Erfolg als akademischer Lehrer verdanke man offenbar der Abwesenheit einer jeden Berechnung auf Einflussnahme, dem Verzicht aufs Überreden.

Nicht nur für diese Sichtweise ist es die wissenschaftliche Forschung, die der akademischen Lehre ihre besondere Glaubwürdigkeit und Relevanz verleiht. Als Äquivalent zum wissenschaftlichen Forschen gilt an Architekturfakultäten im Allgemeinen jedoch das eigene Entwerfen und Bauen – und nicht etwa eine wissenschaftliche Analyse des eigenen Tuns oder eine daraus entwickelte Theorie des Entwerfens. Nach dem gebauten und damit in konkreter Wirklichkeit als realisierbar, gut nutzbar und kulturell wertvoll erwiesenen Entwurf bemessen sich nach allgemeiner Auffassung Rang und Ansehen der das Entwerfen lehrenden Hochschullehrer. Doch die inhaltliche Qualität einer Entwurfslehre entsteht nicht nur aus der Qualität des selbst Entworfenen und Gebauten, sondern ebenso aus der Fähigkeit, die eigene Praxis zu reflektieren und deren implizites Handlungswissen in *„mitteilbares, nachprüfbares, diskutierbares"* Wissen – so Karl Jaspers' schon angeführte Beschreibung wissenschaftlicher Erkenntnis – zu transformieren und es damit erst lehrbar zu machen. Als „Unmündigkeit" eines Entwurfslehrers hätten in diesem Sinn zweierlei Defizite zu gelten: die Qualität der Entwürfe nicht durch eigenes Bauen nachgewiesen zu haben und die Qualität der Lehre nicht durch wissenschaftliches Arbeiten gesichert zu haben. Beides gilt es zu überwinden, denn *„die Forderung zur Mündigkeit scheint in einer Demokratie selbstverständlich".* (Adorno 1971, S. 133)

Zu seiner Zeit hatte Leonardo da Vinci eine vergleichbare Art von – unterstellter oder realer – „Unmündigkeit" zu überwinden. Ist es heute der Mangel an wissenschaftlicher Reflexion, der häufig die Grenzen einer Entwurfslehre markiert, so galten damals in der gesellschaftlichen Hierarchie Künstler und Architekten kaum mehr als Handwerker, deren Status nicht mit dem eines Gelehrten zu vergleichen war. Leonardos Anspruch, als

Leonardo da Vinci: Sitzender alter Mann mit Wirbelstudien, um 1513, Feder und Tinte, 15,2 x 21,3 cm, Windsor Castle, The Royal Collection, RL 12579r

Gelehrter anerkannt zu werden und nicht mehr nur als besserer Hand-werker, als *„huomo sanza lettere"* (Arasse 1997, S. 69) zu gelten, manifestierte sich in einer ausgedehnten wissenschaftlichen Tätigkeit, in der er die Grundlage seiner künstlerischen Arbeit sah und die zugleich seinen Anspruch auf einen höheren gesellschaftlichen Status untermauerte. Die Verbindung von künstlerischer Arbeit, technischem und architektonischem Entwerfen und wissenschaftlicher Forschung wurde in der Person Leonardo da Vincis zu einer *„Symbolfigur des modernen Menschen"*, (Mittelstrass 1994, S. 159) die heute neue Aktualität gewinnt. Der *„projector"* Leonardo (Schumacher 1981, S. 41) ist von Architekten, die sich trotz eines immer größer werdenden Spezialisierungsdrucks weiterhin als Generalisten, als *„Spezialisten der Nicht-Spezialisierung"* (Álvaro Siza) verstehen wollen, erneut auf seine Vorbildfunktion zu prüfen. Leonardo, der als Linkshänder dem räumlichen, bildhaften, assoziativen und simultanen Denken zugeneigt war, gilt es heute neu zu befragen, wie sich Kunst und Technik, Entwurf und Forschung, Architektur und Wissenschaft auf zeitgemäße Weise in Verbindung bringen lassen.

Jeder Lehre wohnt die Tendenz inne, um einer prägnanteren Darstell-barkeit willen zu vereinfachen und zu verkürzen, mit der Gefahr, in der Folge dogmatisch zu werden. Verfolgt man die historische Entwicklung des Architekturunterrichts, wird deutlich, dass es immer wieder neue Ansätze gab, diese Tendenz aufzubrechen und sich in einer Gegenbewegung neu der Realität anzunähern. Diese Bemühungen, aktuelle Kenntnisse und Arbeitsmethoden in die Lehre einzubeziehen, wurden langfristig zu den fruchtbarsten Impulsen für die Weiterentwicklung der Entwurfslehre. Ein historisches Beispiel ist die englische Arts-and-Crafts-Bewegung mit ihrer spezifischen Verbindung von Kunst und Handwerk, die über Hans Poelzig und das Bauhaus hinaus bis heute wirksam ist. Der Wunsch, direkten und konkreten Bezug zur Wirklichkeit herzustellen, war bei Poelzigs Rollenspielen oder den Materialstudien, die László Moholy-Nagy am Bauhaus durchführte, Basis vieler Erneuerungen.

Im Zuge von Aufklärung und Industrialisierung haben sich in Europa seit der Französischen Revolution zwei parallele Traditionen mit unterschiedlichen Schwerpunkten entwickelt, die jeweils mehr den künstlerischen oder mehr den ingenieurwissenschaftlichen Aspekten des Entwerfens und Bauens Rechnung tragen. Die künstlerische Seite wurde von den Ateliers der École des Beaux-Arts vertreten, die als Nachfolgeinstitution der Académie Royale d'Architecture 1793 in Paris gegründet wurde. Das Entwerfen wurde an dieser Institution als Kunst gelehrt, mit dem einer Architektenpersönlichkeit zugeordneten Atelier als einer verschworenen Gemeinschaft, deren Hierarchie von einem traditionellen Meister-Schüler-Verhältnis gekennzeichnet war. Diese Traditionslinie lässt sich über die Kunsthochschulen unserer Tage bis zu den *units* der britischen Architectural Association verfolgen.

Zum anderen wurde das Entwerfen von den technischen Grundlagen des Bauens her gelehrt. Diese Lehre war den Prinzipien der Aufklärung, den neuzeitlichen Wissenschaften, letzten Endes der modernen Universität verpflichtet. Die entsprechende Institution, die École Polytechnique, wurde 1794, ein Jahr nach der École des Beaux-Arts und somit ebenfalls im Umfeld der Französischen Revolution, mit dem ungebrochenen Enthusiasmus der Aufklärung gegründet.

Studentische Arbeitsräume der Fakultät für Architektur der Universität Porto (FAUP), Álvaro Siza, 1986-1995

Die Lehrenden dieser Schule waren verpflichtet, die von ihnen vermittelten Inhalte schriftlich niederzulegen und wissenschaftlich zu begründen. (Pfammatter 1997) Daraus entstanden unter anderem Jean-Nicolas-Louis Durands berühmte und einflussreiche *Précis des leçons d'architecture données à l'École Polytechnique.* (Durand 1802) Der Unterricht fand nicht mehr nur im Atelier, sondern in Hörsaal und Seminar statt, man war bestrebt, die Lehre durch theoretisches Arbeiten zu untermauern. Dem Meister-Schüler-Verhältnis der künstlerischen Ausbildung stand hier das Prinzip wissenschaftlicher Forschung und Lehre gegenüber.

Den damaligen Studierenden war die Zweiteilung des Ausbildungssystems bewusst, und damit auch die Notwendigkeit, sich mit beiden Aspekten des Bauens intensiv zu beschäftigen. Viele haben sich in beiden Systemen ausgebildet und gelegentlich, wie etwa Durand, auch beide Systeme gelehrt. Die nicht oder falsch verstandene Dichotomie der künstlerischen und der technisch-wissenschaftlichen Aspekte des Entwerfens und Bauens jedoch führt bis heute zu Unklarheiten im Selbstverständnis der Architekten. Während die einen sich als zweckrationale Techniker im Dienste ihrer Bauherren sehen, die keine Verantwortung mehr für das Ganze tragen, übersehen die anderen gerne, dass wissenschaftliche, technische und ökonomische Rationalitäten Bestandteil der menschlichen Kultur sind, mit der wir diese Welt bewohnbar – oder auch unbewohnbar – machen.

Architektur ist der konkreten Wirklichkeit mehr verpflichtet als aller Theorie. Aus dieser Grundhaltung ist sie im Prinzip in der Lage, im Spektrum der Fakultäten – oder wie Karl Jaspers schreibt: im Kosmos der Wissenschaften – einen Gegenpol zur Philosophie zu bilden. Während jene die Ergebnisse wissenschaftlicher Arbeit aus theoretischer Sicht zusammenfasst und auswertet, kann die Architektur dieses Zusammenfassen und Auswerten im Hinblick auf die konkrete Realisierung leisten. So wie die Philosophie sich in einer Welt der Ideen *jenseits* der strengen Wissenschaften bewegt, kann die Architektur *diesseits* der Wissenschaft einen Beitrag dazu leisten, diese auf die konkrete Lebenswelt zu beziehen. Das von Le Corbusier formulierte Ideal der *Synthèse des Arts* wäre in diesem Sinn erweitert zu einer *Synthèse des Arts et des Sciences*. Die Aufgabe der Architektur in der Universität wäre es dann, die Gesamtheit der Wissenschaften nicht zu vervollständigen, sondern aus der Perspektive konkreter Realisierung überhaupt erst herzustellen. Um dies leisten zu können, müsste allerdings das wissenschaftliche Arbeiten – in einem noch zu definierenden Sinn – nicht nur einen wesentlich höheren Stellenwert an den Architekturfakultäten erhalten, sondern überhaupt erst im Selbstbild entwerfender Architekten verankert werden.

DAS ENTWERFEN ERFORSCHEN

Eine der konzisesten Definitionen von Wissenschaft hat der Biologe Edward O. Wilson vorgeschlagen: Wissenschaft sei das *„organisierte, systematische Unterfangen, Wissen über die Realität zusammenzutragen und es zu überprüfbaren Gesetzen und Prinzipien zu verdichten".* (Wilson 1998, S. 73) Das Ideal wissenschaftlicher Tätigkeit mit Kriterien wie methodischer Strenge, Wiederholbarkeit, Berechenbarkeit, zwingender Allgemeingültigkeit wird von den Naturwissenschaften vorgestellt. Ein Ideal, dessen Grenzen Gregory Bateson aufzeigt. Er betont,

„dass immer dann, wenn wir uns rühmen, einen neueren, strengeren Weg des Denkens oder der Darstellung gefunden zu haben [...] wir etwas von der Fähigkeit einbüßen, neue Gedanken zu denken. Und wir verlieren natürlich ebenfalls etwas, wenn wir gegen die sterile Strenge formalen Denkens und formaler Darstellung rebellieren und unsere Ideen wild schweifen lassen. Nach meiner Ansicht kommen die Fortschritte im wissenschaftlichen Denken von einer Verbindung lockeren und strengen Denkens, und diese Kombination ist das wertvollste Werkzeug der Wissenschaft." (Bateson 1972, S. 116 f.)

Unabdingbare Basis wissenschaftlicher Arbeit sei es, sich über die Voraussetzungen eines Ansatzes Klarheit zu verschaffen, denn Wissenschaft beweise nie irgend etwas. Sie stellt lediglich Hypothesen auf, die sie im weiteren Verlauf der Forschung entweder verbessert oder widerlegt. (Bateson 1979, S. 37) Erst das Bewusstsein von Voraussetzungen eröffnet Möglichkeiten diese in Frage zu stellen. Im *Buch der Unruhe*, das Fernando Pessoa, der portugiesische Schriftsteller der Moderne, seinem Heteronym Bernardo Soares zuschreibt, taucht zwischen zwei längeren Textabschnitten unvermittelt und ohne jeden weiteren Kommentar ein Satzfragment auf, das lautet: *„... o sagrado instinto de não ter teorias..."* (*„... der heilige Instinkt, keine Theorien zu haben..."*). (Pessoa 1991, S. 77) Diese Worte weisen auf die Idealvorstellung eines Künstlers oder Wissenschaftlers, der sich ungeschützt der Ganzheit lebendiger Existenz aus-

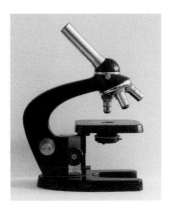

Symbol wissenschaftlicher Forschung: das Mikroskop

setzt im Versuch, die Welt ohne den Filter theoretischer Kategorien in sich aufzunehmen.

Die Freiheit des Menschen, den Karl Jaspers einmal als *„Existenz der aller Forschung unzugänglichen Freiheit"* charakterisierte, (Jaspers 1946, S. 50) manifestiert sich unter anderem im kreativen Akt des Entwerfens. Ein Ziel dieses Buches ist es, die Freiheit des Entwerfens zu beschreiben in der Hoffnung, sie damit besser zu erschließen, sie erfahrbar und mitteilbar zu machen. Keinesfalls kann es darum gehen, ihr das Korsett einer vordefinierten Methode anzulegen, vielmehr soll die Welt des Entwerfens als eine offene und zugleich als eine ganze verstanden werden, als ein Bereich, in dem eine Vielfalt von Sprachen, Denk- und Arbeitsformen existiert. Damit soll zu einer Entwicklung beigetragen werden, die Wolfgang Welsch in der Wissenschaftstheorie insgesamt konstatiert, wo das Artistische nicht nur ein Programm der Kunst, sondern auch ihres Gegenpols, der Wissenschaft selbst wird. (Welsch 1988, S. 18 f.)

In welcher Beziehung stehen Forschen und Entwerfen? Was kann Forschung für die Entwerfenden leisten? Beide Tätigkeiten erzeugen Wissen, doch von unterschiedlicher Art. Das Entwerfen, von vielen Architekten als ein Mittel der Erkenntnis aufgefasst, kann keinesfalls durch Forschung ersetzt werden. Forschung, insbesondere die technisch-wissenschaftliche Forschung, stellt zwar einen Teil des Wissens zur Verfügung, das in einen Entwurf einfließt. Aber das Entwerfen kann Wissenschaftlichkeit nur insofern beanspruchen, als es sich auf wissenschaftliche Erkenntnisse stützt. Das Verhältnis von Entwerfen und Wissenschaft kann in Analogie zur Relation von medizinischer Behandlung und Naturwissenschaft gesehen werden: Die medizinische Praxis stützt sich auf wissenschaftliche Methoden und Erkenntnisse, ist selbst aber keine reine, sondern eine angewandte Wissenschaft. Das Entwerfen ist eine Kunst, die über die gesicherten Fakten, über das handwerklich-technische Wissen hinaus wesentlich auf persönliches Handlungs- und Erfahrungswissen angewiesen ist. So gilt einerseits: Das Entwerfen ist selbst keine Wissenschaft, sondern nutzt technisch-wissenschaftliche Erkenntnisse ebenso wie künstlerisches Können und Wissen. Und andererseits: Das Entwerfen ist zwar keine Wissenschaft, kann aber zum Gegenstand wissenschaftlicher Untersuchungen werden.

Eine Wissenschaft, die das Entwerfen zu ihrem Thema macht, befasst sich nicht in erster Linie mit existierenden Gegenständen oder mit wiederholbaren Phänomenen, die sich isolieren und in aller Ruhe analysieren lassen. Sie befasst sich vielmehr mit dem Verhältnis entwerfenden Denkens und Handelns zur zukünftigen – immer ungewissen – Realisierung des Entworfenen. Eine solche Wissenschaft des Entwerfens übergreift Kunst-, Kultur- und Ingenieurwissenschaften und betrachtet einen Bereich, in dem sowohl natur- als auch geisteswissenschaftliche Ansätze relevant sind. Die Probleme des Entwerfens und damit auch einer Wissenschaft des Entwerfens sind von grundsätzlich anderer Struktur als die herkömmlicher Wissenschaften. Mit der Unterscheidung von *„zahmen"* und *„verzwickten, bösartigen"* Problemen, die sich aufgrund ihrer Komplexität und Widersprüchlichkeit weder eindeutig bestimmen noch vollständig lösen lassen, hat Horst Rittel auch den kategorischen Unterschied einer Wissenschaft des Entwerfens zu den herkömmlichen Wissenschaften bestimmt.

Eine wissenschaftliche Argumentation wird normalerweise aufgegeben, wenn sich in ihrem logischen Aufbau ein unlösbarer Widerspruch, eine Paradoxie zeigt. Die Tätigkeit des Entwerfens ist im Gegensatz dazu geprägt von der Problematik, trotz offensichtlicher Widersprüche akzeptable Lösungen erarbeiten zu sollen. Eine Wissenschaft, die das Entwerfen thematisiert, muss daher nach Wegen suchen Paradoxien aufzuzeigen, ihre Struktur und Bedeutung zu entschlüsseln und mit ihnen produktiv umzugehen: Beispielsweise indem sie, wie Rittel vorschlägt, zu lösende Probleme neu definiert, oder, wie Flusser demonstriert, Lösung auf einer anderen Bedeutungsebene sucht. Eine solche Forschung kann theoriebildend das Entwerfen und die Entwurfslehre unterstützen. Eines ihrer wesentlichen Ziele wäre, implizites Handlungs- und Erfahrungswissen *„mitteilbar, nachprüfbar und diskutierbar"* zu machen. Die Fähigkeit von Architekten, entwerfend und bauend unterschiedliche Disziplinen, unterschiedliche Maßstäbe und Betrach-

36 Forschungsarbeiten zum Thema Entwerfen.
Brenda Laurel (Hg.), *Design Research*.

tungsebenen zusammenzubringen und zu integrieren, wird auch in den Wissenschaften mehr und mehr gefragt. Es gehe, schreibt Jürgen Mittelstrass, der Wissenschaft nicht mehr nur darum zu erkennen, was die Welt im Innersten zusammenhält, sondern um die nicht geringere und immer dringlichere Aufgabe, die Welt zusammenzuhalten. (Mittelstrass 1994, S. 32) In diesem Zusammenhang wäre nichts weniger als eine neue Übersetzung des griechischen Begriffs *architekton* vorzuschlagen. Das Verb *archein* wird üblicherweise mit „herrschen" übersetzt, seine ursprüngliche Bedeutung lautet jedoch schlicht und einfach *„anfangen, vorausgehen, der Erste sein"*. (Wahrig 1986, S. 184) Der Begriff *tekton* bezeichnet zwar den Zimmermann, die *Tektonik* indessen ist auch die *„Lehre vom harmonischen Zusammenfügen von Einzelteilen zu einem Ganzen"*. (Wahrig 1986, S. 1270) Werden diese beiden Begriffe auf Architektur und Wissenschaft insgesamt bezogen, erhalten sie eine wesentlich erweiterte Bedeutung. Architektin oder Architekt zu sein heißt dann nicht mehr nur als Baumeister „über die Zimmermänner zu herrschen", sondern bedeutet zugleich als Künstler, Ingenieur *und* Wissenschaftler zu agieren – *als jemand der anfängt, Einzelteile zu einem harmonischen Ganzen zu fügen.*

ENTWERFEN

Of course there's a contradiction. It's within the contradictions and ambiguities that we must find our work. John Cage (nach Mau 2000, S. 427)

Dieses Buch entstand aus der Suche nach neuen Möglichkeiten, das Entwerfen zu beschreiben. Entwurfslehren geben zumeist bestimmte Methoden oder systematische Handlungsabläufe vor, oder sie stellen die architektonischen Elemente dar, aus denen sich ein Entwurf erarbeiten ließe. Im Folgenden wird der Versuch unternommen, auf einer übergeordneten und zugleich konkreteren Ebene die beim Entwerfen zur Verfügung stehenden Hilfsmittel und Handlungsmöglichkeiten zu benennen, zu analysieren und ihre Potenziale für eine kritische Weiterentwicklung zu erschließen. Der Umstand, dass es nicht möglich erscheint, allgemein gültige Entwurfsmethoden zu formulieren – ein alter Traum, vergleichbar mit dem des Mittelalters auf der Suche nach dem Stein der Weisen oder dem der Moderne auf der Suche nach der Weltformel, die alles erklärt, oder nach der Software, die alle Kommunikationsprobleme löst – soll uns nicht von dem Versuch abhalten, die Grenzen dessen zu erweitern, innerhalb derer sich entwurfliches Denken bewegen kann.

Bei dem hier unternommenen „Horizontalschnitt" durch verschiedene Wissensgebiete wird die Schnittebene durch zwei Fragen definiert: „Was ist

Entwerfen?" und daran anschließend: „Welches sind die Werkzeuge des Entwerfens?" Dieses Vorgehen ist der Arbeitsweise von Architekten verwandt, die bei Entwurf und Planung eines Gebäudes zahllose Informationen aus unterschiedlichen Disziplinen verknüpfen, ohne dabei das Ganze aus den Augen zu verlieren. Am Ausgangspunkt der Überlegungen standen die entwurfstheoretischen Ansätze des Designers Otl Aicher und des Philosophen Vilém Flusser. Insbesondere die Schriften Aichers haben neue Maßstäbe für eine wissenschaftliche Diskussion des Entwerfens gesetzt. Die Texte Flussers, vor allem seine Unter-

Zeichnende Architektin. Foto: Stephanie Meyer

suchung der „Geste des Machens" (Flusser 1991) und der Beziehungen von Werkzeug, Maschine und Apparat können als eine komplementäre und theoretisch versierte Vertiefung von Aichers weniger systematischen Ansätzen gelesen werden.

Das Buch folgt in gewisser Weise der Struktur mancher ingenieurwissenschaftlicher Arbeiten, die in einem ersten Teil die theoretischen Grundlagen der zumeist vom jeweiligen Autor entwickelten Werkzeuge darlegen, welche dann im zweiten Teil ausführlich beschrieben werden – mit dem Unterschied, das in diesem Buch keine Werkzeuge neu entwickelt, sondern die bestehenden neu betrachtet werden. Grundlegend ist dabei die Bemühung das Ganze zu sehen. Sie entspricht der Haltung von Entwerfenden, die sich immer wieder einen Überblick über die Zusammenhänge verschaffen, innerhalb derer sie sich bewegen, um einzelne Details und das Ganze, Entwurf und Kontext in schlüssige Beziehung zu setzen.

Zwei Sätze ließen mich aufhorchen, weil sie eine neue, weder stilistisch noch ideologisch determinierte Sicht des Entwerfens andeuten. Der erste stammt von Álvaro Siza, der in einem Interview erklärte:

„Man darf sich nicht zum Sklaven eines einzigen Arbeitsmittels machen.
Deshalb arbeite ich immer mit ordentlichen Zeichnungen vom Reißbrett, mit Skizzen
und Modellen gleichzeitig." (Siza 1990, S. 1470)

Zweifel an der Eignung der verfügbaren Arbeitsmittel werden hier deutlich, und als Reaktion darauf der Gedanke, diese in der alltäglichen Entwurfsarbeit zu relativieren, um ihre Defizite zu kompensieren. Ein zweiter Satz fiel mir in Otl Aichers Buch *analog und digital* auf: *„wir müssen vom denken zum machen übergehen und am machen neu denken lernen."* (Aicher 1991/I, S. 76) Aicher spricht über die kulturelle und ideologische Bedingtheit des Denkens – und damit auch des Entwerfens – und weist zugleich einen Weg, diese vom konkreten Arbeiten her in Frage zu stellen.

Entwurfsprozesse sind unendlich komplex und detailreich und in ihren entscheidenden Momenten nicht vorhersagbar. Jeder Mensch entwirft anders. Jeder verfügt über ein anderes Wissen, hat andere Wahrnehmungen, denkt in anderen Strukturen und nach anderen Kriterien, drückt das Gedachte auf andere Weise aus. Einfache Regeln oder kompakte Theorien des Entwerfens, selbst wenn es sie gäbe und wenn sie richtig wären, blieben entweder zu detailliert oder zu allgemein, um in der alltäglichen Praxis weiterzuhelfen.

Ausstellungsraum der Fakultät für Architektur der
Universität Porto (FAUP), Álvaro Siza, 1986-1995

Jedoch vermag eine Theorie einen Fächer von Fragen zu formulieren, zu durchdenken und so weit ausdifferenzieren, bis sich auf die so formulierten Fragen in der Praxis entsprechende Antworten finden lassen. Eine solche Theorie kann eine große Zahl beobachteter Details in sinnvolle Zusammenhänge bringen, ihre gegenseitigen Beziehungen und Abhängigkeiten erkennbar machen und helfen ein immer weiter korrigierbares und differenzierbares Bild des Entwerfens zu zeichnen. Jede Frage ist zugleich eine Aufforderung an die Leser, ihre eigene Arbeitsweise zu reflektieren und persönliche Antworten zu formulieren.

Entwerfende beschäftigen sich mit der Zukunft, mit dem Verhältnis von dem, was sie in ihrer jeweiligen Gegenwart entwerfen, und dessen zukünftiger Verwirklichung. Der Vorgang des Entwerfens ist gleichsam ein Übersetzen von der Theorie in die Praxis. Das Verhältnis von ursprünglicher Entwurfsidee und deren zukünftiger Verwirklichung lässt sich allerdings nicht mit der gleichen analytischen Schärfe fassen wie natur- oder selbst sozialwissenschaftliche Probleme. Im Gegenteil, die Fähigkeit zum reflektierten Umgang mit Unschärfe ist unverzichtbar für ein qualifiziertes Entwerfen.

Für ihre Arbeit nutzen Architektinnen und Architekten das von den Naturwissenschaften erworbene Tatsachenwissen – von Aristoteles als *episteme* klassifiziert –, ihrer Arbeit selbst liegen jedoch Fähigkeiten zugrunde, die in der Terminologie Aristoteles' als *poiesis* (griech. Machen, Herstellen, Hervorbringen) und als *praxis* (griech. Handeln, Verhalten) zu bezeichnen wären. Während die *poiesis* auf dem *„kunstfertigen Handwerkswissen"* (Gadamer 1998, S. 6) der *techne* basiert, ist die Grundlage der *praxis* ein Wissen einer anderen Kategorie, die Aristoteles als *phronesis* bezeichnet und die er als *„Klugheit, gut zu handeln"* definiert, als *„handlungsleitende, wahre und auf*

Begründung beruhende Haltung im Bereich des für den Menschen Guten und Schlechten". (nach Ebert 1995, S. 167)

Den Unterschied dieser beiden Kategorien verdeutlicht Aristoteles am Beispiel des Handwerkers, dessen auf sein Fach begrenzte Sachkunde und Fertigkeiten des Herstellens *(poiesis)* er unterscheidet vom guten und vernünftigen Verhalten *(praxis)* des Architekten, der auch dort noch Rat weiß, wo die *techne* mit ihren Regeln versagt. (Nikomachische Ethik VI, 1141b 20) In diesem Zusammenhang erwähnt Aristoteles die *architektonik* als eine „*oberste Kunst des Anweisens".* (Gadamer 1998, S. 12)

Das eigentliche Problem des Entwerfens, so lässt sich im Anschluss an diese Begriffsbestimmung sagen, ist nicht nur eine Frage von *poiesis* und *techne* (des sachkundigen Herstellens), sondern vor allem der *praxis* und der *phronesis* – des guten und vernünftigen Handelns, das aus der *empeiria* (griech. Erfahrung) erwächst. Anders als in den sich als wertfrei verstehenden Naturwissenschaften ist also für eine Wissenschaft vom Entwerfen die Frage nach dem Wert – dem Wert eines Wissens, eines Könnens, einer Handlung, eines Werkzeugs – von zentraler Bedeutung.

Entwerfenden, die mit konkreten Problemen beschäftigt sind, helfen daher knappe, regelhafte Begriffsdefinitionen kaum weiter, sie benötigen vielmehr differenzierte Kenntnisse entwurflicher Handlungsmöglichkeiten. In der klassischen Architekturtheorie ebenso wie in der gängigen Entwurfslehre wird in der Regel über Kriterien, Vorbilder und Ergebnisse der Entwurfsarbeit gesprochen. Im Folgenden sei jedoch die Rede von den Werkzeugen und Kulturtechniken des Entwerfens.

VORBILDER, PRINZIPEN, THEORIEN

Zum Entwerfen ist ein breites Spektrum spezifischen Fachwissens erforderlich, das sich je nach Fachrichtung unterscheidet. Gemeinsam ist allen betroffenen Disziplinen ein generelles Wissen über die Tätigkeit des Entwerfens, das bedauerlicherweise selten über die Grenzen der einzelnen Fachrichtungen hinweg ausgetauscht wird. Der folgende Überblick konzentriert sich auf den Bereich Architektur, er wird ergänzt durch Hinweise zu den angrenzenden Bereichen. Die dabei zugrunde gelegte Struktur der Wissensgebiete gilt auch für andere Entwurfsdisziplinen.

Welche Literatur ist derzeit über das Entwerfen verfügbar, was davon sollten Entwerfende kennen? Die im Bezug auf das Entwerfen relevanten Publikationen füllen ganze Bibliotheken. Mit Fragen des Entwerfens beschäftigen sich nicht nur Architekten, Designer und Ingenieure, sondern auch Stadtplaner und Landschaftsarchitekten, Bau-, Technik- und Kunsthistoriker, Mathematiker, Psychologen und Neurologen, bildende Künstler, Musiker, Manager und Philosophen. Darin mag ein Grund dafür liegen, warum die wissenschaftliche Diskussion zu diesem Thema so wenig geordnet oder überhaupt nur vernetzt ist.

Die Vielfalt der im Bezug auf das Entwerfen möglichen Forschungsansätze stellen Groat und Wang in ihrem Buch *Architectural Research Methods* (2002) und Laurel in *Design Research* (2003) für den englischsprachigen Bereich dar. Während Groat und Wang sieben unterschiedliche Forschungsmethoden ausführlich analysieren, versammelt Laurel mehrere Dutzend eigenständige Forschungsarbeiten zum Thema. Anhand einer Matrix, in der die Kategorien von Forschungsmethoden, -kontexten, -gegenständen und -bereichen sich mit den Themenkreisen Person, Form, Prozess und Handlung überschneiden, (Laurel 2003, S. 8 f.) zeigt sie, dass die meisten dieser Untersuchungen mehrere Themen und mehrere Kategorien berühren. Hier sei statt dessen eine einfachere Struktur verwendet, die drei Kategorien unterscheidet: an Vorbildern, an Prinzipien und an Theorien orientierte Sichtweisen. Sie ordnen sich in jeder Kategorie in mehreren Untergruppen in einer Abfolge vom Allgemeinen zum Persönlichen. Die für den heutigen Stand der Diskussion wichtigsten Veröffentlichungen werden im Folgenden angesprochen, etwa 300 weitere Publikationen sind in der Bibliografie aufgeführt.

WAS MAN ENTWERFEN KANN

Die Darstellungen darüber, was man entwerfen kann, präsentieren zumeist konkrete, realisierte Beispiele und werden im Allgemeinen nicht als Entwurfslehren oder Entwurfstheorien aufgefasst. In der Regel betonen diese Publikationen die künstlerischen und visuellen Aspekte des Entwerfens. Ihre Vorgänger sind die Mappen- und Vorlagenwerke des 19. Jahrhunderts. Diese weitaus beliebtesten Informationsquellen vieler Entwerfender sind meist leicht zu konsumieren, vermitteln einfach zu übertragende Beispiele, die sich ohne kritische Auseinandersetzung zur Nachahmung anbieten und anscheinend problemlos in die eigene Arbeit übernehmen lassen. Im schlechtesten Fall verleitet diese Literatur zu oberflächlicher Nachahmung, im

An Vorbildern orientiert (Was man entwerfen kann)

Von einzelnen Gebäuden ausgehend (the making of ...)
Von **Gebäudetypologien** ausgehend
Von Stilen, Formensprachen, Genealogien, Trends ausgehend
Von Regionen, Ländern oder bestimmten Zeiträumen ausgehend
Vom Werk einzelner **Persönlichkeiten** ausgehend

An Prinzipien orientiert (Wie man entwerfen kann)

Von der Lehre des Entwerfens ausgehend
Vom **Entwurfsprozess (Methodik)** ausgehend
Von Regeln, Normen, **Vorschriften** ausgehend
Vom Baumaterial bzw. der Baukonstruktion ausgehend
Von der **Darstellung** ausgehend
Von formalen Gestaltungsprinzipien ausgehend
Von der Analyse der **architektonischen Elemente** ausgehend
Von der Arbeitsweise einzelner Persönlichkeiten ausgehend

An Theorien orientiert (Wie man das Entwerfen begründen kann)

Von **naturwissenschaftlichen** Denkansätzen ausgehend
Von lebenswissenschaftlichen Denkansätzen ausgehend
Von geistes- bzw. **kulturwissenschaftlichen** Denkansätzen ausgehend
Von **gesellschaftlichen Themen** ausgehend
Von der Kunst-, Architektur- und Designtheorie ausgehend

Ansätze der Forschung über das Entwerfen (auf die Architektur bezogen)

besten ermöglicht sie unter verschiedenen Fragestellungen Einblick in die tieferen Zusammenhänge des Entwerfens.

Von einzelnen Gebäuden ausgehend lässt sich die Entstehung eines Entwurfs, in aller Ausführlichkeit darstellen. Seinem anspruchsvollen Titel *Theorie des Entwerfens* wird das Buch von Fiederling (1975) nicht gerecht, das lediglich Schritt für Schritt die Ausarbeitung eines Entwurfs für ein Einfamilienhaus erläutert. Beispielhaft hingegen stellen Nägeli und Vallebuona

(1992) aus Sicht der Architekten die Entstehung einer großen Fabrikanlage dar. In *The Making of Beaubourg* untersucht Silver (1994) aus der zeitlichen Distanz von mehr als einem Jahrzehnt die „Biografie" des von Piano und Rogers entworfenen Centre Pompidou in Paris. Foster (2000) und Behnisch und Durth (2005) stellen in ihren Büchern nicht nur die Geschichte der von ihnen umgebauten Gebäude und der von ihnen beherbergten Institutionen dar, sondern auch die politischen Hintergründe ihrer Entwurfsarbeit. In vielen andern Fällen sind einzelne Gebäude thematisierende Publikationen kaum mehr als Selbstdarstellungen von Baufirmen, Architekten und Bauherren.

Wenig entwickelt ist im Bereich der Architektur eine markt- oder nutzerorientierte Forschung, wie sie beispielsweise im Produktdesign intensiv betrieben wird – vorab in der Entwurfsphase ebenso wie als nachträgliche Evaluierung durch unabhängige Institutionen. Hingegen gibt es von **typologischen** Fragen ausgehende Untersuchungen, die Projekte unter bestimmten funktionalen Kriterien auswählen, ordnen und damit vergleichbar machen. So bietet der *Grundrissatlas Wohnungsbau* (Schneider 1994, 2004) zahlreiche Wohnungsgrundrisse im Maßstab 1:200, die ergänzt durch Schnitte, Fotos und technische Informationen einen guten Überblick geben. Ähnliche Arbeiten gibt es auch zum Industriebau (Ackermann 1988, 1993, 1994) und zum Büro-, Hochhaus- und Museumsbau. Mit den Mitteln der dokumentarischen Fotografie leisten auch die zahlreichen Bücher der Bechers zur Architektur der Montanindustrie oder von Höfer (2001, 2005) zur Gestaltung von Innenräumen öffentlicher Gebäude wertvolle Beiträge.

Von architektonischen Richtungen, einzelnen Regionen oder bestimmten Zeiträumen ausgehende Untersuchungen sind so zahlreich, dass ihre Erwähnung hier zu weit führen würde. Ebenso wie die vom Werk einzelner Persönlichkeiten ausgehenden Publikationen erlauben sie es, die kulturellen, geografischen und politischen Zusammenhänge des Entwerfens zu beleuchten.

WIE MAN ENTWERFEN KANN

Während die bisher genannten Darstellungen das Entwerfen von den Ergebnissen her sehen, orientieren sich die Ansätze und Publikationen der zweiten Gruppe an klar benennbaren und nachvollziehbaren Prinzipien. Sie fragen wie, mit welchen Mitteln und nach welchen Methoden man entwerfen kann, welche Gesichtspunkte, welche Regeln, Vorschriften, Normen und Gesetze dabei zu beachten sind. Sie versuchen die Parameter und Gesetz-

Obere Etage und Treppe der Buchhandlung Lello & Irmão, Porto

mäßigkeiten des Entwerfens rational zu erfassen. Fast alle dieser Beiträge lassen sich einem der nachfolgend genannten Einzelaspekte zuordnen, und auch wenn manche Publikationen Elemente aus mehreren Ansätzen aufgreifen, gelingt es keiner, das breit gefächerte Fachwissen und das weite Spektrum unterschiedlicher Kulturtechniken, die zum qualifizierten Entwerfen erforderlich sind, umfassend darzustellen.

Die Schwierigkeit liegt auch darin, dass die Kenntnis und Beachtung dieser Regeln und Prinzipien eine nicht immer notwendige und keinesfalls hinreichende Bedingung für das Entstehen guter Entwürfe sind. Ihr Geltungsbereich ist immer begrenzt, doch kaum einmal werden diese Grenzen aufgezeigt. Ein aufgeklärter Umgang würde vor allem die Relativität solcher Regeln thematisieren. Selten werden Regeln für die Anwendung der Regeln gegeben, und *„in der Kunst gelten"*, nach einer Polemik von Francisco de Goya, sowieso *„keine Regeln"*. (nach Hofmann 2003, S. 119) Tatsächlich sind viele von ihnen eher Rezepte oder Faustregeln, die nun als allgemeingültig dargestellt werden. Ein einfaches Beispiel: Die von Neufert angegebenen Formeln zur Festlegung von Treppensteigungen (1992, S. 176) sind sicherlich ausreichend für das Dimensionieren von Standardtreppen im Wohnungs- oder Bürobau, aber unbrauchbar für Treppen in repräsentativen öffentlichen Gebäuden, in Gärten oder Parks – oder auch in doppelstöckigen Omnibussen. Sie vernachlässigen die Breite der Treppe, die einen wesentlichen Einfluss auf die Sicherheit hat, ebenso wie die Geschwindigkeit, in der sie üblicherweise begangen wird. Nicht bedacht wird vor allem aber die architek-

Bibliothek der Fakultät für Architektur der Universität Porto (FAUP), Álvaro Siza, 1986-1995

tonische Bedeutung, die ein besonderes Steigungsverhältnis vermitteln kann.

In vielen dieser Bücher wird das Entwerfen auf etwas Technisches reduziert, künstlerische und kulturelle Aspekte werden ebenso vernachlässigt wie historische, auf jegliche Wertung wird verzichtet. Positiv ist der Versuch, allgemeingültige Aussagen über jene Aspekte des Entwerfens zu machen, die unabhängig von Person oder Formensprache sind. Dieser der Aufklärung verpflichtete Ansatz, eine rationale, das Meister-Schüler-Verhältnis überwindende Entwurfslehre nach wissenschaftlichen Grundsätzen zu entwickeln, lässt sich bis auf Durand und die Anfänge der Pariser École Polytechnique zurückführen. (Pfammatter 1997)

Im Rahmen dieses Ansatzes konzentriert sich eine erste Gruppe von Publikationen auf den **Entwurfsprozess** und dessen Systematisierung in der Entwurfsmethodik. Dies war schon Gegenstand des *Design Methods Movement* der 1960er Jahre, dessen Verlauf Prominski in seiner Dissertation *Komplexes Landschaftsentwerfen* (2003) in den Grundzügen nachzeichnet. Der von Joedicke (1970, 1976) vertretene Ansatz beschreibt eine funktionalistische, auf den Prozess ausgerichtete Entwurfsmethodik, die auf komplexen *„Bewertungs- und Entscheidungstechniken"* (1976, S. 33-44) basiert, ohne jedoch die Vorgänge des Entwerfens selbst ausreichend darzustellen. Der russische Wissenschaftler Altschuller entwickelt in seinem Buch *Erfinden – Wege zur Lösung technischer Probleme* (1979, 1998) Algorithmen zur Lösung von Erfindungsaufgaben, die systematisch die Parameter solcher Aufgaben bestimmen helfen und Wege zu ihrer Lösung vorschlagen.

Lesesaal der Universitätsbliothek Cottbus, Herzog & de Meuron, 1994-2005

Sein Ansatz wird heute in den Ingenieurwissenschaften weiter verfolgt, bietet aber auch viele Anregungen zum Thema Entwerfen.

Das Thema **Entwurfsmethodik** wird auch heute noch verfolgt. So versucht Engel (2003) anhand zahlreicher Diagramme *„die Methodik der Architektur-Planung als eine rationale, durchschau- und vorhersehbare Vorgehensweise"* (a.a.O., S. 230) darzustellen. Dagegen hält Gerkan *„die Behauptung, dass Entwerfen explizit methodisch zu bewerkstelligen wäre, für Scharlatanerie".* (Gerkan 1995, S. 39) Auch Kücker kritisiert die *„sogenannte Verwissenschaftlichung des Entwerfens"*: Einem rationalen Planungsprozess zuliebe die Dimension des Entwurfs auf das Nachvollziehbare zu verkürzen müsse scheitern, das Entwerfen sei ein künstlerischer Akt. (Kücker 1989, S. 19, S. 92 f.) Schön untersucht die Prozesse des Entwerfens, ohne dabei auf den nebulösen Begriff des Künstlerischen zurückzugreifen. Die verwickelten und oft unvorhersehbaren Abläufe entschlüsselt er anhand detaillierter Beobachtungen von Architekten, Ingenieuren und Stadtplanern, aber auch von Wissenschaftlern, Psychotherapeuten oder Managern. Er gelangt zu einer Beschreibung des Entwerfens als *„Reflexive Praxis",* (Schön 1983, 1987) die charakterisiert sei durch die ständige Rückkopplung von gesetzten Ordnungen und deren Bewertung. Vor allem aber zeigt Schön den kategorischen Unterschied zwischen einer Anwendung von Regeln, zu

Lesesaal der Universitätsbliothek Aveiro, Álvaro Siza, 1988-1995

denen er auch wissenschaftliche Prinzipien und Theorien zählt, und einem aufgrund seiner Komplexität nicht in Regeln zu fassenden „reflexiven" Entwerfen. Als zwei fundamental verschiedene Wege, Entwurfsprozesse zu beschreiben, vergleicht auch Dorst (1997) Strategien rationaler Problemlösung mit der von Schön beobachteten „reflexiven" Praxis. Von einer alltäglichen Praxis und Lehre des Entwerfens ausgehend, stellt er in *Understanding Design* (2003) 150 kurze, jeweils eine Seite füllende Essays zu einem Mosaik zusammen, das einen guten Überblick und vielerlei inspirierende Einsichten vermittelt.

Die **Regeln, Normen, Vorschriften** und Gesetze des Bauens sind die Grundlage, von der ausgehend Neufert (1936, 1979, 1992, 2005) seine Bau-Entwurfslehre entwickelt, die sich bis heute großer Beliebtheit erfreut. Allerdings widmet er dem eigentlichen Entwurfsvorgang nur eine einzige Seite (in der Erstauflage S. 28, in der 33. Auflage S. 42). In wenigen Sätzen umschreibt er das Entwerfen anhand der Metapher einer Geburt:

„Und nun beginnen die Geburtswehen des ersten Haus-Entwurfs, vorerst im Geiste aus tiefer Versenkung in die organisatorischen, organischen Zusammenhänge der Bauaufgabe und ihrer geistigen Hintergründe. Daraus erwächst für den Entwerfer eine schemenhafte Vorstellung von der geistigen Haltung des Baues und seiner räumlichen Atmosphäre, und daraus die Körperhaftigkeit seiner Erscheinung in Grundriß und Aufriß. Je nach Temperament ist eine hingeworfene Kohlenskizze bei dem einen ein filigranhaftes Gekritzel, bei dem anderen der erste Niederschlag dieses Geburtsvorganges. Für die meisten ein Geschmiere, für den Kenner etwas Lebendiges liegt jetzt vor, aus dem nun immer durchsichtiger und lesbarer der Bauentwurf herausgefeilt wird."

Der Prozess des Entwerfens wird hier als etwas Geistiges, gleichwohl passiv Erlebtes mystifiziert. Der Wert des Buches liegt insofern nicht in seiner Darstellung des Entwerfens, sondern in der Fülle technischer Daten, die es in kompakter Form anbietet – eine ähnliche Funktion, wie sie heute auch der Band *Time-Saver: Standards for Architectural Design Data* von Watson, Crosby und Callender oder das *Metric Handbook* von Adler (1986, 1999) erfüllen.

Die zahlreichen, bei Studierenden sehr beliebten Publikationen des US-Klassikers Ching (1979, 1989, 1998, 2002) stellen Entwurfsprinzipien vor, die von der formalen Gestaltung, von der **Darstellung** (insbesondere Zeichnung und Perspektive) und von der Gebäudeanalyse ausgehen. Seine Bücher enthalten viele zur Nachahmung anregende Beispiele, aber wenig Erklärung, Einordnung und Analyse. Ein verwandter, stärker analytischer Ansatz wird im Deutschen von Ermel (2004) vertreten, dessen *Grundlagen des Entwerfens* die Gestaltungsmethodik anhand formaler Prinzipien und die funktionalen Grundlagen der Architektur darstellen, ohne jedoch auf das Entwerfen selbst oder seine Werkzeuge näher einzugehen. Mit Ching vergleichbar gehen auch Schricker (1986) und insbesondere Knauer *Entwerfen und Darstellen* (1991, 2002) vor, der ganz auf das Medium Zeichnung fokussiert ist. Trotz des Untertitels *Die Zeichnung als Mittel des architektonischen Entwurfs* wird hier die Zeichnung weniger als Entwurfswerkzeug denn als bloßes Darstellungsmedium begriffen. Ähnlich wie das *Handbuch der grafischen Techniken* von Porter und Goodman (1980) lebt die Darstellung von den zahlreichen, zur Nachahmung gedachten Beispielen.

In der Praxis sind aber gewisse Bereiche des Darstellens oder „Visualisierens" seit langem vom Entwerfen getrennt. Es gibt nicht nur den Beruf des Bauzeichners, sondern auch Spezialisten für Perspektive, Modellbau und digitale Visualisierungen. Als spezifisches, das architektonische Denken ordnendes Entwurfswerkzeug wird die Zeichnung von Rodrigues (2000) analysiert. In ähnlich fundierter Weise untersuchen De Lapuerta die Skizzen spanischer Architekten (1997) oder Smith (2004) und Moon (2005) Architekturmodelle.

Von **formalen Gestaltungsprinzipien** ausgehend argumentiert neben den erwähnten Publikationen von Ching (1979) und Ermel (2004, Bd. 1) auch Fonatti (1982), der die elementaren Gestaltungsprinzipien anhand geometrischer Grundformen und deren Aufteilungs- und Gestaltungsmöglichkeiten als Grundrisse von Gebäuden analysiert. Von Meiss (1984) thematisiert allgemeine Gestaltungsfragen wie Ordnung, Kontrast, Proportion und Symmetrie und verbindet diese mit architektonischen Dimensionen wie Weg und Ort, Material und Raum zu gebäudekundlichen Untersuchungen.

Verstanden als eine Analyse der architektonischen Elemente, ist die **Gebäudekunde,** wie auch bei Ching (1989) und Ermel (2004, Bd. 2), der Ausgangspunkt für Alexander, der in *A Pattern Language* (1977) eine Analyse einzelner architektonischer Situationen zur Grundlage seiner Entwurfslehre macht. Eine Verbindung funktionalistischer Gebäudeanalyse mit einer Beschreibung der Planungsabläufe unternimmt Fuhrmann in *Bauplanung und*

Bauentwurf – Grundlagen und Methoden der Gebäudelehre (1998). Er stellt eher die einzuhaltenden Rahmenbedingungen, die physiologischen, psychologischen, soziologischen und ökologischen Grundlagen des Bauens als das Entwerfen selbst dar; der Entwurfsvorgang bleibt für diesen Ansatz marginal und wird auf fünf Seiten anhand einiger Diagramme abgehandelt.

Besonders vielversprechend erscheinen Darstellungen des Entwerfens, die auf der Suche nach herausragenden Praktiken von der **Arbeitsweise** einzelner Persönlichkeiten ausgehen. Dies setzt eine große Nähe zum Arbeitsalltag der Entwerfenden voraus. Bedauerlicherweise werden solche Untersuchungen oft erst posthum in Angriff genommen. So analysiert Klaus-Peter Gast (1998, 2001) die Prinzipien und Methoden, die den Werken von Louis I. Kahn und Le Corbusier zugrunde liegen. Michels erforscht in *Der Sinn der Unordnung* (1989) die Arbeitsformen im Atelier Le Corbusiers. Eine Ausnahme ist Rodrigues, der mit *Obra e Methodo* (1992) der persönlichen Entwurfsmethode von Álvaro Siza eine aufschlussreiche Untersuchung widmet. Eames Demetrios, Enkel von Charles und Ray Eames, vermittelt in seinem Buch *An Eames Primer* (2001) ein detailreiches Bild der Arbeit im *Eames Office*, das auf Gesprächen mit Familienmitgliedern und vielen ehemaligen Mitarbeitern beruht.

Viele Autoren erläutern ihre **eigene Arbeitsweise** in bemerkenswerten Texten, die freilich oft weniger einer genauen Untersuchung als der Selbstinszenierung als „genialer Entwerfer" dienen. Lesenswert im Bezug auf das Entwerfen sind neben vielen anderen die Texte von Alvar Aalto, (Schildt 1997) Buckminster Fuller, (Krause 2001) Jean Prouvé (2001), Renzo Piano (1997), Norman Foster, (Jenkins 2000) Peter Eisenman (1995, 2005), Álvaro Siza (1997) und Otl Aicher (1991, 1993). Die Ingenieure Peter Rice und Cecil Balmond vermitteln mit ihren Büchern *An Engineer Imagines* (Rice 1994) und *Informal* (Balmond 2002) inspirierende Einsichten in ihr Denken und Arbeiten.

Auch in **Interviews** geben Entwerfende Aufschluss über die Arbeitsweisen. Lawson (1994) befragte Architekten wie Santiago Calatrava, Herman Hertzberger oder Ken Yeang zu ihren Entwurfsprozessen. Einen ähnlichen Ansatz verfolgt Robbins, der in *Why Architects Draw* (1994) Interviews mit prominenten Architekten zu ihrem Umgang mit der Zeichnung als zentralem Entwurfswerkzeug präsentiert. Weniger überzeugend ist das Buch von Lorenz *Entwerfen: 25 Architekten, 25 Standpunkte* (2004), das trotz seines umfassenden Titels kaum über eine imagefördernde Selbstdarstellung der präsentierten Architekturbüros hinauskommt. Nicht auf das architektonische Entwerfen bezogen, aber aufschlussreich bezüglich des kreativen Arbeitens sind die Gespräche und Fotografien, mit denen Koelbl in ihrem Band *Im Schreiben zu Haus. Wie Schriftsteller zu Werke gehen* (1998) die Arbeitsweisen bekannter deutschsprachiger Autorinnen und Autoren vorstellt.

Nicht zuletzt lassen sich Regeln und Prinzipien des Entwerfens auch vom **Unterricht** her darstellen. Die beiden wichtigsten Institutionen des 19. Jahrhunderts, die Pariser École des Beaux-Arts und ihre Gegenspielerin École Polytechnique werden von Cafee (1977) und Pfammatter (1997) beschrieben. Wick (1982) untersucht die Bauhaus-Pädagogik und Blaser (1977) stellt die Lehre von Mies van der Rohe vor. Zur Ulmer hochschule für gestaltung erschienen seit Lindinger (1987) zahlreiche Publikationen. (Spitz 2002, Form + Zweck Nr. 20/2003, Ulmer Museum/hfg-Archiv 2003) Der von Jansen (1989) herausgegebene Band vermittelt ausführlich den modernistisch geprägten Unterricht von Bernhard Hoesli an der Architekturabteilung der ETH Zürich. Kleine und Passe (1997) dokumentieren *„Positionen zur Entwurfsgrundlehre"*, wie sie in den 1990er Jahren in Deutschland praktiziert wurden.

Direkt an Studierende richten sich **Entwurfslehrbücher** wie Schricker, *Raumzauber* (1999), das speziell für den Fachbereich Innenarchitektur das Gestalten von Räumen und Produkten vermittelt, dabei konzeptionell von Darstellungsweisen und Entwurfsmethodik ausgehend. Für den Bereich Landschaftsarchitektur stellt Loidl in *Freiräumen* (2003) eine Reihe von Entwurfsprinzipien dar, die er von einer Analyse der landschaftsarchitektonischen Elemente ableitet. Dominicks *Tools and Tactics of Design* (2000), ein Lehrbuch für Studierende der Ingenieurwissenschaften, bietet eine detaillierte Beschreibung von Werkzeugen und Vorgehensweisen, die auf das ingenieurmäßige Entwerfen beschränkt bleiben.

WIE MAN DAS ENTWERFEN BEGRÜNDEN KANN

Während die bisher genannten Ansätze von konkret Gegebenen ausgehen, orientieren sich die Autoren der dritten Gruppe an künstlerischen oder wissenschaftlichen Theorien. Sie fragen, wie man Entwerfen konzeptionell begründen kann, von welchen Prämissen und Theorien, Kriterien und Paradigmen man beim Entwerfen ausgehen soll. Den meisten Praktikern sind diese Texte zu abstrakt und zu wenig anwendungsbezogen. Sie werden eher im Zusammenhang von Forschung, Lehre und Kritik wahrgenommen und weiterentwickelt.

Wissenschaftliche Denkansätze wie Mathematik, Kybernetik, Modell-
theorie, Komplexitäts- und Chaostheorie sowie Informatik bilden die Grundlagen der Arbeiten von Autoren wie Broadbent (1973), Rittel (1992) und
Kalay (2005). Die vielfältigen neuen Ansätze der Entwurfsmethodik-
Diskussion der 1960er Jahre werden von Broadbent in seiner materialreichen
Studie *Design in Architecture – Architecture and the Human Sciences* (1973) vor-
gestellt. Geprägt ist diese Diskussion vom Ansatz, die neuen, in den
Wissenschaften und der Raumfahrt entwickelten Methoden auf das architek-
tonische Entwerfen zu übertragen. Ein weites Themenspektrum wie Statistik,
Kybernetik, Modelltheorie, Computer-Aided Design und *„New Maths"* ver-
bindet Broadbent mit allgemeinen Fragen der Entwurfspraxis und -metho-
dik, der Nutzerbedürfnisse und der Umwelt. Die Schwierigkeit dieser
Ansätze bleibt aber, dass wesentliche Parameter architektonischen
Entwerfens sich weder quantifizieren noch vorherbestimmen lassen.

Ausgebildet in Mathematik und theoretischer Physik, wirkte Horst Rittel
als Lehrer an der Ulmer hochschule für gestaltung und später an den
Universitäten Berkeley und Stuttgart. Er veröffentlichte zahlreiche Aufsätze
zu Themen der Planungs- und Entwurfstheorie, die verschiedene Fachgebiete
berühren. Posthum wurden die wichtigsten in einem Band versammelt, der
viele bemerkenswerte Denkanstöße enthält, wenn auch keine umfassende
Theorie des Entwerfens formuliert. Dem Mathematiker Rittel gelingt es, die
kategorischen Unterschiede der „verzwickten" oder „bösartigen" Probleme
des Entwerfens zu den vergleichsweise einfach strukturierten Problemen der
exakten Wissenschaften zu benennen. Teilweise auf Rittel Bezug nehmend,
bietet Kalay (2004) eine sehr ausführliche und umfassende, auf CAAD
fokussierte Entwurfslehre, die von mathematischen und methodischen
Ansätzen ausgehend die *„Prinzipien, Theorien und Methoden von Computer-
Aided Design"* darstellt. Trotz dieses Ansatzes werden die Werkzeuge des
Entwerfens von Kalay, wie auch von den zuvor genannten beiden Autoren,
nur kursorisch behandelt.

Ausgehend von **lebenswissenschaftlichen Fragestellungen**, wie sie die
Psychologie und Neurologie mit den Themen Denkstrategie, Emotionalität,
Kreativitätstechnik oder Spieltheorie verfolgen, existieren zahlreiche Untersuchungen, die für das Entwerfen relevant, aber natürlich selten von oder
für entwerfende Architekten, Ingenieure oder Designer verfasst sind. Die
neurologischen Erkenntnisse von Sperry (1968), Eccles (1966, 1973) und

anderen zeigen, dass in den beiden Hälften des menschlichen Gehirns unterschiedliche Denkmuster vorherrschen. In *Lateral Thinking* beschreibt De Bono (1970) eine Reihe von Denkstrategien, die dem herkömmlichen, nach einer linearen und analytischen Logik strukturierten Denken, das er als *vertikal* klassifiziert, komplementär ein *laterales*, das heißt auf generative, sprunghafte und spekulative Muster zurückgreifendes Denken entgegensetzt, das sich zur Lösung von Entwurfsproblemen besonders eignet. Aus diesem Ansatz entwickelt er mit großem Erfolg Unterrichtsmethoden. Der Neurologe António Damasio untersucht in seinen vielbeachteten Arbeiten (1994, 1999) die Bedeutung der Emotionen für das rationale Denken. Wie grundlegend Emotionen für ein rationales Verhalten sind, machen seine Fallstudien von Patienten deutlich, die bei vollkommen intakter Intelligenz keine Gefühle mehr empfinden können – und infolge dessen gerade zu rationalem Denken und Handeln nicht mehr fähig sind.

Ein zentrales Thema beim Entwerfen ist der Umgang mit **Komplexität**. Der Psychologe Dietrich Doerner hat zahlreiche Publikationen zum Denken und Problemlösen vorgelegt (1974, 1976, 1983, 1989), deren Ansätze Schönwandt in *Denkfallen beim Planen* (1986) auf die Tätigkeit von Architekten bezogen und weiterentwickelt hat. Auch Vester publizierte einiges zu diesen Themen (1975, 1980, 1988). In *Die Kunst vernetzt zu denken* (1999) stellt er Werkzeuge für einen systematischen Umgang mit Komplexität vor, die kybernetische, ökologische und informationstechnische Ansätze kombinieren. Speziell auf die Tätigkeit von Architekten bezogen ist der vielgelesene Band *How Designers Think* von Lawson (1980, 1990, 1997, 2006), der von psychologischen und entwurfsmethodischen Ansätzen ausgehend die Denkprozesse beim Entwerfen untersucht. Dabei gelangt er zu einer umfassenden Darstellung des Entwerfens, die auch die wichtigsten Entwurfswerkzeuge anspricht. Sein Schwerpunkt liegt auf dem *„Design Thinking"* und ist komplementär zu dem hier verfolgten Ansatz, das Entwerfen von den Werkzeugen her darzustellen. Die Themen seines ersten Buches entwickelt Lawson weiter in *Design in Mind* (1994), das konkrete Entwurfsprozesse zeitgenössischer Architekten analysiert, und in *What Designers Know* (2004), einer Darstellung des spezifischen Wissens ausgewählter Entwerfer.

Ebenso grundlegend für das Entwerfen sind die Prozesse der **Wahrnehmung** und der Kommunikation, durch die letztlich alle Informationen gewonnen werden, die in einen Entwurf einfließen. Unverzichtbar bleiben hier die

Werke von Arnheim *Kunst und Sehen: Eine Psychologie des schöpferischen Auges*
(1954, 1974, 2000) und *Anschauliches Denken: Zur Einheit von Bild und Begriff*
(1969, 1972, 1996). Die Schwierigkeit, den Begriff Wahrnehmung befriedigend zu definieren – vergleichbar mit der einer Definition des Entwerfens –
stellt Wiesing in seiner *Philosophie der Wahrnehmung* dar (2002). Spengemann
präsentiert in *Architektur wahrnehmen* (1993) *„Experimente und Untersuchungen
zu den vielfältigen Wechselwirkungen zwischen Mensch, Architektur und Umraum"*
(Untertitel), die jedoch mehr auf die Rezeption als das Entwerfen von Stadt
und Architektur bezogen sind. Ähnliches gilt für Seylers *Wahrnehmen und
Falschnehmen* (2003), der von der Gestaltpsychologie ausgehend *„Formkriterien
für Architekten, Designer und Kunstpädagogen"* (Untertitel) entwickelt. Diese
Argumentationsebene so absolut zu setzen, wie der Autor das tut, hieße
allerdings die Vielschichtigkeit von Entwurfsproblemen zu ignorieren. Die
Thematik widersprüchlicher Anforderungen wird besonders in der Experten-
Laien-Kommunikation sichtbar, die der Psychologe Riklef Rambow an
Beispielen praktizierender Architekten untersucht (2000).

Von **geistes- bzw. kulturwissenschaftlichen Denkansätzen** ausgehende
Studien betrachten das Entwerfen aus den Perspektiven der Philosophie,
Soziologie, Medien- und Kulturtheorie, Bau-, Technik- und Kunstgeschichte.
Insbesondere die hier als komplementär zueinander aufgefassten Schriften
des Designers und Theoretikers Otl Aicher und des Philosophen Vilém
Flusser zählen zu den Grundlagen des in diesem Buch entwickelten Ansatzes.
Verwandt sind auch einige Texte des von Krämer und Bredekamp herausge-
gebenen Bandes *Bild – Schrift – Zahl* (2003), die sich mit Werkzeugen und
Kulturtechniken befassen, und der schöne, von Adamczyk zusammengestellte
Seminarbericht *Rezeptfreies Entwerfen: Auf der Suche nach persönlichen
Gesichtspunkten im Entwurfsprozess* (1998). Dagegen bleibt die von Mattenklott
und Weltzien herausgegebene Aufsatzsammlung *Entwerfen und Entwurf:
Praxis und Theorie des künstlerischen Schaffensprozesses* (2003) in einer akademischen Akribie befangen, die von einer Reihe hoch spezialisierter, zumeist
historischer Untersuchungen betrieben wird, ohne dass diese zu einer breite-
ren Diskussion verknüpft würden. Eine sehr lesenswerte Darstellung der
Geschichte des Entwerfens aus Sicht der Ingenieurwissenschaften bietet
Ferguson (1992). Auch der vom Deutschen Archäologischen Institut herausgegebene Tagungsband *Bauplanung und Bautheorie der Antike* (DiskAB 4, 1984)
versammelt eine Reihe bemerkenswerter Beiträge.

Dass es sich beim Entwerfen keineswegs um eine spezielle Fähigkeit von Künstlern, Architekten, Ingenieuren und Designern handelt, sondern um ein grundlegendes menschliches Handeln, zeigt das große Interesse, mit dem **Philosophen und Soziologen** sich diesem Thema widmen. So liefert der französische Soziologe Pierre Bourdieu in *Homo Academicus* (1984) und *Die Regeln der Kunst* (1992) wertvolle Erkenntnisse, die zwar nicht explizit auf das Entwerfen bezogen sind, aber viel zum Verständnis einzelner Aspekte beitragen. Bezugnehmend auf John Dewey und die Philosophie des Pragmatismus formuliert der Soziologe Hans Joas in *Die Kreativität des Handelns* (1996) die Grundzüge einer *„pragmatischen Handlungstheorie"*, deren Kernbegriff die Kreativität ist. Diesem Thema widmet sich auch Lenk, der in *Kreative Aufstiege* (2000) über die *„Philosophie und Psychologie der Kreativität"* schreibt. Er verbindet die Begriffe Kreativität und Metapher zu „Kreatapher", womit er den menschlichen Drang charakterisiert, *„immer weiter zu schaffen, immer weiter Grenzen und Schichten symbolisch zu transzendieren".* (a.a.O., S. 338) Zu einem differenzierten Spektrum ausgebreitet werden diese Themen in den zwei umfangreichen Bänden des von Günter Abel herausgegebenen Berichts des XX. Deutschen Kongresses für Philosophie, der den Titel „Kreativität" trug. (Abel 2005)

Für die **Kunst- und Architekturtheorie** ist die Tätigkeit des Entwerfens erstaunlicherweise selten ein zentrales Thema, vermutlich weil sie lange Zeit nicht als theoriefähig galt. Dennoch vermitteln viele Texte wertvolle Informationen über Motivation und Argumentation von Entwerfenden. Publikationen, in denen Autoren ihre eigene künstlerische und theoretische Position entwickeln und verteidigen, haben regelmäßig großen Einfluss auf die Architekturdebatten. Die Bedeutung von Architekten wie Adolf Loos, Le Corbusier, Robert Venturi, Aldo Rossi, Oswald Mathias Ungers, Rem Koolhaas oder Peter Eisenman gründet nicht zuletzt in der Verbindung ihrer theoretischen Arbeit mit ihrem gebauten Werk. Einen guten Überblick verschaffen die zahlreichen, in den vergangenen Jahren erschienenen Textsammlungen wie Kruft (1986), Nesbit (1996), Neumeyer / Cepl (2002), Evers / Thoenes (2003), Moravansky / Gyöngy (2003), De Bruyn / Trüby (2003), Lampugnani / Hanisch / Schumann / Sonne (2004).

Textsammlungen zur Architekturtheorie

Während die genannten Anthologien das Entwerfen kaum thematisieren, hat es für die **Theorie** im Bereich des grafischen und industriellen *Designs* einen höheren Stellenwert. Vermutlich ist dies auf den Einfluss der Ulmer hochschule für gestaltung zurückzuführen, deren theoretische Auseinandersetzungen unter anderem in den Schriften von Aicher (1991), Rittel (1992) und Bense (1998) weitergeführt werden. Schneider (2005) verbindet eine Designgeschichte des 20. Jahrhunderts mit theoretischen Überlegungen zum Entwerfen, während Thackara in seinem Buch *In the Bubble – Designing in a Complex World* (2005) sich vorwiegend mit den Kriterien zukünftigen Entwerfens auseinandersetzt und Fischer und Hamilton (1999) eine Sammlung von Grundlagentexten herausgegeben haben.

Für die Forschung zum Thema Entwerfen gibt es im deutschsprachigen Bereich kaum ein Forum, es fehlen Fachgesellschaften ebenso wie einschlägige wissenschaftliche Zeitschriften. Auch sind die einzelnen Forschungsbereiche wenig vernetzt, obwohl sich bei diesem Thema ein interdisziplinäres Herangehen geradezu aufdrängen würde. Während deutschsprachige **Fachzeitschriften** das Thema Entwerfen in einzelnen Beiträgen, gelegentlich auch in ganzen Ausgaben behandeln (siehe *Thesis* Nr. 2/1999: *Architektonisches Entwerfen*, *Wolkenkuckucksheim* Nr. 1/1999: *Entwerfen* und Nr. 2/2000: *Entwurfslehre*, *Grazer Architektur Magazin* GAM 02/2005: *Design Science*, *Form & Zweck* 21/2005: *Entwerfen*), gibt es mehrere englischsprachige Zeitschriften, die ganz dem Thema gewidmet sind.

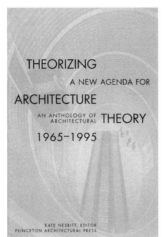

In Großbritannien existiert seit 1977 die Design History Society, die auch
das *Journal of Design History* (London: Oxford University Press) herausgibt.
In den USA erscheint seit 1984 vierteljährlich die Zeitschrift *Design Issues*
(Cambridge, Mass.: MIT Press), die sich mit *„design history, theory, and criti-
cism"* beschäftigt. Seit 1995 erscheint die *Architectural Research Quarterly*
(Cambridge, UK.: Cambridge University Press), in der zahlreiche Beiträge
die grundsätzlichen Fragen von Forschung in der Architektur erörtern. Auch
das *Journal of Architectural and Planning Research* (Chicago: Locke), die *Design
Studies* (Oxford: Elsevier) und das *Harvard Design Magazine* sind hier zu
erwähnen. Die *Architectural Design* (London: Wiley) bringt vereinzelt
Themenhefte zum Entwerfen (Nr. 176, 4/2005: *Design Through Making*).
Fragen der Entwurfsausbildung widmet sich die European Association for
Architectural Education (EAAE), die im vierteljährlichen Turnus ein
Newssheet publiziert. Netzwerke entstanden unter anderem auch in der
Schweiz (Swiss Design Network, SDN) und in den Niederlanden, wo das
Design-Netzwerk Doors of Perception abwechselnd Konferenzen in
Amsterdam und Delhi veranstaltet.

Im Anhang des Buches findet sich eine Auswahlbibliografie der seit
Redaktionsschluss der ersten Auflage erschienenen Literatur zum Thema
Entwerfen. (Seite 244 ff.)

Weitere Literaturhinweise finden Sie unter: www.christiangaenshirt.com

Begriffe und Definitionen

Begriffe sind Programme. Horst Rittel (1992, S. 249)

Begriffe aus dem Tätigkeitsfeld Entwerfen werden oft mit großer Unschärfe gebraucht. Nur aus dem jeweiligen Kontext erschließt sich, was tatsächlich gemeint ist, wenn jemand von entwerfen, entwickeln, erfinden, erschaffen, machen, gestalten, formen, modellieren, zeichnen, planen, konzipieren, projektieren, darstellen, berechnen, beschreiben oder ähnlichem spricht. Jeder dieser Begriffe betont gewisse Aspekte des Entwerfens; erst insgesamt gesehen weist dieses Begriffsfeld auf die Breite entwurflicher Handlungs-möglichkeiten. Ein Grund dafür mag sein, dass der Begriff Entwerfen im all-gemeinen Sprachgebrauch wenig verbreitet und insofern kaum durch Gewohnheit festgelegt ist, dagegen aber in den Fachsprachen sehr verschie-dener Berufe – Architektur, Innenarchitektur und Ingenieurwesen, Land-schaftsarchitektur, Stadtplanung, Informatik, Grafik und Industriedesign, aber auch Bildende Kunst, Regie und Bühnenbild, Schriftstellerei, Wissen-schaft und Politik – in jeweils unterschiedlicher Weise benutzt wird. Ein wei-terer Grund für die Unschärfe des Begriffs liegt in einer fundamentalen Zweideutigkeit des Entwerfens selbst. Ob jemand in einem bestimmten Moment nur kritzelt oder bas-telt oder „wirklich entwirft", lässt sich von außen nicht bestimmen, oft nicht einmal von der agierenden Person selbst. Das Entwerfen ist, wie Flusser zeigt, eine Geste, eine will-kürliche Handlung, die „wahr", aber auch „unwahr" sein kann. Erst an ihren zukünfti-gen Folgen – an der Lösung eines einzelnen Entwurfsproblems, am gewonnenen Wett-bewerb, am fertiggestellten und genehmig-ten Entwurf, an den in der Bauzeit auftreten-den oder nicht auftretenden Schwierigkeiten, an den Qualitäten des vollendeten Bauwerks, an der diesem zuwachsenden kulturellen Bedeutung – lässt sich die Qualität einer solchen Geste nach und nach ermessen.

Titelseite der deutschen Vitruv-Übersetzung von Walther Ryff: *Vitruvius Teutsch*, Nürnberg, 1548

PLATON, ARISTOTELES, PLOTIN: IDEA

Die Vorstellung davon, was Entwerfen sei, wie und von wem es auszuüben wäre, wurde in jeder Epoche anders formuliert. Mit einer Untersuchung zur Geschichte des Begriffs *„Idee"* versucht der Kunsthistoriker Erwin Panofsky zu zeigen, dass alle Vorstellungen darüber, was Entwerfen sei, auf zwei gegensätzliche Positionen bezogen werden können. (Panofsky 1924) Nach der einen entstehen, ausgehend von der empirischen Wirklichkeit, Ideen als Nachbildung und Vervollkommnung der Natur; so spreche Sokrates der Malerei die Fähigkeit zu, *„einen dargestellten Körper schön erscheinen zu lassen, indem sie aus vielen Körpern das bei jedem Schönste zusammenfüge"*. (a.a.O., S. 7) Diese Auffassung, die von der sinnlich wahrgenommenen Welt ausgeht, wurde im Gegenwurf von Platon als rein mimetisch, auf trügerischen Erscheinungen basierend kritisiert. Seine Ideenlehre geht von der Hypothese aus, dass den wechselhaften, trügerischen Erscheinungen der Sinnenwelt eine unveränderliche Welt der vollkommenen Ideen als *„wahre Realität"* gegenüber stünde. Diese dienen den *„unvollkommenen Gegenständen der Erscheinungswelt als unwandelbare Vorbilder und Ursachen"*. (nach Prechtl 1999, S. 249)

Beide Standpunkte sind in ihrer Ausschließlichkeit im Bezug auf das Verhältnis von *mimesis* (Nachahmung) und *poiesis* (Schöpfung) problematisch. Aristoteles mildert den von Platon postulierten Dualismus zwischen Ideenwelt und Erscheinungswelt ab zu einem *„synthetischen Wechselverhältnis zwischen Form und Materie"*. (Panofsky 1924, S. 9) Alles entstehe *„durch Eingehen einer bestimmten Form in einen bestimmten Stoff"*, die Werke der Kunst unterschieden sich von denen der Natur nur dadurch, dass ihre Form, bevor sie in die Materie eingehe, in der Seele des Menschen sei. (a.a.O., S. 9)

Bei Plotin wird die platonische Idee zur *„lebendigen Vision des Künstlers"*, die als solche metaphysische Gültigkeit und Objektivität beanspruche, da sie identisch sei mit den Prinzipien, in denen die Natur ihren Ursprung habe und *„die dem Künstlergeist in einem Akte intellektueller Anschauung sich offenbaren"*. (a.a.O., S. 12) Zu Beginn des Mittelalters genügte eine Akzentverschiebung, um aus dem, was in der Antike eine *„Philosophie der menschlichen Vernunft"*,

Leonardo da Vinci: Skelettartige Darstellung des Duodecedrons, aus: Pacioli (1509)

Ein deformierter Polyeder: die Casa da Música in Porto, OMA / Rem Koolhaas, 1999-2005

war, eine „*Logik des göttlichen Denkens*" werden zu lassen und die Idee als einen theologischen Begriff zu etablieren. Augustinus definiert den Begriff fast analog zu Platon, jedoch mit einer entscheidenden Umwendung:

„*Die Ideen sind beständige und unveränderliche Urformen oder Urprinzipien der Dinge, die selbst nicht geformt worden sind. Sie sind daher ewig, verharren dauernd in einem und demselben Zustand und liegen im göttlichen Geiste beschlossen, und während sie selber nicht entstehen und vergehen, ist, wie es heißt, alles Entstehende und Vergehende nach ihnen geformt.*" (Augustinus, nach Panofsky 1924, S. 19)

Von einer künstlerischen Idee im eigentlichen Sinne konnte damit kaum mehr die Rede sein. Auch jenseits der Lehrmeinungen der Philosophen und Theologen verstanden sich die Baumeister des Mittelalters nicht als Entwerfende, sondern sahen ihre Aufgabe darin, nach bestehenden Vorbildern zu bauen. War ein Bautyp einmal etabliert, so blieb dessen Grundidee oft lange Zeit unverändert:

„*So präexistiert das Haus im Geiste des Baumeisters; und dies kann als Idee des Hauses bezeichnet werden, weil der Künstler das Haus derjenigen Form, die er im Geist erfasst hat, nachzuahmen bestrebt ist.*" (Thomas von Aquin, nach Panofsky 1924, S. 21)

VITRUV UND ALBERTI: COGITATIONE UND INVENTIONE

Das Entwerfen war für die klassische Architekturtheorie kein zentrales Thema. Vitruv mag deshalb für den von Panofsky dargestellten philosophischen Diskurs nicht maßgeblich erscheinen. In seinen *De architectura libri decem* (*Zehn Bücher über Architektur*) widmet er sich zwar ausführlich den Fragen, wie und was zu bauen sei, aber die Tätigkeit des Entwerfens selbst wird nur beiläufig diskutiert. Vitruv kommt mit ganzen zwei, allerdings sehr schönen Sätzen aus. Den Begriff Entwerfen bzw. den lateinischen Ausdruck *projectare* gebraucht er an dieser Stelle noch nicht; im Zusammenhang mit dem Zeichnen spricht er lediglich von „Nachdenken" und „Erfinden":

„Diese Formen entspringen aber dem Nachdenken (cogitatione) und der Erfindung (inventione). Nachdenken ist die mit viel Eifer, Fleiß und unermüdlicher Tätigkeit verbundene und mit einem Glücksgefühl gepaarte Bemühung um die Lösung einer gestellten Aufgabe. Erfindung aber ist die Lösung dunkler Probleme und die mit beweglicher Geisteskraft gefundene Entdeckung von etwas Neuem." (Vitruv I, 2,2)

Mit den genannten „*Formen*" meint Vitruv „*die Formen der Dispositio, die die Griechen ideia (Ideen) nennen*": Er versteht darunter den maßstäblich verkleinerten Grundriss, die Vorderansicht und die Perspektive, also nicht „*unveränderliche Urformen*" im Sinne Platons, sondern Darstellungen, die durch eigenes Nachdenken und eigene Erfindung geschaffen werden. Vitruv zieht sich also gerade nicht auf „ewig gültige" Ideen zurück, sondern geht von der Möglichkeit aus, etwas Neues schaffen zu können. Bemerkenswert ist auch die Erwähnung eines *Glücksgefühls*, das auf die emotionale Seite des Entwerfens verweist.

Bei genauerem Lesen finden sich in Vitruvs *Zehn Büchern über Architektur* zahlreiche weitere verstreuten Andeutungen und Aussagen zu einzelnen Aspekten des Entwerfens, so die Geschichte von Kallimachos, der vom Anblick eines auf Akanthusblättern stehenden Korbes zum Entwurf des korinthischen Kapitells angeregt wurde:

„Damals bemerkte Kallimachos [...] beim Vorübergehen an diesem Grabmal diesen Korb und die ringsherum sprossenden Blätter, und, bezaubert von der Art und Neuigkeit der Form, schuf er nach diesem Vorbild die Säulen bei den Korinthern und legte ihre Symmetrien fest." (Vitruv IV 1,10)

Kallimachos, aus: Roland Fréart, 1650 (Ausschnitt)

Die mimetische Übertragung eines formalen Prinzips aus dem Bereich der
Biologie in die Sphäre der Baukunst wird hier zu einer Art Urerzählung des
Entwerfens. An verschiedenen anderen Stellen beschreibt Vitruv die
Kenntnisse und Werkzeuge der Architekten, formuliert grundlegende
Kriterien, kritisiert das Arbeiten am Modell und schildert, oft in Anekdoten-
form, die Lösung von Entwurfsproblemen. Seine Darstellungen sind oft
prägnant und substanziell, und sie lassen erkennen, wie wenig die behandel-
ten Probleme von der Zeit abhängig sind.

   In der deutschen Übersetzung von Leon Battista Albertis *De re aedificato-*
ria libri decem (*Zehn Bücher über die Baukunst*) sind es immerhin etwa fünf
Druckseiten, die im weitesten Sinne dem Thema Entwerfen gewidmet sind.
(S. 67 ff., S. 511 ff.) *„Oft und viel,"* so schreibt er, müsse man *„vorher nachsin-*
nen und überlegen und mit Maßstäben, Tabellen, allen möglichen anderen Sachen und
Modellen den ganzen Bau und die einzelnen Teile desselben vorher durcharbeiten".
Alberti geht es um die Ermahnung, Entwurfsentscheidungen sorgfältig
abzuwägen, um bei der Ausführung der Gebäude Fehler zu vermeiden.
Dem Modellbau misst er in Gegensatz zu Vitruv große Bedeutung zu.
Letzten Endes sagt Alberti wenig über das Entwerfen selbst, sondern emp-
fiehlt lediglich,

„nicht nur durch Pläne und Zeichnungen, sondern an der Hand von Modellen aus
Holz oder was auch immer, das gesamte Bauwerk und die Maße jedes einzelnen
Gliedes nach den Ratschlägen der gewiegtesten Fachleute immer und immer wieder
genau abzuwägen". (Alberti 1485, S. 68 f.)

In seinem 1435 abgeschlossenen und 1540 erstmals verlegten Buch *Über die*
Malkunst findet sich die erste Beschreibung der Perspektive, von der im entsprechenden Kapitel noch die Rede sein wird.

VASARI UND ZUCCARI: DISEGNO

Zentrale Bedeutung im theoretischen Diskurs erlangte der Begriff *disegno* in
den florentinischen und römischen Kunsttheorien der zweiten Hälfte des
16. Jahrhunderts. Wie Wolfgang Kemp in seiner Untersuchung zur
Begriffsgeschichte darlegt, (Kemp 1974) entzündete sich die Diskussion an der
Frage der Gestaltung des Siegels der um 1562 in Florenz gegründeten
Academia del Disegno. Eine Definition, die Giorgio Vasari kurz zuvor formuliert hatte, betont zwei Aspekte: Der *disegno* sei *„der Vater unserer drei*
Künste, der aus dem Intellekt hervorgeht", zugleich aber *„hängt es von den*
Händen ab, die sich jahrelang im Zeichnen geübt haben", ob seine Qualität
erkennbar wird. (Vasari 1568, nach Kemp 1974, S. 226) Ausgehend von dieser
Begriffsbestimmung präsentierte Benvenuto Cellini, Mitglied der Akademie,
mehrere Entwürfe, darunter einen, der den *disegno* in der Figur des Apollo
verkörpert. So wie Apollo das Licht, die Erleuchtung darstellt, erklärte
Cellini, so sei der *disegno* das Licht aller menschlichen Handlungen. Der
disegno sei der Vater aller bildenden Künste, der Malerei, Skulptur und
Architektur sowie der Goldschmiedekunst. (Cellini, nach Kemp 1974, S. 222)
Kemp zeigt, wie zu jener Zeit der anfänglichen Bedeutung des Begriffes
eine zweite hinzugefügt wird, welcher in der Diskussion bald wesentlich
mehr Gewicht zukommt als der ersten. *Disegno* bedeutet ursprünglich
Zeichnung oder Plan und bezieht sich auf die *forma* und *pratica*, auf die
sichtbare Gestalt der Zeichnung und die praktische Fähigkeit des Zeichnens,
er wurde als *scienza delle linee*, (Vasari, nach Kemp 1974, S. 225) als die Wissenschaft
der regelrechten Naturwiedergabe verstanden. Auf einer zweiten Ebene
jedoch bedeutet *disegno* Entwurf, wird als *disegno della mente*, als ein geistiges
Vermögen aufgefasst, verwandt mit *concetto*, *idea* und *inventione*. Der *disegno*
ist nun nichts weniger als die Fähigkeit der *inventione di tutto l'universo.* (Doni,

nach Kemp 1974, S. 225) Diese zweifache Bedeutung benennt Cellini, indem er von *disegno primo* als der geistigen Fähigkeit des Entwerfens spricht und von *disegno secondo*, das von alldem handelt, was sich mit Hilfe von Punkten, Linien und Flächen darstellen lässt. (Kemp 1974, S. 231)

Die Diskussion um den Begriff wird von Federico Zuccari an der 1593 gegründeten römischen Accademia di San Luca zu einem vorläufigen Ende geführt. Er unterscheidet nun klar zwischen *disegno interneo* (den Cellini *disegno primo* nannte), worunter er die Fähigkeit versteht *„in sich selbst eine neue Welt"* zu formen, (Zuccari, nach Kemp S. 232) und dem *disegno esterno* (Cellini sprach von *disegno secondo*), der sich auf die praktische Ausführung der *immagine ideale* bezieht.

Als möglichen Grund für diese Aufteilung der künstlerischen Arbeit sieht Kemp die sozioökonomische Situation der Künstler. Nur wenige von ihnen erhielten große Aufträge; wenn dies geschah, konzentrierten sie sich auf den Entwurf und beanspruchten dann zur Ausführung die Hilfe zahlreicher Kollegen. Andererseits waren jene Künstler, die kaum Aufträge erhielten, gezwungen sich auf das Entwerfen zu beschränken. Die Betonung des Entwerfens lag somit im Interesse der einen wie der anderen Gruppe.

Kemp beschreibt zwei unterschiedliche Vorstellungen jener Zeit, wie das Entwerfen vor sich gehe. Vasari versteht das Entwerfen als eine aktive Vermittlung zwischen Natur und Kunst. Auf der Grundlage seines allgemeinen Urteilsvermögens schöpft der Entwerfende aus der Beobachtung der Natur seine Ideen. Mit diesem Verständnis bezieht Vasari sich auf die antike Legende vom Maler Zeuxis, der von fünf ausgesuchten Modellen die jeweils schönsten Körperteile ausgewählt und für ein Gemälde der Helena verwendet habe. (Kemp 1974, S. 229) Zuccari hingegen versteht das Entwerfen als eine gottgegebene schöpferische Fähigkeit. Die Natur sei nachahmbar, weil sie von einem geistigen Prinzip geführt werde und die Kunst dem gleichen Prinzip folge. Der Mensch solle

„gewissermaßen Gott nachahmend und mit der Natur wetteifernd, unzählige Kunstwerke hervorbringen und mit Hilfe der Malerei und Skulptur sich neue Paradiese schaffen können". (Zuccari, nach Kemp 1974, S. 232)

Entwurf der Siedlung Quinta da Malagureira, Schemaskizze der Silhouette von Évora, mit Notiz zu den illegalen Siedlungen, Álvaro Siza, Skizzenheft Nr. 23, Mai 1978

negativo:
clandestino: rede de ocupação aberta
em vez de limitar essa rede —
limitar aberças p/ unálise
sucessivas SOBREPOSTAS E
Refletir numa só paisagem
aptidão solar
facilidade de
comunicação
valores culturais
pré-existentes
etc.

a definir de Évora: um plano ideal da burguesia esclarecida
que a evolução histórica torna obsoleto
A ruptura das soluções paternalistas
que fazer?
Ausência de fazer de transformação
a dar imagens propostas
proposta

Die Entwurfspraxis und Arbeitweise der damaligen Zeit behandelt Kemp nur am Rande. Auch die naheliegende Frage stellt er nicht, warum man dem Begriff *disegno* eine zweifache Bedeutung zuschreibt, anstatt einen neuen Begriff zu bilden, zumal diese Doppelbedeutung sich in einigen Sprachen (Englisch *design*, Portugiesisch *desenho*) bis heute erhalten hat. Überhaupt ist bemerkenswert, wie vieles von den damals entwickelten Auffassungen bis heute wirksam ist. So gilt als Autor eines Entwurfs nicht, wer die meiste intellektuelle Arbeit in ein Projekt investiert hat, sondern wer dessen grundlegende Ideen formuliert und die Richtung, in welche sich das Projekt entwickeln soll, vorgegeben hat. Auch die Erkenntnis, dass qualifizierte Entwerfer ihre gestalterischen Fähigkeiten in verschiedenen künstlerischen Disziplinen ausüben können, wird von vielen erfolgreich in die Praxis umgesetzt. Die von Zuccari beschriebene Auffassung jedoch, dass Entwerfen letzten Endes die Fähigkeit und die Verantwortung bedeute, *„in sich selbst eine neue Welt zu formen"*, (nach Kemp 1974, S. 232) zählt heute nicht mehr zum Allgemeingut. Die oft beklagte Kurzsichtigkeit und Oberflächlichkeit vieler, nicht nur architektonischer Entwürfe hat hier einen Grund.

OSTENDORF, RITTEL, UHL: ENTWERFEN, PLANEN

Heute gängige Definitionen des Entwerfens sind oft entweder zirkulär (*„entwerfen ist gestalten"*) oder ersetzen lediglich einen Begriff durch einen anderen (*„entwerfen heißt entscheiden"*). Sätze der Art: *„Entwerfen heißt …"* sind Statements, die von Entwerfenden zur plakativen Darstellung ihrer Entwurfsauffassung geäußert werden, aber keine Definition. In Selbstdarstellungen von Architekturbüros findet sich regelmäßig diese Art und Weise, über das Entwerfen zu reden. Zu den eindimensionalen Auffassungen zählt auch eine Begriffsbestimmung von Jürgen Joedicke: Ein Entwurf, das Resultat des Entwerfens also, sei *„die probeweise und endgültige zeichnerische Lösung einer Bauaufgabe"*. (Joedicke 1976, S. 13) Wie unbefriedigend der Autor selbst sie empfindet, wird im nächsten Satz deutlich: *„Innerhalb eines Entwurfsvorgangs treten sehr unterschiedliche Situationen auf, die unterschiedliche Mittel erfordern"* – ohne jedoch zu erläutern, wie diese Situationen aussehen oder welche Mittel sie erfordern. Im Vergleich mit Aichers – ebenfalls eindimensionaler – Aussage *„entwerfen heißt, modelle zu konstruieren"*, (Aicher 1991/2, S. 195) der ein sehr weiter, vom Wissenschaftlichen abgeleiteter Modellbegriff zugrunde liegt, wird zumindest die unzulässige Eingrenzung deutlich, die Joedicke hier vornimmt.

Die Annahme *„entwerfen heißt entscheiden"* liegt implizit auch komplexeren Darstellungen des Entwerfens zugrunde. Ottokar Uhl versteht das Erstellen eines Konzeptes als *„die Entscheidung über die Grundzüge des Projekts"* und fährt fort:

„Die bei einer intuitiven Entwurfsmethode üblichen komplexen Gesamtentschei-dungen lassen sich – wenigstens im Prinzip – bei einer rationalen Entwurfsmethode in leicht fassbare Einzelentscheidungen aufspalten bis in die kleinste Einheit von Zweierentscheidungen (‚bit'), einem Maß der Informationstheorie." (Uhl 2003, S. 61)

Entscheidungen sind unverzichtbare Schritte eines Entwurfsprozesses, doch gilt dies für jegliches vernünftige Handeln. Entwerfen mit Entscheiden gleich-zusetzen vernachlässigt vor allem das Schöpferische zugunsten einer hierar-chischen Argumentation. Nicht wer Vorstellungen erarbeitet, so wird unter-stellt, entwirft, sondern wer die Entscheidungen fällt. Um entscheiden zu können, müssen aber bereits Alternativen geschaffen sein, über die entschie-den werden kann. Deren Qualität ist es, die grundlegend die Qualität der zu fällenden Entscheidungen bestimmt. Immerhin sollte die Notwendigkeit von Entscheidungen Anlass genug sein, differenzierte Bewertungsverfahren auszuarbeiten (Joedicke 1976, S. 33-44) und über grundlegende Entscheidungs-theorien nachzudenken. (Rittel 1992, S. 245 ff.)

Eine zweite Gruppe von Definitionen des Entwerfens ist bereits komple-xer strukturiert, reflektiert letztlich aber nichts weiter als die persönliche Entwurfsauffassung der jeweiligen Verfasser. Das Vorwort zum ersten Band seiner *Sechs Bücher vom Bauen* beginnt Friedrich Ostendorf mit der Klage, es sei *„in alter und neuer Zeit"* vieles über Architektur geschrieben worden, doch niemals ein Buch, worin ernsthaft vom Entwerfen die Rede wäre; niemals sei es *„einem der vielen Theoretiker der Architektur beigefallen, sich ausführlich und klar über dieses Thema zu äußern."* Wolle man heute, so Ostendorf weiter, eine Reihe von deutschen Architekten fragen, was sie unter Entwerfen verstün-den, würde man, wenn überhaupt eine verständliche, so doch überall eine anders lautende Antwort erhalten. (Ostendorf 1913, S. 2) Für Ostendorf bedeutet Entwerfen *„auf Grund einer Durchdenkung und Verarbeitung des Bauprogramms, das Situation und Raumerfordernis umfasst, eine oder mehrere oder viele Ideen für das Bauwerk im Geiste fassen".* (a.a.O., S. 129) Wesentliches Kriterium sei dabei die Klarheit und Einfachheit der Entwurfsidee. Den Vorgang des Entwerfens beschreibt er – in einem einzigen Absatz – als Formulierung einer Idee *„im*

Geist des Baukünstlers". Diese werde dann in einer Skizze zu Papier gebracht und im weiteren Verlauf überarbeitet. Entscheidendes Kriterium ist für Ostendorf, dass die Entwurfsidee zunächst ausgedacht *„vor dem geistigen Auge gesehen"* und erst in einem zweiten Schritt zu Papier gebracht wird. (a.a.O., S. 4) Nur so gelange man zu *„klaren künstlerischen Ideen"*, während alles andere *„in unkünstlerischer und sinnloser Weise auf dem Papier"* (a.a.O., S. 12) entstehe und *„in seiner wirren Kompliziertheit als Idee schlechterdings nicht fassbar"* sei. (a.a.O., S. 4) Entwerfen definiert Ostendorf demzufolge als *„das Suchen nach der einfachsten Erscheinungsform für ein Bauprogramm"*, (a.a.O., S. 12) *„denn nur das Einfache und Gesetzmäßige, nicht aber das Verwickelte und Willkürliche lässt sich in der Idee klar fassen"*. (a.a.O., S. 129) Durch die Beschränkung auf das Gedankliche sollen komplexe und wenig markante Entwürfe vermieden werden. Wenn er postuliert, nur dies sei wirkliches Entwerfen, alles andere sei bloßes Zeichnen, (a.a.O., S. 18) verwechselt er ein Kriterium mit der Tätigkeit selbst. Im Grunde genommen geht es Ostendorf um eine Disziplinierung des Entwerfens.

Ein Architekt wie Günter Behnisch, der Entwürfe als *„komplexe und komplizierte Gefüge, beeinflusst von zahllosen Kräften aus zahlreichen Disziplinen"* versteht, (Behnisch 1996, S. 30) die in langfristigen Entwurfsprozessen entwickelt werden, kann mit Ostendorfs Auffassung wenig anfangen. Dessen etwas pathetische Formulierung *„Geist des Baukünstlers"* ersetzt er durch den trockenen Ausdruck *„mein Kopf"*:

„Mir half solcher Rat nicht weiter, sei es, dass mein Kopf solchen Anforderungen nicht genügte, sei es, dass ich meinte, der Kopf alleine könnte Architektur nur unvollkommen erfassen, dass es auch Dimensionen gäbe, die sich dem Rationalen entzögen, sei es, dass ich erkannt hatte, dass es uns nicht gegeben ist, viele Dimensionen der Wirklichkeit auf einmal im Kopf zu erfassen." (Behnisch 1996, S. 29)

Wie eng diese Art von Begriffsbestimmungen mit persönlichen Arbeitsprogrammen verknüpft ist, zeigt sich beispielsweise auch, wenn Ottokar Uhl den Begriff „Entwurf" selbst fragwürdig findet, weil er Abgeschlossenheit, das Intuitive (*Ent-wurf*, der große Wurf), Unvermittelte und das Fehlen von Anstrengung suggeriere. Der Begriff „Planung" könne möglicherweise den Begriff „Entwurf" ersetzen, meine aber den methodisch durchgeführten Entscheidungsprozess zur Vorbereitung von äußeren Handlungen. Uhl fordert in der Folge, Entwurf und Verwirklichung nicht als voneinander abgegrenzte

Handlungen zu sehen, sondern das Planen und Bauen als einen kontinuierlichen Prozess zu betrachten. (Uhl 2003, S. 63) Diese Auffassung spiegelt deutlich Uhls eigene Praxis des partizipatorischen Planens und Bauens wider, ohne zur Klärung dessen, was Entwerfen ist, Entscheidendes beizutragen.

Im Rahmen des funktionalistischen Diskurses wurde der eher künstlerisch wirkende Begriff „Entwerfen" häufig durch den rationaler erscheinenden Ausdruck „Planung" ersetzt. Planung, als ein rein technisches Entwerfen verstanden, bei dem es auf eine überschaubare Menge quantifizierbarer Eigenschaften ankommt, lässt sich gut in methodische Vorgehensweisen fassen. Einer funktionalistischen Architekturauffassung lag es daher nahe, solche Vorgehensweisen auch für das architektonische Entwerfen zu formulieren. Otl Aicher kritisiert den Begriff Planung, unter dem er eine *„konkretisierte, zielgerichtete projektionsmethode"* (Aicher 1991/I, S. 133) versteht, die allgemeine Prinzipien entsprechend der jeweiligen Planungslogik lediglich als Kausalitätskette in die Zukunft verlängere. Da die Welt letzten Endes aber keinem logischen Prinzip folge, sei Planung durch die ökonomischere Methode der Steuerung zu ersetzen, deren Aktionsraum die konkrete Wirklichkeit innerhalb des wahrnehmbaren Umfelds sei. (Aicher 1991/I, S. 143)

Horst Rittel hingegen beschreibt Planung als das *„Lösen bösartiger Probleme"*, eine Beschreibung, die mit bestimmten Einschränkungen auch für größere Entwurfsaufgaben gilt. Im Gegensatz zu *„zahmen" (tame)* Problemen gebe es für *„bösartige" (wicked)* Probleme (die er an anderer Stelle auch *„verzwickte" (tricky)* Probleme nennt) keine definitive Formulierung der Aufgabe und ebenso wenig eine definitive Lösung, die Lösungen seien nicht richtig oder falsch, sondern bestenfalls gut oder schlecht, meist nur besser oder schlechter. Es gebe weder eine unmittelbare noch eine endgültige Möglichkeit, die Qualität einer Lösung zu überprüfen, und es gebe nur einen Lösungsversuch – große öffentliche Bauwerke beispielsweise seien irreversibel. Jedes *„bösartige"* Problem sei daher einzigartig. Zugleich hätten die Planer kein Recht, unrecht zu haben, sie seien vielmehr für die oft weittragenden Konsequenzen ihres Handelns verantwortlich. Jedes *„bösartige"* Problem könne als Symptom eines anderen Problems betrachtet werden, nie könne man sicher sein, das Problem auf der richtigen Betrachtungsebene anzugehen, nicht nur ein Symptom zu kurieren statt ein Problem an seiner Wurzel zu packen. Für diese Art von Problemen gebe es mehrere oder viele Erklärungen, und die Wahl der Erklärung bestimme die Art der Problemlösung. (Rittel 1992, S. 20 ff.)

Indem Rittel kategorische Unterschiede zu Bereichen der Technik und Wissenschaft beschreibt, die sich mit klar definierten *„zahmen"* Fragen beschäftigen, trägt er Grundlegendes zum Verständnis des Entwerfens bei. Die Unterschiede fasst er in den *„Paradoxien der Rationalität"* zusammen: Verstehe man unter rationalem Verhalten den *„Versuch, die Konsequenzen beab-sichtigter Handlungen vorauszusehen"*, dann gelange man hier zu einer unendli-chen Abfolge von Konsequenzen und Konsequenzen von Konsequenzen. Je mehr Zeit und Energie man dem Ermitteln von Konsequenzen widme, desto weniger bleibe für das konkrete Handeln übrig. Ein Modell zur Beschrei-bung von Konsequenzen einer Handlung müsse sich selbst enthalten, da es die Konsequenzen bestimmt, die bedacht werden sollen. (a.a.O., S. 40 ff.) Damit zeigt Rittel die Grenzen des Konzepts von rationaler Planung auf.

Eine dritte Kategorie bilden Definitionen des Entwerfens, die so weit gefasst sind, dass die Begriffe, aus denen sie sich zusammensetzen, selbst wiederum nicht in eine abschließende Definition zu fassen sind. Als Beispiel sei hier nur Aichers Aussage angeführt, Entwerfen sei *„das herstellen von tech-nischen, konstruktiven organisationsformen und das umsetzen eines programms in eine organisation"*. (Aicher 1991/I, S. 101) Diesen technischen anmutenden Ansatz ergänzt und erläutert er im selben Text so:

„entwerfen ist ein intellektuelles ordnen, klären von zusammenhängen, definieren von abhängigkeiten, schaffen von gewichten und setzt im kopf des entwerfers eine spezielle fähigkeit voraus, analogien, zusammenhänge, bezugsfelder zu sehen und zu fixieren." (Aicher 1991/I, S. 102)

Auch diese Beschreibung lässt weite Bereiche entwurflichen Handelns außer Acht, sie betont die intellektuellen Fähigkeiten, vernachlässigt aber die schöpferische Produktion.

Die Frage „Was ist Entwerfen?" erweist sich als eine der fundamentalen, nicht abschließend zu beantwortenden Fragen, die Flusser als „zu entziffern-des Rätsel" – im Gegensatz zum lösbaren Problem – bezeichnen würde. Mit Sicherheit wäre es eine dankbare Aufgabe, den Gebrauch einzelner Begriffe bezüglich bestimmter Personen oder Diskurse genauer zu untersuchen, dies wäre allerdings eher von philologischem denn von entwurfstheoretischem Interesse.

Im Folgenden wird die Unschärfe des Begriffs als ein Merkmal verstan-den, dessen Bedeutung so weit als möglich enträtselt werden soll.

Der Begriff „Entwerfen" lässt sich auf drei grundlegende Tätigkeitsbereiche beziehen, die zuweilen schlicht mit den Begriffen „Sehen, Denken, Machen" benannt werden. Eine weitere Ausdifferenzierung dieser Begriffe führt auf einen Weg, der das Entwerfen genauer fasst, es aber eher beschreibt als definiert. Auf diesem Weg wird versucht, das Entwerfen als eine Tätigkeit zu erschließen, sie zugänglich, verständlich, erfahrbar zu machen und dabei weniger über die Bedeutung des Begriffs nachzudenken als über die Tätigkeit selbst.

AICHER UND FLUSSER: NEGATION UND TRANSZENDENZ

Die von Otl Aicher und Vilém Flusser veröffentlichten Schriften zur Theorie des Entwerfens konvergieren in einem von utopischen und antiakademischen Momenten getragenen Glauben an die Möglichkeit der Befreiung durch neue, radikale Weisen entwurflichen Denkens und Handelns. Ihre Denkweisen folgen gegensätzlichen Strukturen, verweisen aber auf einen gemeinsamen Kern, korrigieren und ergänzen einander in wesentlichen Punkten und lassen in der Zusammenschau Ansätze zu einer umfassenden Theorie des Entwerfens erkennen.

Aicher wie Flusser stellen die Moderne von ihren Wurzeln her in Frage. Während Aicher, wenn auch lückenhaft und unsystematisch, in seinen Schriften ein weites Spektrum entwurfstheoretischer Fragen anspricht und dabei realitätsnahe Vorstellungen entwickelt, bleiben Flussers Aussagen in vielen Bereichen zu allgemein und abstrakt, um Reibungsfläche für eine konkrete Auseinandersetzung zu bieten. Aicher entwickelt konkrete, in sich kohärente Vorstellungen, die indessen auch sehr angreifbar sind. Die Texte beider tragen Wichtiges zur Diskussion des Entwerfens bei. In den Kapiteln

zur Theorie (Aicher, siehe S. 209) sowie über Werkzeuge und Geste (Flusser, siehe S. 88, 105) werden sie ausführlich dargestellt. Im Folgenden gilt es, ihre grundsätzliche Haltung zum Entwerfen deutlich zu machen.

Aichers Aufruf, *„die welt als entwurf"* zu verstehen, (Aicher 1991/2) hat ebenso wie Flussers Hoffnung, sich durch Entwerfen *„vom Subjekt zum Projekt"* aufzurichten, (Flusser 1994) seine Wurzeln im Erlösungsgedanken

Otl Aicher: *Entwurf der Moderne.* Arch+ Nr. 98, 1989

der Moderne. Dieser ist bei beiden allerdings gebrochen durch die Erfahrung der für den Einzelnen wie für die Gesellschaft unkontrollierbar gewordenen „Apparate", ein Topos, der sich bereits zu Beginn des 20. Jahrhunderts bei Franz Kafka oder Kurt Tucholsky findet und den beispielsweise Max Horkheimer und Theodor Adorno im Bezug auf die Kulturindustrie ausgearbeitet haben. Wo jedoch Aicher *die Welt* als zu entwerfendes Objekt proklamiert, sieht Flusser *sich selbst* als zu entwerfendes Subjekt.

Im Vergleich der beiden Positionen wird ein wesentlicher Unterschied im Denken der beiden Autoren deutlich: Aicher tendiert dazu, Themenbereiche zu negieren, die er als problematisch empfindet, vermag diese Probleme jedoch gedanklich nicht zu überwinden. Gerade in seiner vehementen Ablehnung bestimmter Positionen bleibt er in ihrem Bann. Flusser hingegen überwindet Schwierigkeiten, indem er sich auf übergeordnete Betrachtungsebenen begibt, und kann deshalb Widersprüche für sich produktiv machen, indem er sie ins für ihn Positive wendet. So führt zum Beispiel die radikale Kritik des Digitalen Aicher zu ähnlichen Einschätzungen wie Flusser. Während Flusser die Digitalisierung als unaufhaltbar erkennt und neben deren negativen Folgen auch nach Wegen eines positiven Umgangs sucht, lehnt Aicher alles Digitale prinzipiell ab. Ähnliches gilt für seine auch auf die Moderne bezogene Ablehnung von Kunst. Sein Absolutsetzen des Kriteriums der Zweckmäßigkeit, sein Autarkiedenken, der Generalanspruch einer *„welt als entwurf"*, aber auch seine dogmatische Sprache und die Ungeduld gegen andere Ideen scheinen einem Denken verhaftet, das Aichers eigenen Ansprüchen an seine politische wie kulturelle Position entgegensteht.

Auch Flusser beschäftigt das Problem der zum Machtinstrument werdenden Theorie, dessen Ursache er in einem aus den Naturwissenschaften abgeleiteten Erklärungsanspruch sieht, der vielen Fragen nicht angemessen sei. Daraufhin entwickelt er einen anderen Theoriebegriff: Theorie soll nicht mehr erklären, sondern Bedeutungen analysieren, nicht Probleme aus der Welt schaffen, sondern Möglichkeiten beschreiben, nicht abschließen, sondern öffnen.

An diesem Beispiel wird deutlich: Was als persönliche Haltung eines Entwerfenden,

„[...] die künstlerische Arbeit des Formens, die immer auch auswählt, wegschneidet, verzichtet: keine Form ohne Refus."
(Adorno 1970, S. 216) Foto: Marianne Kristen

Vilém Flusser: *Virtuelle Räume - Simultane Welten.*
Arch+ Nr. 111, 1992

auch wo sie idiosynkratisch wird, völlig akzeptabel ist, wird zur beengenden Ideologie, verbindet man sie mit dem Anspruch auf Allgemeingültigkeit. Die Unterscheidung zwischen *allgemeiner* und *spezieller* Entwurfstheorie wird hier zwingend. Der Formulierung individueller Entwurfsansätze liegen grundsätzlich andere Ziele zugrunde als einer Theorie, die mit Recht Allgemeingültigkeit beanspruchen dürfte. Entwerfende müssen zu einer einzelnen, im Wettbewerb vertretbaren Lösung gelangen und sollten darüber hinaus eine identifizierbare Arbeitsweise entwickeln. Um dies zu erreichen, müssen sie konkrete und präzise Vorschläge machen und diese überzeugend und mit einer konsistenten Argumentation vermitteln. Daher negieren sie in vielen Fällen eher aus rhetorischen denn aus sachlichen Gründen alles, was ihren persönlichen Lösungsansatz in Frage stellt.

Sie führen dann keinen offenen Diskurs mehr, sondern verlangen mit autoritärem Gestus das vorbehaltlose Akzeptieren ihrer eigenen Vorstellungen. Eine *allgemeine* Entwurfstheorie hingegen hätte zum Ziel, ein breites Spektrum von Möglichkeiten des Entwerfens aufzuzeigen.

Zwei Fragen sind für jede Entwurfstheorie grundlegend: Wie entstehen Formen? Und: Woraus erwächst deren Bedeutung? Flusser beschreibt, wie künstliche, von Menschen erzeugte Formen in der Auseinandersetzung mit dem Material aus Gesten des Machens entstehen, die letzten Endes auf willkürlichen Entscheidungen basieren. Form und Bedeutung sind in diesem Prozess zwar verbunden, jedoch ohne direkte gegenseitige Abhängigkeit. Eine zwingende Logik, die erklärt, wie Formen und ihre Bedeutungen entstehen, kann es deshalb nicht geben. Dagegen ist die Rationalisierung von Entwurfsprozessen, wie Aicher sie darstellt, der Versuch, den Anteil des Willkürlichen einzugrenzen, um Entwurfsentscheidungen rationaler und besser nachvollziehbar zu machen. Flusser realisiert aus einer Position konkreter

Machtlosigkeit heraus, dass er bestimmte Formen selbst zwar nicht verändern, aber dennoch ihre Bedeutung manipulieren kann. Aicher beschreibt
das Entwerfen konkreter Lebenswelten im kleinen Maßstab als Überlebens-
strategie in einer von Apparaten dominierten Gesellschaft. Beide verlassen
damit die Zwangsvorstellung einer für alle gemeinsamen, verbindlichen
Zukunft und offerieren statt dessen das Bild einer Welt, in der einzelne
Individuen frei miteinander kommunizieren. Sie suchen die offene, nicht
repressive Gesellschaft, die sie für sich selbst mehrfach wieder hergestellt
haben, indem sie aus einer repressiv gewordenen sich zurückzogen oder
emigrierten.

Aichers Denken erweist sich als das eines handwerklichen Gestalters, der
an der konkreten, „guten" und „richtigen" Form arbeitet, die er aus ihrem
Zweck entwickelt. Dazu bedient er sich der Mittel der Anschaulichkeit und
der Negation, die auch gedanklich zu seinen bevorzugten Strategien werden. Er sucht nur jeweils eine einzige, aber realistische und überzeugende
Lösung, die er durch einen Prozess der Auswahl und Negation aller anderen Lösungsmöglichkeiten erreicht. Flussers Frage lautet hingegen: Wie kann
ich als Einzelner meinen persönlichen Gesten Bedeutung verleihen? Er
macht dies zur Grundfrage eines Entwerfens, das als intellektueller Akt die
Welt nicht oder nur in sehr begrenztem Umfang praktisch verändert,
sondern vielmehr zeichenhaft auf mögliche Veränderungen verweist. In
seinem letzten, nicht vollendeten Werk *Vom Subjekt zum Projekt* (Flusser 1994)
versucht er, das Entwerfen grundsätzlich neu zu denken, indem er es auf
Bereiche anwendet, die Entwerfenden normalerweise nicht zugänglich sind,
weil sie entweder mit Tabus belegt oder von Gewohnheiten verdeckt sind.
Flusser argumentiert hier als Philosoph, der neue Räume gedanklicher
Möglichkeiten öffnet, ohne dabei allzu konkret werden zu müssen. Er ist
hier Entwerfer im tieferen Sinne des Wortes, der weit in die Zukunft denkt,
ohne genau zu wissen, wie sie aussehen soll. Auf der Suche nach Gesten,
die Bedeutung verleihen, indem sie über eine Erfüllung bestehender
Funktionsprogramme hinausgehen, findet er Wahrheit in der ästhetischen
Erscheinung. Bedeutung kann aus der Form, aber auch aus ganz anderen
Faktoren entstehen. Indem er fragt, wie er seinen Gesten und Handlungen
zukünftige Bedeutung verleihen kann, sucht er das konkret Gegebene zu
transzendieren.

Wege des Entwerfens

Ich fordere lediglich Methode, ganz gleich, welche.

Denis Diderot (1751, Stichwort Enzyklopädie)

Entwerfen und Gestalten lernen wir, indem wir es tun. Aber was tun wir, wenn wir entwerfen? Entwickelt hat sich das Entwerfen aus dem vorausschauenden Bedenken des Machens. Entwerfen heißt die Gestaltung eines Gegenstandes zu erarbeiten, ohne diesen schon als konkretes Objekt vor sich zu haben. Den Begriff Gestaltung beziehen wir auf konkret gegebene Objekte, die unmittelbar bearbeitet werden können. Den Begriff Entwerfen hingegen beziehen wir auf die zukünftige Gestaltung eines Gegenstandes, der im Moment des Entwerfens nur in abstrakter oder reduzierter Form darstellbar ist. Ohne über eine direkte Rückmeldung aus Versuch und Irrtum zu verfügen, unterscheidet sich das Entwerfen somit von der künstlerischen Arbeit des Malers oder Bildhauers ebenso wie von der Arbeitsweise der Handwerker, die in der Regel ihre Artefakte direkt manipulieren können. Im Grunde genommen ist dies eine Frage des Maßstabs und der Komplexität des herzustellenden Gegenstands. Charakteristisch für das architektonische Entwerfen ist die große räumliche und zeitliche Distanz vom Entwurf zur Realisierung des Entworfenen. Entwürfe haben daher immer etwas Unsicheres, Gewagtes, Utopisches. Entwerfende tragen die Verantwortung, Voraussetzungen und Konsequenzen eines Entwurfs zu erkennen und diese im Entwurf zu berücksichtigen.

Die Möglichkeiten, aber auch die Konsequenzen des Entwerfens sind heute grundlegender und weitreichender als je zuvor. Vor allem aber haben Entwürfe einen Maßstab und eine Komplexität angenommen, die fraglich erscheinen lässt, wie weit sie tatsächlich noch überschaubar sind. In seiner Analyse der „Apparate" hat Vilém Flusser das Paradoxon aufgezeigt, dass die Bedeutung jeder Entwurfsentscheidung sich auf anderen Betrachtungsebenen in ihr Gegenteil verkehren kann. Zu Beginn des 21. Jahrhunderts leben wir weitgehend in Lebenswelten, die von Menschen gemacht und gestaltet wurden, die aber nicht unbedingt entworfen sind, zumindest nicht in einem Sinne, der Voraussetzungen und Konsequenzen eines Entwurfs erkennt und berücksichtigt.

Griech. *methodos:* der Weg zu etwas hin. Landschaft am Ufer des Flusses Douro, westlich von Porto

WAHRNEHMUNG UND DENKEN

Wahrnehmung ist der erste und zugleich grundlegende Schritt jeder Entwurfsarbeit. Sie entsteht aus der Summe der Beobachtungen, die man als Individuum, als einzelner, auf seine individuelle Sensibilität angewiesener Mensch macht. Wahrnehmung als Realitätsbezug, ebenso wie die Wahrnehmung des gerade Entworfenen basiert auf der Fähigkeit, mit allen Sinnen einen Ort, eine Situation, ein Gebäude, aber auch ein Projekt in seinen unterschiedlichen Entwicklungsphasen wahrzunehmen. Die Summe der von uns wahrgenommenen architektonischen Situationen bildet den Fundus der Erinnerungen, aus dem wir beim Entwerfen schöpfen.

Im August 1963 notierte der 74-jährige Le Corbusier, auf ein erfahrungsreiches Leben als Architekt, Designer, Städtebauer, Maler und Schriftsteller, kurz: als Entwerfender zurückblickend, in eines seiner berühmten Skizzenhefte: *„La clef, c'est: regarder… regarder, observer, voir, imaginer, inventer, créer."* (*„Der Schlüssel, das ist: zu sehen… sehen, beobachten, schauen, sich eine Vorstellung machen, erfinden, erschaffen."*) (nach Croset 1987, S. 4) Wahrnehmung ist für das Entwerfen grundlegend. Umgekehrt erweist sich das Entwerfen als ein spezifisches Wahrnehmungstraining, das für bestimmte Phänomene sensibilisiert und zu einer Steigerung der Wahrnehmungsfähigkeit führt. Unsere Sinnesorgane übersetzen optische, akustische, haptische Reize in elektrochemische Signale, die vom Gehirn zu sinnvollen Informationen verarbeitet werden. Die Verarbeitung und Interpretation dieser Signale ist ein grundlegender kreativer Prozess, dessen gezielte Irritation Möglichkeiten zur Stimulation der Vorstellungskraft birgt, die bereits Leonardo da Vinci kannte und nutzte. Die von ihm beschriebenen Tricks und Kniffe, die man heute als Kreativitätstechniken bezeichnen würde, illustrieren, wie eng Wahrnehmung und schöpferisches Denken miteinander verbunden sind. Leonardo erwähnt in diesem Zusammenhang eine *„neue Erfindung […] die, wenn sie auch ärmlich und beinahe lächerlich erscheint, dennoch von größtem Nutzen ist, den Geist zu mannigfachen Erfindungen anzuregen"*. Diese „Erfindung" besteht darin, *„Gemäuer mit verschiedenen Flecken oder mit einem Gemisch aus verschiedenartigen Steinen"* zu betrachten:

*„Wenn du dir gerade eine Landschaft ausdenken sollst, so kannst du dort
Bilder verschiedener Landschaften mit Bergen, Flüssen, Felsen […] ebenso verschiedene Schlachten und Gestalten mit lebhaften Gebärden, seltsame Gesichter und
Gewänder und unendlich viele Dinge sehen."* (nach Chastel 1987, S. 385)

Fassade aus optischen Blenden, Institut du Monde Arabe, Paris, Jean Nouvel, 1981-1987

Dass Leonardo diese Möglichkeiten auch selbst nutzte, belegt an anderer Stelle sein Bekenntnis: *„Ich habe in den Wolken und an Mauern schon Flecken gesehen, die mich zu schönen Erfindungen verschiedenster Dinge anregten."* (nach Chastel 1987, S. 386)

Die menschliche Wahrnehmung bewegt sich im Spannungsfeld zwischen dem, was die Redensart „Man sieht, was man weiß" benennt, und der Frage: „Wie können wir etwas sehen und erkennen, das wir noch nicht kennen?" Alle Wahrnehmung geschieht immer vor dem Hintergrund des schon Bekannten. Neue Informationen werden mit bestehenden Erinnerungen verglichen und diesen zugeordnet. Etwas wirklich Neues zu sehen erfordert Wahrnehmung als geduldige Beobachtung, ist eine kreative Leistung, die Zeit und Konzentration beansprucht. Alle unsere Sinne sind an ihr beteiligt, unsere Fähigkeiten des Erkennens und des Erinnerns ebenso wie unsere Erwartungen, Prägungen und Vorurteile.

Alle Entwurfswerkzeuge sind sowohl Mittel der Wahrnehmung als auch Mittel des Ausdrucks, ein Zusammenhang, den der Architekt El Lissitzky mit einem Fotogramm (*Selbstbildnis: Der Konstrukteur*, 1924) durch die Überlagerung von Kopf, Hand, Auge, Zirkel, Kreis auf einem Millimeterraster prägnant veranschaulicht. Eine autobiografische Notiz Lissitzkys gibt unter dem Stichwort *„Augen"* Hinweise, wie sein Selbstbildnis zu verstehen ist:

„Die Objektive und Okulare, die Präzisionsinstrumente und Spiegelreflexkameras, das Kino mit der Zeitlupe und Zeitraffer, die Röntgen- und X-, Y-, Z-Strahlen haben in meine Stirn noch 20, 2000, 2 000 000 haarscharfe, geschliffene, abtastende Augen eingesetzt." (nach Simons 1993, S. 106)

Die wesentliche Funktion von Entwurfswerkzeugen ist es, innere Vorstellungen für den Entwerfenden selbst und für andere wahrnehmbar zu machen

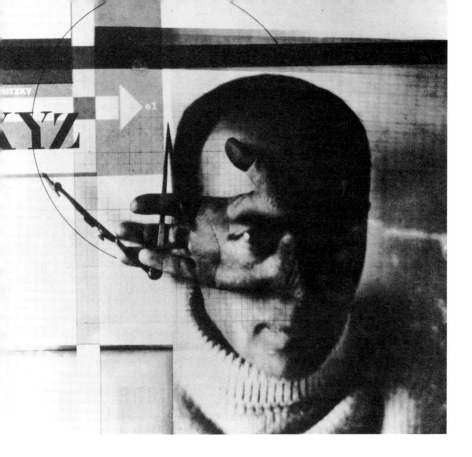

El Lissitzky: *Selbstbildnis: Der Konstrukteur*, 1924

und sie damit zum möglichen Gegenstand kritischer Reflektion werden zu lassen. Eine der Wirkungsweisen, die den Entwurfswerkzeugen zugrunde liegt, ist die Reduktion komplexer Sachverhalte auf wenige überschaubare und handhabbare Aspekte. Aufgrund dieser Wirkungsweise beeinflusst ein jedes Entwurfswerkzeug die Wahrnehmung und das entwurfliche Denken in jeweils charakteristischer Weise.

Die Verarbeitung der von Wahrnehmung und Gedächtnis bereitgestellten Informationen ist sicherlich der am schwierigsten zu fassende Teil des entwurflichen Denkens. Daran beteiligt sind Rationalität ebenso wie Emotionen, es ist geprägt von der persönlichen Mentalität und Vorstellungskraft, geschieht in Form bewusster und unbewusst ablaufender mentaler Prozesse. In diesem Zusammenhang sind die Erkenntnisse von Edward de Bono besonders aufschlussreich. In seinem Buch *Lateral Thinking* (1970) hat er den Gegensatz von logischem und intuitiv-kreativem Denken beschrieben.

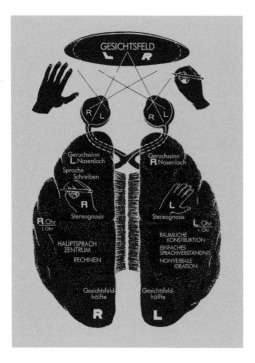

GESICHTSFELD

Geruchssinn L.Nasenloch

Geruchssinn R.Nasenloch

Sprache Schreiben

R

Stereognosis

R.Ohr L.Ohr

HAUPTSPRACH ZENTRUM

RECHNEN

L

Stereognosis

L.Ohr r. Ohr

RÄUMLICHE KONSTRUKTION

EINFACHES SPRACHVERSTÄNDNIS

NONVERBALE IDEATION

Gesichtsfeld hälfte

Gesichtsfeld hälfte

R

L

Roger W. Sperry: Die laterale Verteilung der Funktionen im chirurgisch getrennten menschlichen Gehirn

Ausgehend von einer Analyse vorherrschender Wahrnehmungsprozesse, identifiziert er ein in der westlichen Kultur dominierendes logisch-analytisches („*vertikales*") Denken, dem ein intuitiv-gestalterisches („*laterales*") Denken gegenüber steht. Letzteres sei insbesondere für das Generieren von Ideen und für das Problemlösen geeignet. Diese Auffassung, die zunächst als etwas esoterisch galt, haben Untersuchungen von Neurologen wie Sperry (1968, 1973) und Eccles (1973) bestätigt.

Die Spezialisierung der verschiedenen Areale des Gehirns auf bestimmte Funktionen wurde seit den Entdeckungen von Broca, der 1861 in der linken Hemisphäre ein „Sprachzentrum" lokalisierte, (nach Linke 1999, S. 54) und Wernicke, der entdeckte, dass die oberen Schläfenwindungen für das Sprachverständnis unverzichtbar sind, (nach Eccles 1973, S. 258) gründlich erforscht. Heute spricht man nicht mehr von „Zentren", sondern begreift die Organisation des Gehirns als ein komplexes Geflecht vernetzter Systeme, die einzelne Funktionen wahrnehmen. Die Lokalisierung der meisten Sprachfunktionen in der linken Hemisphäre gilt für 98 % aller Menschen, für Links- und Rechtshänder gleichermaßen. (Eccles 1973, S. 259) Die wesentlichen räumlichen Analysatoren verortet man dagegen im Scheitellappenbereich der rechten Hirnhälfte. (Linke 1999, S. 76) Als grundlegenden Unterschied zwischen der Funktionsweise der beiden Hemisphären fasst Johanna Sattler zusammen, dass die linke Hemisphäre des menschlichen Gehirns (die sensorisch und motorisch die rechte Körperseite kontrolliert) das analytische, logisch-sprachliche Denken beherrsche und linear, das heißt in aufeinander folgenden Denkschritten operiert, während die rechte Hemisphäre ein visuell-räumliches, synthetisierendes und ganzheitliches Denken bevorzuge, welches beziehungsreich ist und in gleichzeitigen Denkschritten erfolgt. (Sattler 1998, S. 33-42)

Rechte Hemisphäre **Linke Körperseite** Untergeordnet	(Broca, Wernicke, Sperry)	Linke Hemisphäre **Rechte Körperseite** Dominant
Visuell Bildlich	(Sperry, Eccles) (Sattler, Rorty, Mitchell)	**Verbal** Sprachlich
Räumlich Geometrisch **Anschaulich** Analog	(Eccles, Sattler) (Eccles, Linke) (Arnheim) (Aicher, Bateson)	**Zeitlich** Arithmetisch **Abstrakt** Digital
Simultan **Assoziativ** Sprunghaft **Lateral Synthetisch Vergleichend**	(Eccles, Sattler) (Sattler, Jenny) (De Bono, Sattler) (De Bono) (De Bono, Sattler) (Aicher)	Sukzessiv **Logisch** Linear **Vertikal Analytisch Schlussfolgernd**
Intuitiv **Emotional** Pessimistisch	(Damásio) (Eccles, Damásio) (Sattler, Linke)	Verstandesmäßig **Rational** Optimistisch

Die beiden komplementären Arten des Denkens werden von verschiedenen Autoren mit Begriffspaaren beschrieben, die sich in einem gemeinsamen Feld überschneiden.

Diese Unterscheidung findet sich bei einer Reihe von Autoren, die die beiden Denkweisen mit unterschiedlichen Begriffspaaren charakterisieren. (z. B. Eccles 1973, S. 275 f., Edwards 1979, S. 39 f., Sattler 1998, S. 33-42) Während in der westlichen Kultur traditionell das linear-analytische, verbale Denken der linken Hemisphäre dominiert, ist für das architektonische Entwerfen das visuell-räumliche Denken der rechten Hemisphäre wichtiger. Das vielleicht eindrücklichste Plädoyer für diese Art des Denkens hat Rudolf Arnheim in seinem Buch *Anschauliches Denken* (Arnheim 1969) gehalten. Ähnliches tun der Schriftsteller Italo Calvino in seiner Vorlesung über *Visibility* (Calvino 1988, Kap. 4) und Otl Aicher, der sich für *analoges Denken* einsetzt und gegen *digitales*

Denken polemisiert, (Aicher 1991/1, S. 34-52) wie auch Peter Jenny, der das assoziative, bildliche Denken als notwendige Ergänzung des linearen Denkens verteidigt. Die Selbstverständlichkeit, mit der wir lesen und schreiben lernen, so fordert Jenny, solle auch für das Erlernen bildnerischen Denkens gelten. (Jenny 1996, S. 220)

Es überrascht nicht, wenn die beiden Weisen des Denkens als konkurrierend aufgefasst und in einzelnen Fachbereichen höchst unterschiedlich bewertet werden. So verurteilen Architekten und bildende Künstler verbales Denken gerne als „graue Theorie". Kulturen, die Bilder konsequent ablehnen, unterdrücken damit das visuell-räumliche, rechtshemisphärische Denken zugunsten des sprachlich-linearen, linkshemisphärischen Denkens. Sie setzen auf Ordnung, Abstraktion und Hierarchie und wenden sich gegen das Vergleichende, Assoziative und Emotionale. Sinnreicher als diese Konfrontation scheint es jedoch, die beiden Denkweisen als komplementär zu betrachten, die Möglichkeiten der wechselseitigen Anregung und Stimulation einerseits und der Reflektion und Beobachtung andererseits zu nutzen. Ein Ansatz wäre beispielsweise, das Ergebnis eines rationalen Kalküls ganzheitlich und emotional zu bewerten oder das Resultat einer bildlichen Synthese mit sprachlichen Mitteln zu analysieren. Beim Entwerfen kann dies durch einen systematischen Wechsel der Werkzeuge gesteuert werden.

ENTWERFEN ALS PROZESS

Das architektonische Entwerfen hat sich aus dem Bauen entwickelt, es war und ist mit den Vorgängen des Bauens eng verknüpft. Für Architektinnen und Architekten ist es die gedankliche Vorbereitung der Herstellung eines Gebäudes. Eine der großen Schwierigkeiten des Entwerfens liegt darin zu begreifen, was das Entworfene in Wirklichkeit bedeuten wird. Entwerfende sind daher oft von dem Wunsch geleitet, entwurfsrelevante Entscheidungen möglichst spät zu fällen, um eine große Menge von Informationen in die Entscheidung einfließen lassen zu können. Das Entwerfen ist ein Prozess der mühseligen, schrittweisen Annäherung an die konkrete Wirklichkeit: vom großen in den kleinen Maßstab, vom Abstrakten ausgehend immer konkreter werdend. Abgeleitet vom lateinischen *procedere*, wörtlich: vorwärts schreiten, (Wahrig 1986, S. 1020) assoziieren wir mit dem Begriff Prozess etwas Langwieriges, Schwieriges, das durch ein schrittweises, methodisches und rationales Vorgehen zu bewältigen ist, bei dem wie bei einem Gerichtsverfahren

gewisse Verfahrensregeln einzuhalten sind, damit die Interessen aller
Beteiligten gewahrt bleiben.

Viele Ansätze, Prozesse des Entwerfens zu beschreiben, sind zugleich
Versuche, Entwurfsprozesse nach entsprechenden Vorbildern zu strukturieren. Zunächst war es indessen ein wichtiger Erkenntnisschritt, das Entwerfen
nicht mehr nur als geheimnisvollen kreativen Akt zu begreifen, sondern als
Entwicklungsprozess, der sich zumindest in gewissen Grenzen rational erfassen lässt. Seit einiger Zeit hat sich das Verständnis des Begriffs Entwerfen
vom „genialischen", nicht hinterfragbaren schöpferischen Akt hin zum Entwickeln verschoben. Industrieprodukte wie Autos, Flugzeuge oder Computer
werden in langfristigen Prozessen *entwickelt*, nicht entworfen. Schon Mies
van der Rohe zog den Begriff „*Entwicklung*" vor:

„Wir machen keine Entwürfe. Wir überlegen uns, was man machen könnte, und
dann versuchen wir es zu entwickeln, und dann akzeptieren wir es. Wir entwickeln
immer unter kritischen Gesichtspunkten." (nach Blaser 1977, S. 14)

Die Entwurfsmethode im Büro von Norman Foster beschreibt Aicher in
Begriffen, die ebenfalls eher einem schrittweisen Entwickeln als dem
Entwerfen zuzuordnen sind. Ihr aufwendigster Teil bestehe darin,

„in versuchen, experimenten und studien, in zahllosen regelkreisen von überprüfun
gen und neuansätzen anhand von modellen und prototypen ... mit hilfe von eigen-
leistungen und konsultationen anderer das destillat einer optimalen lösung zu
gewinnen." (Aicher 1991/1, S. 101)

Je nach Betrachtungsebene lassen sich Entwurfsprozesse als Abläufe von
unterschiedlicher Form beschreiben. Vier grundsätzliche Möglichkeiten, den
Entwurfsprozess zu strukturieren, veranschaulichen die Diagramme von
Horst Rittel. Das Entwerfen bezeichnet er als einen „*iterativen Vorgang von*
Varietätserzeugung und Varietätseinschränkung". (Rittel 1992, S. 75 ff.) Die einzelnen
Iterationsschritte könnte man als zirkuläre, immer wiederkehrende Abfolge
der oben beschriebenen Arbeitsschritte sehen, die eine spiralförmige Kurve
darstellen. Die Idealisierung des Entwurfsprozesses als einen linearen
Vorgang entspäche dabei, so Rittel, der Arbeitsweise eines „*großen Meisters*",
der schon im Voraus weiß was zu tun ist und sich auf das Abenteuer des
Entwerfens im Grunde genommen nicht mehr einlassen muss. Er hat vergleichbare Entwurfsaufgaben schon mehrfach erfolgreich gelöst und kann

einen erprobten Entwurfsweg einfach Schritt für Schritt abarbeiten. Als *Abtasten* oder *Scannen* bezeichnet Rittel eine Vorgehensweise, bei der mit der erstbesten Lösung, die dem Entwerfenden einfällt, versucht wird, eine Entwurfsaufgabe zu bewältigen. Zeigt sich bei der weiteren Bearbeitung, dass dieser Weg nicht zum gewünschten Ergebnis führt, kehrt man zum Ausgangspunkt zurück und versucht es mit einem anderen Lösungsansatz. Das systematische Erzeugen mehrerer alternativer Lösungsansätze und das Auswählen der besten Lösung mittels eines Bewertungsfilters, der alle relevanten Aspekte erfasst, bezeichnet Rittel als *Alternativbildung*. Sie kann auch als *mehrstufige Alternativbildung* erfolgen.

Um möglichst viele unsinnige Alternativen von vorneherein auszuschließen, empfiehlt Rittel, bei diesem Verfahren mit *constraints* (selbst auferlegten Zwängen) zu arbeiten, mit deren Hilfe sich die Varietät der möglichen Design-Variablen auf ein sinnvolle und bearbeitbare Zahl einschränken lässt. Die von Rittel beschriebenen Abläufe sind im Grunde genommen einfach und selbstverständlich. Seine Analyse hebt sie auf ein Abstraktionsniveau, das es erlaubt, sie systematisch zu vergleichen. Der Komplexität von Entwurfsprozessen angemessener ist jedoch das Bild einer spiralförmigen Suchbewegung, das Marshall McLuhan in seinen medientheoretischen Schriften verwendet. McLuhan kritisiert den Widerspruch zwischen den üblichen linearen Vorgehensweisen, Gegenstände zu behandeln, und den Gegenständen selbst, die nicht linear seien, im Gegenteil:

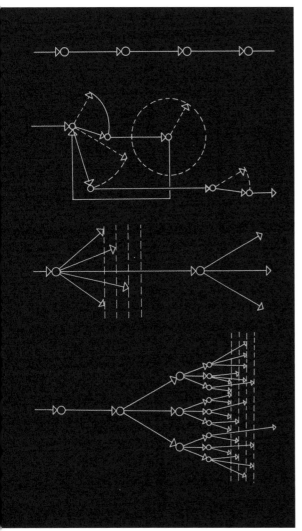

Horst Rittel: Entwurfsprozesse als Erzeugung und Einschränkung von Varietät
a) linearer Entwurfsprozess
b) Abtasten oder Scannen
c) Bilden und Auswählen von Alternativen
d) Mehrstufige Alternativbildung

„alles besteht gemeinsam und steht gleichzeitig und gegenseitig in Wechselwirkung
zueinander. [...] die ganze Botschaft wird dann immer wieder entlang der Kurven
einer konzentrischen Spirale mit sichtbarer Redundanz verfolgt und weiterverfolgt.
[...] die konzentrischen Form mit ihrem endlosen Ineinandergreifen von Ebenen ist
für die Einsicht notwendig. In Wirklichkeit ist sie die Technik der Einsicht, die als
solche zum Studium der Medien notwendig ist, da kein Medium Sinn oder Sein
aus sich allein hat, sondern nur aus der ständigen Wechselwirkung mit anderen
Medien." (McLuhan 1964, S. 49 f.)

Auf das Entwerfen übertragen, bedeutet dies, bei jedem Entwurfsproblem zu
überlegen, in welchem Medium oder welcher Kombination von Medien es
am besten bearbeitet werden kann. Vergleichbare Vorstellungen entwickelte
der Architekt Konrad Wachsmann bereits zehn Jahre zuvor in seinem
Seminaren am Institute of Design in Chicago und im Rahmen der
Salzburger Sommerakademie. Seit 1951 erprobte Wachsmann das Entwerfen
im Team unter systematischem Wechsel zwischen der fachlichen und der
persönlichen Perspektive, aus der ein Entwurf bearbeitet wird. Er beschreibt
diese Arbeitsweise als

„ein System von Teamarbeit, in dem in einer Kombination von Grundkurs, Studien
und Forschungen, durch direkte Experimente und daraus folgende Entwicklungs-
arbeiten an einem gemeinsam gewählten Problem gearbeitet wird". (Wachsmann 1959,
S. 204)

Das Entwurfsteam, entsprechend einer Seminargruppe, bestehe *„idealerweise*
aus 18 bis 24 Mitgliedern und ist in Arbeitsgruppen zu je drei Teilnehmern geglie-
dert". (a.a.O.) Jede Dreiergruppe bearbeite eine Aufgabenstellung aus ihrer
spezifischen fachlichen Perspektive für einen bestimmten Zeitraum *„im*
Wechselspiel zwischen gesuchter Information, den Versuchen im Laboratorium, der
kontinuierlichen Fortsetzung der Entwicklungsarbeit am Modell und Reissbrett und
den internen Diskussionen untereinander", (a.a.O.) um dann das Ergebnis dem
gesamten Team vorzustellen und darüber zu diskutieren. Nach jeder
Diskussion wird die Aufgabe zur Weiterbearbeitung an die nächste Gruppe
weitergereicht, bis jede Gruppe jeden Entwurfsansatz einmal unter den
jeweils eigenen Gesichtspunkten bearbeitet hat. Nach Abschluss der Entwurfsphase werden die Arbeitsergebnisse zur Präsentation aufgearbeitet. So
geeignet dieses Vorgehen im Rahmen experimenteller Entwurfsübungen

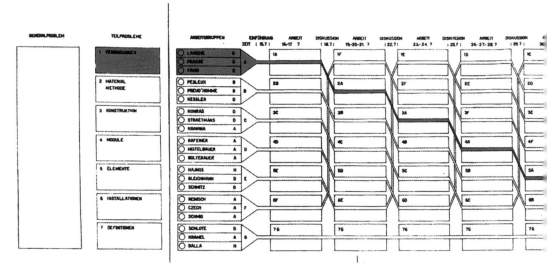

Struktur eines experimentellen Entwurfsprozesses im Team, Konrad Wachsmann, 1959

zum Aufbrechen festgefahrener Denkweisen und zum Initiieren interdiszipli-
närer Projekte sein mag, so wenig lassen sich Aufwand und Rigidität dieser
Methode auf Architekturbüros übertragen.

Auch der deutschen Honorarordnung für Architekten und Ingenieure
(HOAI) liegt eine Vorstellung des Entwerfens als Prozess zugrunde. Sie
unterteilt den Entwurfs- und Bauablauf in neun Leistungsphasen, wobei
jeder Phase sowohl sprachliche als auch bildliche und kalkulatorische
Darstellungen zugeordnet werden. Damit gibt die HOAI eine bestimmte
Vorgehensweise und einen bestimmten Umgang mit den Werkzeugen des
Entwerfens vor. Indem sie für die einzelnen Phasen der Entwurfsarbeit
bestimmte Ergebnisse vorschreibt (zum Beispiel einen Satz Entwurfszeichnungen in einem bestimmten Maßstab), andere nicht (zum Beispiel den
Bau von Arbeitsmodellen, der als Sonderleistung gilt), betreibt sie eine
Normierung, deren Tendenz innovatives Entwerfen nicht unbedingt fördert.
Das deduktive Arbeiten vom großen in den kleinen Maßstab ist sicherlich
den meisten Bauaufgaben angemessen, solange konventionelle Baumetho-
den angewandt werden. Die Entwicklung technisch oder ästhetisch innovativer (oder auch nur industriell vorgefertigter) Gebäude geht allerdings eher
vom Detail oder von der Entwicklung neuer Materialkombinationen aus.
Auch wird die eigentliche Entwurfsphase mit lediglich 19 % (LP 2:
Vorplanung 7 %, LP 3: Entwurfsplanung 11 %) des Gesamthonorars vergü-
tet, was wenig Spielraum lässt, wirklich neue Ideen zu erarbeiten.

Strukturierung eines herkömmlichen Entwurfsprozesses, Heino Engel (2003)

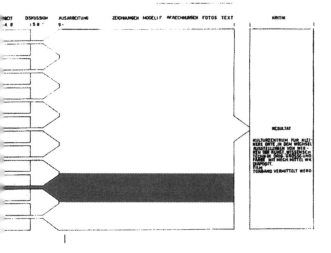

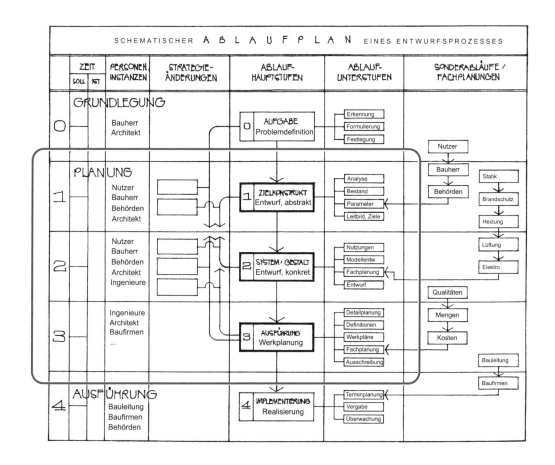

SCHEMATISCHER **A B L A U F P L A N** EINES ENTWURFSPROZESSES

ZEIT		PERSONEN INSTANZEN	STRATEGIE-ÄNDERUNGEN	ABLAUF-HAUPTSTUFEN	ABLAUF-UNTERSTUFEN	SONDERABLÄUFE / FACHPLANUNGEN
SOLL	IST					

GRUNDLEGUNG

0 — Bauherr, Architekt — AUFGABE 0 Problemdefinition — Erkennung / Formulierung / Festlegung

Nutzer

PLANUNG

1 — Nutzer, Bauherr, Behörden, Architekt — ZIELKONSTRUKT 1 Entwurf, abstrakt — Analyse / Bestand / Parameter / Leitbild, Ziele — Bauherr / Behörden — Statik / Brandschutz / Heizung

2 — Nutzer, Bauherr, Behörden, Architekt, Ingenieure — SYSTEM·GESTALT 2 Entwurf, konkret — Nutzungen / Modellentw. / Fachplanung / Entwurf — Lüftung / Elektro

3 — Ingenieure, Architekt, Baufirmen, ... — AUSFÜHRUNG 3 Werkplanung — Detailplanung / Definitionen / Werkpläne / Fachplanung / Ausschreibung — Qualitäten / Mengen / Kosten / Bauleitung / Baufirmen

AUSFÜHRUNG

4 — Bauleitung, Baufirmen, Behörden — IMPLEMENTIERUNG 4 Realisierung — Terminplanung / Vergabe / Überwachung

Die verschiedenen Dimensionen des Entwerfens lassen sich unterschiedlich gut als Abfolge nachvollziehbarer Entscheidungsschritte darstellen. Je ganzheitlicher, innovativer oder persönlicher eine Entwurfsarbeit orientiert ist, desto weniger lässt sie sich vorherbestimmen. Aus der letzteren Perspektive erscheinen die genannten Darstellungen als abstrakte Teilwahrheiten und Idealisierungen, die das Wesentliche des Entwerfens verfehlen. In entscheidenden Momenten verläuft der Prozess des Entwerfens eben nicht linear oder vom Großen ins Kleine, auch nicht spiralförmig, sondern simultan, nicht selten auch mit unvorhersehbaren, chaotischen Quantensprüngen. Das technische, ingenieurmäßige, verwaltende und projektsteuernde Entwerfen hingegen folgt eher allgemeingültigen Regeln und lässt sich besser in methodische Schritte fassen.

Doch auch jenseits dieser Differenzierung scheitert der Versuch, das Entwerfen in mehr oder weniger lineare Abfolgen rational nachvollziehbarer Entscheidungsschritte aufzulösen, an der Komplexität der Entwurfsaufgaben. Anhand des Bildes eines Räderwerks beschreibt Günter Behnisch den Entwurf eines Gebäudes als *„komplexes und kompliziertes Gefüge, beeinflusst von zahllosen Kräften aus zahllosen Disziplinen"*. Dieses Gefüge vergleicht er mit einem *„Getriebe aus dreißig bis hundert Zahnrädern, die unauflösbar ineinander greifen"*. Werde an nur einem dieser Räder gedreht, dann bewege sich das ganze Gefüge. Über die gesamte Planungs- und Bauzeit hinweg sei es immer in Bewegung, wodurch die Erscheinung des Bauwerks sich fortwährend wandle. Durch die Realisierung des Bauwerks werde ein bestimmter Zustand des Gefüges fixiert, würde man weiter entwerfen, ergäben sich andere Lösungen. (Behnisch 1996, S. 30)

Die Bewertung komplexer Entwürfe ist nur gleichzeitig, nicht konsekutiv möglich. Otl Aicher erklärt in diesem Zusammenhang, eine Entscheidung reife beim Entwerfen nicht linear, sondern im Betrachten eines Feldes, im Vergleich verschiedenster Größen; man stelle Beziehungen her und müsse ein balanciertes, nicht bilanziertes Urteil fällen. (Aicher 1991/2, S. 161) In der Regel überlagern sich bei jeder Entwurfsentscheidung mehrere Faktoren und es gilt abzuwägen, was unter der gewählten Perspektive wohl etwas angemessener oder unangemessener, einen Tick besser oder schlechter, eine Spur ästhetischer oder unansehnlicher sein würde, und welche Konsequenzen diese Entscheidung für andere Bereiche des Entwurfs nach sich ziehen. Es gibt zahlreiche Versuche, die Bewertung von Entwürfen und Gebäuden zu

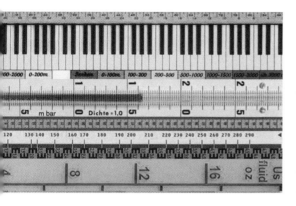

Juli Gudehus: Maßarbeit (Ausschnitt)

systematisieren und rational zu erfassen.
(z. B. Rittel 1992, Musso et al. 1981, Weiss 1975, Sanoff 1970) Aber die Entscheidung, welche Faktoren in eine Evaluierung einbezogen und wie die verschiedenen Aspekte gewichtet werden, ist nicht in Punktzahlen oder Prozentanteile zu fassen. Die Wahl, welche Maßstäbe angelegt und welche Argumente bei einer Entscheidung schließlich den Ausschlag geben, muss in jedem einzelnen Fall neu getroffen werden.

So rational eine Beschreibung des Entwerfens als Prozess sich zunächst darstellen mag, so wenig befriedigend bleibt diese Art der Darstellung. Bei Prozessen unterscheiden sich stark, schwach und nicht determinierte. (Bense 1998, S. 423) Stark determinierte Prozesse lassen sich Schritt für Schritt so genau beschreiben, dass sie von anderen, wenn sie dieser Beschreibung folgen, wiederholt oder nachvollzogen werden können. Hierzu zählen beispielsweise Entwurfsprozesse technisch bestimmter Gegenstände, die sich ingenieurmäßig „berechnen und entwerfen" lassen. Die Lösung architektonischer Entwurfsaufgaben, die in der Regel zu den von Rittel als „bösartig" kategorisierten Problemen zählen, erfordert hingegen schwach determinierte Prozesse, die sich nur vage vorausbestimmen lassen. Sie lassen sich zwar im Nachhinein beschreiben, aber diese Beschreibung bleibt entweder so allgemein und ungenau oder wird so speziell und detailreich, dass sie auf andere Probleme kaum übertragbar ist und sich daraus keine erfolgversprechende Wiederholung ableiten lässt.

ENTWERFEN ALS INDIVIDUELLER AKT

Idealisierend könnte man das Entwerfen auf zwei gegensätzliche Weisen beschreiben: als lineare oder spiralförmige Suchbewegung, in deren Verlauf alle Entwicklungsschritte eines Projekts in konsequenter Abfolge bearbeitet werden, oder als simultane Bearbeitung aller wesentlichen Aspekte eines Entwurfs. Die zweite Vorstellung liegt aufgrund der vielfältigen, einander bedingenden Anforderungen nahe, findet aber ihre natürliche Grenze in unserer sehr begrenzten Fähigkeit, mehrere Dinge gleichzeitig tun oder denken zu können. Die unten beschriebene synoptische Arbeitsweise von Alvar Aalto, bei der rationale mit intuitiven Arbeitsphasen abwechseln, kommt diesem Ideal vielleicht am nächsten. (siehe S. 121f.)

Alle Entwurfsprozesse kumulieren in konkreten Akten des Entwerfens. Dieser Akt selbst hat wenig Geheimnisvolles, wir alle kennen die Situation aus dem eigenen Arbeiten. Man sieht ein Problem, versucht es zu lösen, ist mit dem Ergebnis unzufrieden, versucht weiter, bildet Varianten, vergleicht Möglichkeiten, bis eine akzeptable Lösung gefunden ist. Das gesamte Wissen und Können von Entwerfenden realisiert sich in dem – immer singulären – Moment, in dem jemand beispielsweise eine Skizze macht, ein Modell

Álvaro Siza, Skizzenheft Nr. 300, Nov. 1989

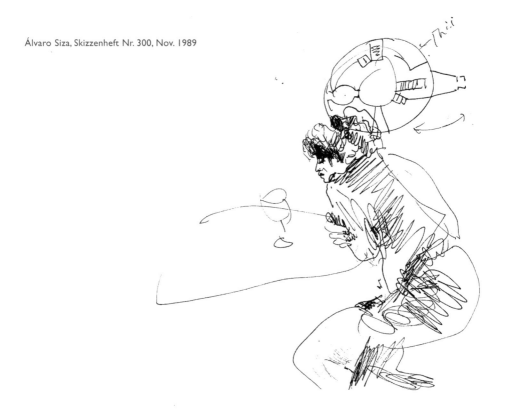

verändert oder eine Idee formuliert. Als kontinuierlicher Prozess lässt sich das Entwerfen nur auf übergeordneten Betrachtungsebenen darstellen. Der kleinste, für Entwerfende nicht weiter teilbare Schritt im Entwurfsprozess ist der einzelne Entwurfsakt, in dem sie simultan all ihr Wissen und Können einsetzen und als ganze Person, mit allen Sinnen, allen Fähigkeiten, all ihrer Erfahrung und all ihrer kulturellen Prägung präsent sind. Dieser Entwurfsakt kann ein Einfall sein, aber auch eine Vorstellung, die in einem überschaubaren Zeitraum erarbeitet wurde, er kann eine Geste sein, ein Gedanke, ein Wort, ein Satz, ein Gespräch, eine Beobachtung, ein Urteil, ein Mausklick. Er kann ein Akt der Wahrnehmung sein, ein Akt des Denkens, des sprachlichen oder gestischen Ausdrucks oder der Kritik, oder, sehr wahrscheinlich, all das zugleich.

Emotionen haben beim Entwerfen, besonders im Akt des Entwerfens, einen hohen Stellenwert. Ihre Bedeutung lässt sich an der Tatsache ermessen, dass das Entwerfen in bestimmten Situationen, wenn sich etwa trotz intensiver Arbeit keine Lösung für ein Problem abzeichnet, als emotional außerordentlich belastend erlebt wird, während es in anderen Momenten durchaus beglückend sein kann. Günter Behnisch spricht im Zusammenhang mit dem Entwerfen von einem *„auch heute oft schmerzhaften Schöpfungsprozess"*. (Behnisch 1996, S. 31) Bei seiner Untersuchung der Biografien außerordentlich kreativer Persönlichkeiten stellte Howard Gardner fest, dass insbesondere Zeiten erhöhter schöpferischer Anspannung von Phasen der Niedergeschlagenheit begleitet werden, die in allen sieben von ihm untersuchten Fällen (Freud, Einstein, Picasso, Strawinsky, Eliot, Graham, Gandhi) bis zu geistig-seelischen Zusammenbrüchen führten. (Gardner 1993, S. 436) Für alle waren in diesen Phasen kreativer Durchbrüche enge Beziehungen zu einem oder mehreren Menschen wichtig, die ihr Vorhaben verstanden und unterstützten. (a.a.O., S. 438, S. 455 ff.)

Seit der Antike wird das Entwerfen im Bezug zu emotionalen Momenten gesehen, ist die Vorstellung des Schöpferischen mit dem Emotionalen verbunden. Im Hinblick auf die Melancholie als Teil einer Lehre der vier Temperamente fragt Aristoteles:

„Warum erweisen sich alle außergewöhnlichen Männer in Philosophie oder Politik oder Dichtung oder in den Künsten als Melancholiker; und zwar ein Teil von ihnen so stark, dass sie sogar von krankhaften Erscheinungen, die von der schwarzen Galle ausgehen, ergriffen werden?" (Problemata physica, Problem XXX, I)

Die Geste der Melancholie, den geneigten Kopf auf eine Hand gestützt, drückt sowohl Nachdenklichkeit als auch Trauer aus. Albrecht Dürers berühmter Kupferstich *Melencolia I* zeigt die Personifizierung dieses Temperaments als einen weiblichen Engel, der auf einer Steinstufe sitzt, umgeben von Werkzeugen, die als Attribute des Entwerfens gelten können. Die Figur hat ihren mit kleinen Blättern bekränzten Kopf in die linke Hand gestützt, ihre Rechte liegt auf einem geschlossenen Buch und hält achtlos einen Zirkel, dessen Gelenk etwas nach rechts verschoben knapp oberhalb der Bildmitte sitzt. Ihr Gesicht befindet sich im tiefen Schatten. Sein Ausdruck ist aber nicht, wie zu erwarten wäre, bedrückt oder niedergeschlagen. Ein leises Lächeln umspielt vielmehr ihre Lippen, und die erhobenen Augen blicken interessiert und erwartungsvoll auf etwas, das sich nicht weit außerhalb des linken Bildrandes zu befinden scheint.

Eine Fülle detailreicher und höchst kunstvoll und präzise gezeichneter Bildinhalten verknüpft Dürer zu einem rätselvollen Sinnbild, das mit zeichnerischen Mitteln die nicht mehr auflösbare Komplexität und vielschichtige Gleichzeitigkeit spürbar macht, die eine Person empfinden kann, die sich der Totalität menschlicher Existenz in der Welt aussetzt. Überwältigt von widersprüchlichen, rätselhaften und beängstigenden Erscheinungen und zugleich unfähig, sich deren Faszination zu entziehen, lässt der sitzende Engel die Hand mit dem Zirkel sinken.

Unter den vielfältigen Deutungen, die Dürers Kupferstich erfahren hat, (Schuster 1991) sind in Bezug auf das vorliegende Buch zwei besonders interessant: die Interpretation als Programmbild künstlerischer Tätigkeit, (Schuster 2005, S. 101) das eine Reihe von Werkzeugen als Attribute benutzt, und zweitens die Interpretation als Darstellung einer dem Schöpferischen verpflichteten Person mit *„melancholischer Gefühlskultur"*, die *„einer Fülle seelischer Spannungen unterworfen ist, die Voraussetzung wie Tribut ihrer Tugend sind"*. (a.a.O., S. 100)

Im folgenden Kapitel (siehe S. 85) wird gezeigt, dass der Holzschnitt von Virgil Solis, den Walther Ryff als Frontispiz des Buchs *Von der geometrischen Messung,* (Nürnberg 1547) und seiner Vitruv-Übersetzung *Vitruvius Teutsch* (Nürnberg 1548) veröffentlichte, als eine Art Gegenbild oder Antithese zu Dürers Kupferstich konzipiert ist.

Ein anderes Beispiel für die ikonologische Verbindung von Melancholie und Kreativität ist ein Stich, den Andreas Vesalius 1543 in *De Humani*

Albrecht Dürer: *Melencolia I*, 1514, Kupferstich, 23,7 x 18,7 cm, Staatliche Museen zu Berlin, Kupferstichkabinett, Inv.-Nr. 352-1902

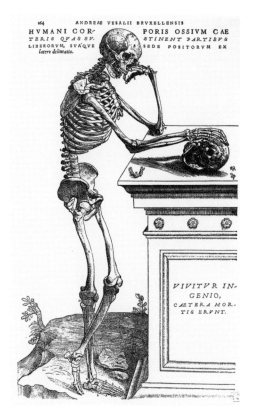

Andreas Vesalius: Menschliches Skelett, aus:
De Humani Corporis Fabrica, Basel 1543, S. 164

Corporis Fabrica (Basel 1543, S. 164) veröffentlichte. Er zeigt ein Skelett, das sich in nach-
denklich – melancholischer Haltung auf die
Deckplatte eines Grabmals stützt und seine
Hand auf einen Totenschädel legt, der auf
der Platte liegt. Auf der Frontseite des
Grabmals ist in etwas ungelenker Capitalis
der Satz eingraviert: *„Vivitur ingenio, caetera
mortis erunt."* (*„Das Schöpferische überlebt, alles
andere ist des Todes."*) Der Verfasser des
Blattes hat sich bemüht, alle körpereigenen
„Werkzeuge" darzustellen, und hat diese
auch minutiös mit Buchstaben und Nummern
bezeichnet, welche die Verbindung zur
Legende herstellen, in der alle Knochen einzeln aufgeführt und erläutert werden.
Zugleich verweist die nachdenklich-melan-
cholische Körperhaltung des Skeletts auf die
geistigen als die eigentlichen Werkzeuge des
Menschen.

   Vitruv hingegen betont in seiner Beschreibung des Entwerfens die positiven
Emotionen, wenn er von einem *„Glücksgefühl"* spricht, das *„die Lösung dunkler
Probleme"* begleitet. (Vitruv, I 2, 2) An anderer
Stelle erzählt er die Anekdote von Archimedes, der *„voller Freude"* die
griechischen Worte *„Heureka! Heureka!"* (*„Ich hab's gefunden! Ich hab's gefunden!"*) rufend aus der Badewanne springt *„und nackend nach Hause lief"*,
weil er gerade einen großartigen Einfall hatte. (Vitruv IX, Vorrede, 10) Noch
der heutige Begriff Heuristik, die *„Lehre von den Wegen zur Gewinnung neuer
Erkenntnisse"*, wörtlich Findungs- oder Erfindungskunst, (Wahrig 1986, S. 643)
lässt sich auf diese Geschichte beziehen.

   Auch im 20. Jahrhundert wird, ungeachtet aller Diskussionen um
Sachlichkeit und Funktionalität, das Entwerfen in Abhängigkeit vom
Emotionalen gesehen. Bruno Taut etwa sieht das Rationale, Verstandes-
mäßige zwar als Grundlage des Entwerfens, es muss aber durch „das Gefühl"

kontrolliert und verfeinert werden. Beim Entwerfen müsse man warten, schreibt Taut, *„bis man aufhört zu denken und tatsächlich nur fühlt".*

(Taut 1936, S. 38 f.) Sein Vorgehen beim Entwerfen erläutert er in seinem Buch *Architekturlehre* wie folgt:

„Man überlegt zunächst rein verstandesgemäß alle Bedingungen der Sache, die Himmelsrichtungen, die landschaftliche Lage, kurz alles, was das Ganze beeinflusst, und zeichnet ein Schema auf. […] Dann aber, am besten nachts, wenn nichts Störendes kommen kann, konzentriert man das Gefühl auf die Sache, doch zunächst ohne zu zeichnen. […] Man muss warten, bis das, was bisher Schema war, beginnt sich mit Leben zu füllen, bis man aufhört zu denken und tatsächlich nur fühlt. […] Es wächst ganz unklar im Gefühl das, was man die „Idee" nennt. Das Gefühl ist wie ein Filter; es hält nur d i e Erfahrungen und d a s Wissen fest, das für diese neue Aufgabe zu gebrauchen ist. Dann beginnt schließlich die Hand zu zeichnen, beinahe automatisch oder bewusstlos. Der Kopf ist ausgeschaltet." (Taut 1936, S. 38 f.)

Wie aber können wir dann über das Entwerfen sprechen, ohne es zu mystifizieren? Ist das Entwerfen, so die Schlussfolgerung aus dieser Auffassung, in seinem Kern etwas Gefühlsmäßiges und somit Irrationales? Muss gefühlsmäßig mit irrational gleichgesetzt werden, oder können wir von einer Intelligenz der Gefühle reden? Probleme hoher Komplexität löst unser Denken am besten mit „gefühlsmäßigen" Entscheidungen. Seinen guten Grund hat dieses Vorgehen darin, dass wir die Komplexität räumlicher wie ästhetischer Erfahrungen zunächst eher fühlen als analysieren. Die emotionale Bewertung ist eine ganzheitliche, die sich der Totalität einer Situation aussetzt. Das Gehirn verarbeitet weit mehr Informationen unbewusst als bewusst. Auf diese Weise gefällte Entscheidungen, die als „intuitiv" oder „emotional" empfunden werden, basieren auf Wahrnehmungen, die nicht ins Bewusstsein gelangen, und für die oft im Nachhinein rationale Begründungen konstruiert werden. In den vergangenen Jahren wurden diese Prozesse intensiv erforscht, was zu einer Neubewertung von Intuition und Emotionalität als Erkenntnisquellen führte. (Traufetter 2006)

Das Emotionale repräsentiert in unserem Bewusstsein die Summe der gemachten Erfahrungen. In ihm verdichten sich Expertenwissen, implizites Handlungswissen und das allgemeine Weltwissen eines Entwerfenden zu dem – immer erklärungsbedürftigen – Gefühl, etwas sei tendenziell „besser" oder „schlechter", „richtiger" oder „weniger richtig". Die Emotionen bilden ein notwendiges Korrektiv zum Rationalen, das ja gerade beim Entwerfen durchaus in die Irre führen kann. Rationales Denken tendiert in seiner Linearität dazu, ein breites Feld relevanter Faktoren auf wenige zu reduzieren. Eine rationale Argumentation kann zwar vollkommen schlüssig sein, aber dennoch einer eindimensionalen Logik folgen, die entscheidende Faktoren außer Acht lässt und das komplexe Zusammenspiel der verschiedenen Bedeutungsebenen eines Entwurfs nicht berücksichtigt.

Der portugiesische Neurologe António Damásio hat in seinen Untersuchungen Anzeichen dafür gefunden, dass Emotionen die Grundlage bilden für alles, was wir denken. Menschen, die ihre Fähigkeit emotional zu empfinden, die ihre Gefühle verloren haben, so stellte Damásio fest, verlieren auch die Fähigkeit zu vorausschauendem, planvollem Handeln. Bei ansonsten vollkommen intakter Intelligenz sind diese Menschen nicht mehr in der Lage ihr Tun auf einen weiter gespannten Kontext zu beziehen. (Damásio 1999) Entwerfende brauchen sozusagen eine *éducation sentimentale*, die sie befähigt ihre Emotionen wahrzunehmen und richtig zu interpretieren. Umgekehrt zeigen die vielen Bauten, die nur unangenehme Gefühle hervorrufen, wie sehr diese in der Ausbildung fehlt.

Die Gleichzeitigkeit verschiedener Handlungsebenen in ein und demselben Akt des Entwerfens macht diesen einer weiteren Analyse schwer zugänglich. Mystifizierungen des Entwerfens als etwas Genialem, Intuitivem, rein Emotionalem haben hier ihren Grund. Die zuvor dargestellte Auffassung des Entwerfens als Prozess hingegen ordnet dessen Vorgänge chronologisch und reflektiert damit die Zeitgebundenheit unseres Handelns. Sie steht aber im Widerspruch zur Gleichzeitigkeit der einander überlagernden und bedingenden Probleme eines Entwurfs. Beide Modelle erfassen wesentliche Aspekte des Entwerfens, widersprechen sich aber und bleiben, jeder für sich genommen, unbefriedigend. Ein dritter Ansatz, der die beiden Modelle verbindet, begreift das Entwerfen als Kreislauf wiederkehrender Handlungsschritte. Er zergliedert den Akt des Entwerfens in seine Bestandteile, beschreibt aber auch die zeitliche Struktur von Entwurfsprozessen.

DER KREISLAUF DES ENTWERFENS

Auf die Frage *„Was tut eigentlich ein Künstler"* antwortet Jean-Christophe Ammann mit einer Erläuterung, die im Grunde genommen für alle Entwerfenden gilt:

„Er arbeitet an etwas, dessen Endprodukt er nur sehr unscharf erkennen kann. [...]
Er hat zwar eine Vorstellung, aber er ist stets mit dem Scheitern konfrontiert.
Denn das, was entsteht, entspricht möglicherweise nicht seiner Vorstellung, also
verändert er das Tun oder er verändert die Vorstellung. Man kann auch sagen,
das Tun verändert kontinuierlich die Vorstellung, weil das Tun wichtiger ist als die
Vorstellung." (Ammann 1998, S. 18)

Die Wechselwirkung von Sehen, Denken und Machen, die durch Wahrnehmung und Ausdruck vermittelte Reflexion des einen im anderen sind eine Grundlage jeder Entwurfstätigkeit. Akte wie Prozesse des Entwerfens lassen sich anhand der Metapher eines Kreislaufs beschreiben – als ein Kreislauf unauflöslich verwobener Gedanken und Handlungen, der sich in eine immer wiederkehrende Folge von drei Tätigkeitsbereichen (T1-3) oder sechs Arbeitsschritten (A1-6) gliedert.

Der „Kreislauf des Entwerfens" beginnt mit der Wahrnehmung von Aufgabe und Situation (T1/A1), gefolgt von deren gedanklicher Verarbeitung, die zu den ersten Vorstellungen des zu entwerfenden Gegenstandes oder Gebäudes führt (T2/A2). Diese Entwurfsvorstellungen werden zunächst durch einfache Gesten oder Worte zum Ausdruck gebracht, später auch mit Hilfe von externen Werkzeugen (T3/A3). Das zum Ausdruck Gebrachte wird erneut wahrgenommen (T1'/A4) und mit den Vorstellungen verglichen, dabei werden sowohl die Vorstellungen als auch das zum Ausdruck Gebrachte gedanklich weiter verarbeitet und in der Folge verändert (T2'/A5). Diese veränderten Vorstellungen werden erneut ausgedrückt (T3'/A6), und der Kreislauf beginnt von neuem. Dabei entstehen schrittweise immer konkretere, präzisere und komplexere Darstellungen des Entworfenen in räumlich-bildlicher und sprachlicher Form.

Der Kreislauf des Entwerfens

Diese Folge wiederkehrender Handlungsschritte liegt langfristigen Entwurfsprozessen ebenso zugrunde wie dem individuellem Entwurfsakt. Die drei genannten Tätigkeitsbereiche, die den „Kreislauf des Entwerfens" charakterisieren – Wahrnehmung, gedankliche Verarbeitung und Ausdruck der inneren Vorstellungen –, können wir zuweilen klar in den aufeinander folgenden Arbeitsschritten unterscheiden, oft sind sie jedoch so eng miteinander verflochten, dass sich die einzelnen Elemente kaum mehr isolieren lassen und sie zu einer einzigen Handlung – zu einem Akt des Entwerfens – verschmelzen. Der Prozess des Entwerfens wiederum setzt sich aus unzähligen kleinen und größeren „Kreisläufen des Entwerfens" zusammen. Er ist ein fortlaufendes Wechselspiel von Wahrnehmung und Ausdruck, von der Erarbeitung „innerer" Vorstellungen und deren „äußeren" Darstellung, von Kreativität und Kritik.

Eine allgemeine Theorie des Entwerfens muss daher die fünf Themenbereiche Wahrnehmung, Denken, Ausdruck, Werkzeuge des Entwerfens und Kritik als gleichwertig behandeln. Sie wäre zu entwickeln als eine Darstellung, die nicht eingrenzt, sondern öffnet, die nicht bestimmt und definiert, sondern Möglichkeiten aufzeigt, die keine „ewig gültigen" Werte verkündet, sondern die Strukturen von Wertesystemen reflektiert, die keine Methoden vorschreibt, sondern die Entwicklung von individuellen Strategien unterstützt, die nicht nur von oben nach unten argumentiert, sondern auch von unten nach oben. Im Folgenden wird versucht, das Gerüst einer solchen Darstellung zu entwickeln, um dann den Themenbereich der Werkzeuge des Entwerfens eingehender zu untersuchen.

WERKZEUGE DES ENTWERFENS

Jedes Instrument muss mit der Erfahrung verwendet werden, durch die es entstanden ist. Leonardo da Vinci (Codex Arundel, 191R)

Das Entwerfen als eine vielschichtige und schwer zu fassende Tätigkeit lässt sich anhand der Werkzeuge und Kulturtechniken erschließen und beschreiben, die im Verlauf des Entwurfsprozesses eingesetzt werden. Diese Perspektive erlaubt die nötige Distanz zu persönlichen Arbeitsweisen und öffnet den Blick für die grundlegenden Zusammenhänge der einzelnen Tätigkeiten. Ausgehend von Geste und Sprache als den primären Entwurfswerkzeugen lassen sich die daraus entwickelten Werkzeuge darlegen: Skizze, Werkriss, Entwurfszeichnung, Perspektive und Modell auf der Seite der bilderzeugenden Werkzeuge, und Beschreibung, Kritik, Theorie sowie Kalkulation und Programm auf der Seite der sprachlichen Werkzeuge.

Die Frage nach den Entwurfswerkzeugen ist zentral, weil Ideen, Gedanken, innere Vorstellungen sich nicht direkt vermitteln lassen, sondern nur mit Hilfe von „Werkzeugen", „Instrumenten" oder „Medien" ausgedrückt werden können. Wir müssen unsere Gedanken durch Gesten andeuten, aussprechen, aufzeichnen, aufschreiben oder auf irgendeine andere Weise darstellen. Alle dafür in Frage kommenden „Werkzeuge" bergen in sich die Gefahr unsere Vorstellungen zu verfälschen. Aufgrund ihrer jeweils eigenen Regeln und Funktionsweisen, ihrer Grenzen und Möglichkeiten drängen sie denjenigen, der sich ihrer bedient, in eine jeweils bestimmte Richtung. Entwickelt er dafür kein Bewusstsein, läuft er Gefahr, dass seine Werkzeuge sich verselbständigen, und ihn zu Ergebnissen führen, die weit von seinen ursprünglichen Vorstellungen entfernt sind. Diese Gefahr ist um so größer in den heutigen arbeitsteiligen Entwurfsprozessen. Ein Entwurf kann, auch wenn er in einem bestimmten Medium vollkommen überzeugend wirkt, das heißt dessen Regeln gänzlich entspricht, sich in Wirklichkeit als durchaus ungeeignet erweisen. Erfahrene Entwerfer wissen mit dieser Diskrepanz umzugehen. Sie kennen die Eigenheiten ihrer Werkzeuge gut genug, um sie je nach Notwendigkeit korrigieren zu können.

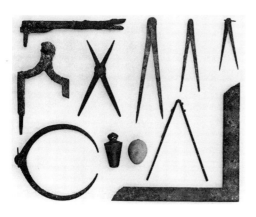

Sammlung Römischer Bronze-Werkzeuge aus Pompeji

SYMBOLE DES SCHÖPFERISCHEN

Als Werkzeuge bezeichnen wir gemeinhin Geräte, die zur Bearbeitung von Werkstoffen dienen. Was aber sind die „Werkzeuge" des Entwerfens, und was sind dessen „Werkstoffe"? Mittelalterliche Darstellungen kennzeichnen Baumeister und Architekten durch Werkzeuge wie Zirkel und Winkel, die als Attribute ihrer Tätigkeit zu lesen sind. Was vermitteln diese Geräte über das Wesen des Entwerfens? Seit alters her werden Werkzeuge als Attribute der Handwerker und Baumeister verstanden. Antike römische Grabmäler und Ausgrabungen von Pompeji zeigen ganze Sammlungen von entsprechenden Werkzeugen, die jedoch eher dem Bauen als dem Entwerfen zuzuordnen sind: Maßstab, Winkel, Lot, Setzwaage und Zirkel, dazu Hammer und Meißel. (Zimmer 1984, S. 265 ff.; Hambly 1988, S. 20, Abb. 10)

Der babylonische Herrscher Gudea wird sitzend dargestellt, vor sich auf dem Schoß den Grundriss eines großen Gebäudes. Die Statue, genannt *„Der Architekt mit dem Plan"*, entstand in Mesopotamien um 2125 v. Chr.; bei der Zeichnung handelt es sich um den maßstäblich verkleinerten Grundriss der Umfassungsmauer des Tempelbezirks oder der *„Heiligen Stadt"* Gudeas. (André-Salvini, in Las Casas 1997, S. 74 f.) Dargestellt ist ein Mauerwerksbau mit außen liegenden Widerlagern und sechs Toren, die jeweils auf beiden Seiten durch Mauervorlagen verstärkt sind. Welche Hilfsmittel standen Gudea und seinen Architekten zur Verfügung?

Statue des babylonischen Herrschers Gudea,
ca. 2125 v. Chr., und der Plan auf dem Schoß der Statue

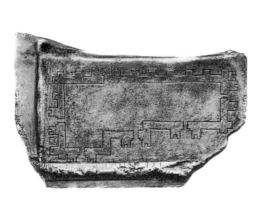

Leonardo da Vinci: *Gewitter von Werkzeugen.*
The Royal Collection, 12698

Eine Problematik der verfügbaren Werkzeuge veranschaulicht eine allegorische Zeichnung von Leonardo da Vinci. Seine bedrohliche Darstellung eines Unwetters, bei dem Werkzeuge aller Art vom Himmel fallen, trägt die Unterschrift: *„Oh menschliches Elend: für wie viele Dinge machst Du Dich für Geld zum Knecht."* (*„O miseria umana di quante cose per danari ti fai servo."*) (nach Hermann-Fiore 2002, S. 332 f.) Die Flut der Werkzeuge, der Tätigkeiten, ihrer Wirkungen und Bedeutungen zu sichten und zu ordnen, das immer wieder neu entstehende Chaos der Möglichkeiten zu bändigen wurde zu einer der großen Herausforderungen der Aufklärung. Auch Albrecht Dürers berühmter Kupferstich *Melencolia I* (siehe S. 74) zeigt im Vordergrund eine Reihe von Werkzeugen, die sich dem Bauen und Entwerfen zuordnen lassen, und die verstreut und anscheinend nutzlos auf der Erde liegen. Diesen bedrückenden Visionen setzen Walther Hermann Ryff (oder Rivius) (1500–1548) und Virgil Solis (1514–1562) wenige Jahrzehnte später ein anderes Bild entgegen.

„*Vivitur ingenio, caetera mortis erunt.*" („*Das Schöpferische überlebt, alles andere ist des Todes.*") lautet die Titelzeile eines von Virgil Solis ausgeführten Holzschnitts, (Röttinger 1914) den Ryff in Nürnberg gleich zweimal als Frontispiz veröffentlichte: im Jahr 1547 in seinem Buch *Von der geometrischen Messung* (nach Grote 1966, S. 5) und ein Jahr später als Titelblatt der von ihm verfassten, kommentierten und mit Abbildungen versehenen zweiten deutschen Vitruv-Übersetzung *Vitruvius Teutsch.* (Nürnberg 1548)

Auf dem Boden verstreut zeigt das Blatt eine Sammlung von Geräten und Werkzeugen, die mit der Tätigkeit des Baumeisters und Architekten, aber auch mit der Wissenschaft verbunden sind: Wir sehen einen Richtscheit, verschiedene Zirkel und Zangen, Hammer, Stemmeisen, Hobel und Säge, rechter Winkel und Schablone, Bücher (als Verweis auf die

Viuitur ingenio, cætera mortis erunt.

Aurum probatur igni, ingenium uero Mathematicis.

Architekturtheorie?), zwei verschiedene Nivelliergeräte, ein Lehrbuch für Geometrie, Blasebalg und Schmelztiegel auf einem brennenden Kohlenbecken, eine Flasche mit Chemikalien, Schlegel und Meißel, ein Lineal, Feder und Tintenfass, Pinsel und Palette, Pinzette, zwei Zirkel, eine Zwinge mit Richtschnur. In der Mitte des Blattes, auf einem zweifachen Sockel aus dieser Gerätesammlung herausgehoben, steht ein Genius (Sinnbild des Architekten?), barfuss als Putto dargestellt, in der linken, nach unten zeigenden Hand an einer Kordel hängend einen Schwamm oder Stein haltend, in der erhobenen Rechten zwei Flügel (als Symbol der Inspiration?). Sockel und Knäblein sind perspektivisch korrekt dargestellt, die Ebene des Bodens ist jedoch nach oben in die Bildebene gekippt, so dass die Figur gleichsam von den Werkzeugen, über denen sie eigentlich stehen sollte, eingerahmt wird und nur mit Mühe ihren Kopf über allem hält.

Viele Bildelemente hat Virgil Solis offensichtlich ohne größere Veränderungen von Dürers Kupferstich *Melencolia I* übernommen. Ganz anders indes sind Aufbau und Stimmung des Bildes, das wie eine pointierte Antithese zu Dürers Stich wirkt. Die Personifizierung der Melancholie ist weggelassen, wie auch die mahnenden Gegenstände Glocke, Waage, Sand- und Sonnenuhr. Dass Dürers Kupferstich Vorlage für Solis' Darstellung war, lässt insbesondere auch die Figur des Putto vermuten, die ihrem Vorbild in Körperform, Kleidung, Gesicht und Frisur sehr ähnlich ist. Während der Putto jedoch bei Dürer eine Schiefertafel beschreibend auf einem Mühlstein sitzt, dominiert er nun die Bildmitte. Auf einem würfelförmigen, soliden Podest stehend und mit triumphierender Geste ein Paar Flügel in der rechten Hand hochhaltend, hat er offenbar alle Zweifel und Schwermut überwunden.

Vor diesem Hintergrund erscheint der von Walther Ryff veröffentlichte Holzschnitt des Virgil Solis als eine ins Positive gewandte, optimistische Umdeutung des Schöpferischen, das zuvor noch ganz von der Vorstellung der Melancholie durchdrungen war. Der kindlich fröhliche Knabe, der die Flügel der Inspiration in die eigene Hand nimmt und in herausgehobener Position die ihn umgebenden Werkzeuge dominiert, wird in Ryffs Vitruv-Übersetzung als Sinnbild des Architekten präsentiert. Vielleicht findet hier der alle Bedenken in den Wind schlagende Optimismus des modernen *Homo Faber* seinen ersten Ausdruck. Zu erreichen ist dieser Optimismus, das

Virgil Solis zugeschrieben: Holzschnitt, veröffentlicht als Frontispiz des Buchs *Von der geometrischen Messung*, Walther Ryff: Nürnberg 1547, und der Vitruv-Übersetzung von Walther Ryff, *Vitruvius Teutsch*, Nürnberg 1548 (Abb. S. 40)

Benvenuto Cellini: Diana Ephesia, Entwurf für das Siegel der Accademia del Disegno in Florenz (Ausschnitt), ca. 1564. London, British Museum

zeigt der Vergleich mit Dürers Denkbild, nur zum Preis einer Vereinfachung, die alle widersprüchlichen, rätselhaften und beängstigenden Aspekte des Entwerfens ausblendet. Solis' Holzschnitt kann als Ausgangspunkt einer Architekturauffassung verstanden werden, die von den Werkzeugen, vom Machen her gedacht ist.

Die Frage, welche Gegenstände denn als „Werkzeuge des Entwerfens" gelten können, stellte sich wenig später auch der Goldschmied und Bildhauer Benvenuto Cellini (1500–1571), prominentes Mitglied der 1563 von dem Architekten, Maler und Kunsthistoriker Giorgio Vasari (1511–1574) sowie Agnolo Bronzino und Bartolomeo Ammanati in Florenz gegründeten Accademia [dell' Arte] del Disegno. Auf einem Entwurf für das Siegel der neugegründeten Accademia, einem ca. 1564 entstandenen Blatt, schlägt Cellini als Verkörperung des *Disegno* eine Darstellung der vielbrüstigen, alles ernährenden Naturgöttin Diana Ephesia vor. Den Disegno versteht er als *„Ursprung und Anfang aller menschlichen Tätigkeiten".* (Cellini, nach Kemp 1974, S. 222) Recht beiläufig, etwas unterhalb der Mitte des Blattes, stellt Cellini ein in Großbuchstaben geschriebenes Alphabet dar. Jedem Buchstaben ist ein

Werkzeug zuordnet, das dessen jeweiliger Form ähnelt – ein erster, skizzenhafter Versuch der Aufzählung und Anordnung von Werkzeugen des Entwerfens, die sich hier aus Handwerks- und Zeichenwerkzeugen zusammensetzen.

Die Analogie, die Cellini zwischen der Form der Buchstaben und der Form der Werkzeuge herstellt, suggeriert, die einzelnen Werkzeuge seien in gleicher Weise wählbar wie die Buchstaben des Alphabets. Deren Beherrschung müssten Entwerfende genauso erlernen wie das ABC. Wenn sie dies einmal getan haben, sind sie in ihrem Ausdruck ebenso frei wie jeder Schriftsteller, der das ABC beherrscht. Bleiben wir in diesem Bild, so stellen wir fest, dass diesem Schriftsteller allerdings noch vieles fehlen würde, um schöpferisch tätig zu werden: ein Vokabular, die Grammatik und Rhetorik, die Fähigkeiten des Erfindens und Erzählens. Immerhin: Im gewandelten Werkzeug-Verständnis der Renaissance dienen Werkzeuge nicht mehr vorrangig dem Kampf des Menschen gegen die Natur und deren Verletzung und Zerstörung, sondern zur Erschaffung *„einer neuen, künstlichen Welt, an der Mensch und Natur gemeinsam arbeiten".* Der Kunsthistoriker Horst Bredekamp sieht in der Zeichnung die *„Momentaufnahme eines geradezu sprühenden kunsttechnologischen Optimismus".*

(Bredekamp 2003, S. 130, S. 137)

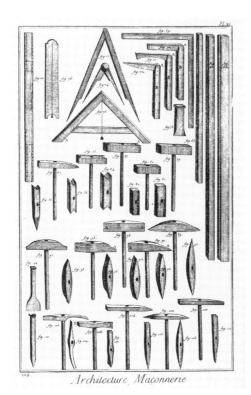

Architecture, Maçonnerie

Auf dem damit eingeschlagenen Weg des Zugangs zum schöpferischen Arbeiten liegt eines der großen Projekte der französischen Aufklärung: die *Encyclopédie, ou dictionnaire raisonné des sciences, des arts et des métiers,* die in den Jahren 1751 bis 1772 von Denis Diderot und Jean-Baptiste le Rond d'Alembert in Paris herausgegeben wurde, und deren erste Ausgabe 17 Text- und 11 Tafelbände umfasste. Ziel des Unternehmens war es, alle damals bekannten Werkzeuge und Arbeitstechniken nach Berufen geordnet darzustellen. Bis dahin in den Zünften vielfach als Berufsgeheimnis gehütetes Wissen wurde damit systematisch strukturiert und

Werkzeuge zum Themenbereich Architecture, Maçonnerie (Werkzeuge der Bau- und Steinmetzkunst), aus der *Encyclopédie* von Diderot und d'Alembert der Öffentlichkeit zugänglich gemacht. Das beeindruckende Werk dokumentiert in Texten und aufwändigen, detaillierten Illustrationen die Summe des technologischen Wissens seiner Zeit, in der sich die Kunst des Barock mit den Anfängen der industriellen Revolution überlagert. Informationen aus den Naturwissenschaften stehen neben Erläuterungen technischer Vorgänge aus Landwirtschaft, Handwerk und Militär, Artikel über Holz, Metall, Chemie, Textil, Keramik und Glas stehen neben Darstellungen künstlerischer Techniken aus Architektur, bildender Kunst und Musik, Schreiben und Buchdruck. Werkzeuge werden nun nicht mehr als bloße Hilfsmittel verstanden, sie stehen seither im Zentrum der Aufmerksamkeit.

FLUSSER: DIE GESTE DES MACHENS

Alles Entwerfen ist eingebettet in umfassende Handlungsabläufe des Machens. Dieser für Otl Aicher (siehe S. 212) wie Vilém Flusser zentrale Begriff, der über das germanische *makkon (engl. to make)* auf das indogermanische *mag-* „kneten" zurückgeht, (Wahrig 1986, S. 852) weist auf eine bemerkenswerte Verbindung zum ursprünglichem Material des Modellbaus hin, dem Ton. Während Otl Aicher dem Machen eine zentrale Rolle zumisst, den Begriff selbst aber nur knapp definiert, analysiert Flusser das Machen eingehend. Beide Autoren verstehen darunter kein indifferentes Tun, wie es etwa im umgangssprachlichen „Pause machen" oder „sich unbeliebt machen" gebraucht wird, sondern das konkrete Gestalten und Herstellen von Gegenständen, das Gestalten von Welt. Ziel allen Machens, so Flusser, ist das *„Aufprägen einer Form auf die gegenständliche Welt"*. Das Machen begreift

er als eine bestimmte Geste der Arbeit, die nicht an andere Menschen, sondern auf ein Material gerichtet ist. Um die Geste des Machens zu analysieren geht er von der Beobachtung der Bewegungen unserer Hände aus. (Flusser 1991, S. 49-70) Machen, so seine Definition, sei der Versuch, Theorie in Praxis umzusetzen. Erreicht sei dies, *„wenn das Sollen objektiv und gegenständlich, der Gegenstand wertvoll und der Wert Gegenstand geworden ist"*. (a.a.O., S. 57) Die metaphorische Dimension seiner Darstellung wird deutlich,

Machen als Kneten: Pizzateig

wenn Flusser in diesem Zusammenhang von den beiden Händen als „Theorie" und „Praxis" spricht, die durch die Geste des Machens zur Übereinstimmung gebracht werden sollen. Den unendlich komplexen Vorgang des Machens sucht Flusser in einfache Bilder zu fassen. Das Thema des Denkens wird dabei fast völlig ausgeklammert. Seine gleichnishaften Bilder zeigen aber, wie sehr der Prozess des Denkens von den konkreten Bewegungen unserer Hände geformt ist und sich auf Begriffe stützt, die von diesen Bewegungen aus gebildet, im wahrsten Sinn des Wortes abstrahiert, abgezogen sind.

In seiner systematischen Analyse unterscheidet Flusser eine Folge von zehn Handlungsschritten, die so sehr von alltäglicher Gewohnheit verdeckt sind, dass sie kaum als einzelne Schritte wahrgenommen werden. Die Geste des Machens beginnt für ihn mit einer Geste der Wahrnehmung (1), die als eine aktive und in besonderem Sinn gewaltsame Geste des Begreifens und Verstehens beschrieben wird, die einen Gegenstand auswählt und isoliert. Ihr folgt ein erster Versuch einer Geste der Wertung (2), indem eine für diesen Gegenstand passende Form ausgewählt und versucht wird, ihm diese Form beziehungsweise diesen Wert aufzuprägen, ihn zu „informieren". Diese Phase beginnt mit der Geste der Herstellung (3), bei welcher der Gegenstand aus seinem zu negierenden Kontext herausgelöst und in einen affirmierten Kontext hineingestellt wird. Dabei wird ein Widerstand, die Rohheit des Materials fühlbar. In der Geste des Untersuchens (4) dringen die Hände in den Gegenstand ein und zwingen ihn damit, seine inneren Strukturen zu enthüllen. Damit begreifen sie, wie der Gegenstand zu verändern ist, und können nun in der Geste des Entscheidens (5) bestimmen, welchen Wert, welche Form sie ihm aufzwingen wollen, und mit der Geste des Erzeugens (6) beginnen.

Doch angesichts des Widerstands des ungeformten Materials sieht sich die Hand zur Angleichung der Form genötigt, die sie dem Gegenstand aufprägen will. Diese *„beständige Neuformulierung der Form unter dem Gegendruck des Gegenstands"* bezeichnet Flusser als die Geste des Schaffens (7): *„Das Schaffen ist die Erarbeitung von Ideen während der Geste des Machens."* (a.a.O., S. 64) Im Gegensatz zur klassischen platonischen Vorstellung ewiger, unveränderlicher Ideen, die nur unvollkommen verwirklicht werden können, betont Flusser, *„dass neue Ideen mitten im Kampf der Theorie gegen die rohe, widerständige Welt auftauchen".* (a.a.O., S. 65) Weder sei es schöpferisch, vorge-

fertige Ideen gewaltsam einem vorbereiteten Material aufzudrücken, wie
das bei der industriellen Produktion der Fall sei, noch in Laboratorien virtuelle Stereotypen zu erzeugen, ohne sich mit dem Rohmaterial auseinander
zu setzen. Die Geste des Schaffens (7) sieht Flusser als einen Kampf, in welchem den schwachen menschlichen Händen Verletzung und Zerstörung
droht. In diesem Fall können sie entweder aufgeben oder mit der Geste des
Werkzeugmachens (8) antworten. Dabei ziehen sich die Hände vorläufig von
ihrem widerspenstigen Gegenstand zurück, um einen anderen zu finden, der
als ihre vereinfachte und wirksamere Verlängerung dienen kann. Doch das
Anfertigen von Werkzeugen ist wiederum selbst eine Serie von Gesten des
Machens. Um Werkzeuge herzustellen, müsse man in einem praktisch
unendlichen Regress andere Werkzeuge herstellen. Die Aufmerksamkeit
würde durch das Herstellen von Werkzeugen und von Werkzeugen für
Werkzeuge in Bann gehalten. Dabei bestehe die Gefahr, den ursprünglichen
Gegenstand der Geste des Machens zu vergessen und ihn in der Folge nicht
mehr von einer Person unterscheiden zu können: Alles werde behandelbar.
Genau dies, so Flussers Kritik, sei die Situation der industriellen Gesellschaft
von heute.

In der Geste der Verwirklichung (9) kehren die nun mit Werkzeugen versehenen Hände – falls sie ihn nicht vergessen haben – zu ihrem ursprünglichen Gegenstand zurück. Das im Folgenden erzeugte Produkt werde dabei
weniger durch die Hände als durch das Werkzeug geprägt. Die schließlich
verwirklichte Form entstehe aus drei Faktoren: der ursprünglich beabsichtig-
ten Form, der Widerständigkeit des Gegenstands und der Arbeit des
Werkzeugs. Da jedoch die beiden Hände – Praxis und Theorie – nie zur völligen Übereinstimmung gebracht werden können, das Werk somit nie vollkommen werde, sei die Geste des Machens eine unendliche Geste. Sie ende
erst, wenn die Hände sich vom Gegenstand zurückziehen, sich öffnen und
ihr Werk darbieten. Dies tun sie resignierend, wenn erkennbar wird, dass
jede Fortsetzung der Geste des Machens für das Werk ohne Bedeutung
wäre. Im Gegensatz zur Geste des Machens, die abgrenzt, ausschließt, ver-
gewaltigt und verändert, wende ihr Abschluss in der Geste des Darreichens
(10) diese in eine Geste der Öffnung, des Schenkens, der Liebe den anderen
gegenüber.

Flussers Analyse zeigt, wie weit das Entwerfen und Gestalten – die Geste
des Schaffens – in den Zusammenhang vielfältiger Gesten des Machens ein-

gebunden ist. Von diesem Zusammenhang wird das Schaffen in seinen Möglichkeiten und Bedeutungen weitgehend bestimmt. In jeder Phase des Schaffensprozesses kann die Geste des Machens ihre Bewegungsrichtung grundlegend ändern, bis hin zur Wendung in ihr Gegenteil. Durch den einfachen Richtungswechsel einer einzelnen Geste kann etwas ganz Anderes, vollkommen Neues erscheinen. Wählen die Hände einen anderen Gegenstand, eine andere Form, einen anderen Kontext, ein anderes Werkzeug, einen anderen Verlauf der Geste des Schaffens oder der Geste des Darreichens, entsteht möglicherweise ein völlig anderes Werk oder das entstehende erhält eine gänzlich andere Bedeutung.

DIE AMBIVALENZ VON WERKZEUGEN

Von dem Grundverständnis her, das Flusser darlegt, sind Werkzeuge *„alles, was sich in Gesten bewegt und demnach Ausdruck einer Freiheit ist"*. (a.a.O., S. 222) Werkzeuge formen nicht nur unser konkretes Handeln, sondern auch unser Denken. *„Die Werkzeuge verändern unser Verhalten, und damit unser Denken, Fühlen und Wollen. Es sind Erlebnismodelle."* (Flusser 1989, S. 2) Sie seien Objekte, die hergestellt würden, um einer bestimmten Absicht zu dienen. Die Frage: *„Was ist das und was kann man damit machen?"* sei bei traditionellen Werkzeugen gemeinhin durch Gewohnheit verdeckt. Neue Werkzeuge seien gerade deshalb faszinierend, weil sie mehr als jedes andere Ding unbekannte Virtualitäten in sich bergen, und weil sie uns aufgrund ihrer noch nicht völlig festgelegten Form erlauben, uns von den Absichten derer, die diese Werkzeuge hergestellt haben, zu befreien. (Flusser 1991, S. 193 f.) Indem wir uns mit den Bedingungen des Ausdrückens und Artikulierens auseinandersetzen, also eine Theorie der Gesten, eine Theorie des Entwerfens erarbeiten, können wir Beschränkungen unseres Denkens erkennen, um uns von ihnen zu befreien:

„Die beklemmende Herrschaft, die das Werkzeug auf unser Denken ausübt, findet auf vielen Ebenen statt, und einige darunter sind weniger offensichtlich als andere. Wir dürfen den Werkzeugen nicht erlauben, im Sattel zu sitzen und uns zu reiten."
(a.a.O., S. 102)

Nicht in jedem Fall seien Werkzeuge Instrumente der Freiheit. In der Neuzeit, so Flussers Analyse, dienen Werkzeuge nicht mehr nur zum Lösen von Problemen, sondern beginnen ihrerseits problematisch zu werden. Indem sie

Werkzeuge. Foto: Christian Pieper, 2005

zum Forschungsobjekt werden, nicht mehr nur nach traditionellen Vorbildern, sondern nach wissenschaftlicher Erkenntnis hergestellt werden,
entstehen *„große und teuere"* Maschinen. Sie werfen die Frage auf, wer sie
besitze und was er damit tun solle. Im Verlauf der industriellen Revolution
habe sich das Verhältnis von Mensch und Maschine umgekehrt. Der
Mensch sei nicht mehr die Konstante und die Maschine die Variable, sondern der Mensch sei zu einem Attribut der Maschine geworden, denn er
könne während der Arbeit durch einen Anderen ersetzt werden. (a.a.O, S. 26 f.)
Das vorindustrielle Verhältnis Mensch-Werkzeug stülpe sich um, die neuen

Am Beispiel des Fotoapparats beschreibt Flusser Apparate als *„undurchsichtige schwarze Kisten"*.

Werkzeuge funktionieren nicht mehr in Funktion des Menschen, sondern der Mensch in Funktion der Maschinen. (Flusser 1998, S. 24) Auch könne die Maschine viel schöpferischer als der Mensch sein, wenn sie entsprechend programmiert werde. Sie befreie nicht den Menschen von der Arbeit, um ihm Raum für schöpferisches Tun zu lassen, sondern überhole ihn auch auf diesem Gebiet. (Flusser 1991, S. 28 f.) Kritisch geworden sind Werkzeuge für Flusser in ihrer Ausprägung als schwer durchschaubare „Apparate", die er definiert als *„Ballungen von Maschinen, die synchronisiert und als komplexe Rückkopplungen zusammengeschaltet sind."* (a.a.O., S. 26) In der Auseinandersetzung mit diesen „Apparaten" wird das Entwerfen für Flusser zur zentralen Frage menschlicher Existenz. In seinem Buch *Vom Subjekt zum Projekt* entwickelt er den Gedanken, wir könnten entwerfend unser *„untertäniges Dasein als Subjekte"* überwinden und beginnen

uns aus der *„Untertänigkeit ins Entwerfen aufzurichten".* (Flusser 1994, S. 27) Einer pessimistischen Sicht, welche die Welt beherrscht sieht von Industrie- und Staatsapparaten, die nur um ihrer selbst willen existieren, setzt Flusser eine neue Auffassung des Entwerfens entgegen. Bislang jedoch, so Flusser, verändern wir uns dank unserer Werkzeuge, sehen aber nicht voraus, wie wir uns verändern. *„Wir sind unseren Werkzeugen unterworfen, obwohl wir selbst sie entwerfen."* Doch seien wir nun in der Lage, auch ihren „Rückschlag" auf uns zu entwerfen. (Flusser 1989, S. 3)

Die Folgen und Auswirkungen der von uns entworfenen Werkzeuge, Maschinen und Apparate zu entwerfen, scheitert bislang

Betonmischmaschine der Firma Heinrich Strube, um 1900

an mangelnder Vorstellungskraft, an den engen Grenzen, innerhalb derer wir Komplexität denken können, und vor allem an der Schwierigkeit, das Verhalten komplexer Systeme vorherzusagen. Als frei programmierbare Apparate ermöglichen Computer heute eine Bearbeitungstiefe, die durch eine unseren entwurflichen Fähigkeiten angepasste Benutzeroberfläche die Folgen einer Entwurfsentscheidung viel früher sichtbar machen kann. Sie können neue Werkzeuge simulieren und deren „Rückschlag" erfahrbar machen, bevor er Realität wird. Werde die Struktur des Apparates aufgedeckt, so sei zu hoffen, diesen Apparat in den Griff zu bekommen. (Flusser 1993/2, S. 78 f.) Gelinge dies, dann seien wir

„unserem eigenen Entwurf nicht mehr unterworfen, sondern wir werden zu bewussten Entwerfern der Veränderungen, die unser Entwurf auf uns ausübt". (Flusser 1989, S. 6)

„WERKZEUGE DES ENTWERFENS" ALS METAPHER

„Werkzeuge des Entwerfens" sind nicht im selben Sinne Werkzeug wie es ein Hammer oder ein Schraubenzieher ist. Bei diesem Begriff handelt es sich vielmehr um eine Metapher, die das Bild eines Handwerkzeugs auf komplexe Sachverhalte überträgt. Ihr Gebrauch bewirkt einen Perspektivwechsel, der es erlaubt, bestimmte Wirkungs- und Bedeutungszusammenhänge wie Gegenstände „objektiv" zu betrachten, um deren Eigenschaften aus der Sicht von Entwerfenden sachlich zu beschreiben. Der auf Seite 104 genauer definierte Begriff „Werkzeuge des Entwerfens" impliziert somit eine sprachliche Objektivierung. In ähnlicher Weise wie Flusser von der Geste des Machens spricht, also nicht das Machen schlechthin, sondern seine Bedeutung als Geste analysiert, rückt nicht das Entwerfen schlechthin in den Blick, sondern der Blick richtet sich nur auf bestimmte Zusammenhänge, ihre Wirkung und Bedeutung: auf eine komplexe Struktur materieller wie immaterieller Beziehungen von Gegenständen und den zu ihrem Gebrauch entwickelten Kulturtechniken. Um den Bedeutungsgehalt der Metapher „Werkzeuge des Entwerfens" verständlicher zu machen, kehren wir nochmals zu den Werkzeugen des Handwerkers zurück. Ein Schuster verfügt über eine große Auswahl unterschiedlicher Werkzeuge, die er an sei-

Werkzeuge eines Schusters

nem Arbeitsplatz in einer genau bestimmten Ordnung lagert. Diese Werkzeuge haben in der Regel zwei Enden: den weichen, oft aus Holz gefertigten Griff, der die Kraft aus der Hand auf das Werkzeug überträgt, und den harten, meist aus Metall bestehenden Kopf, der zur Bearbeitung des Werkstücks dient. Die Form jeden Werkzeugs ist an die spezielle Aufgabe angepasst, der es dient. Dabei werden bestimmte Werkzeuge durchaus auch im Widerspruch zum üblichen Gebrauch verwendet, indem zum Beispiel der hölzerne Stiel eines Hammers zum Glätten der Ledersohle eingesetzt wird. Erfahrene Handwerker widerstehen der suggestiven Wirkung von Werkzeugen, die, bei Kindern oft zu beobachten, darin besteht, alles mit demjenigen Werkzeug zu bearbeiten, das gerade zur Hand ist.

Eine ähnlich intime und exklusive Beziehung, wie viele Musiker sie zu ihrem Instrument entwickeln, ist bei Entwerfenden selten zu beobachten. Zu ihren „Werkzeugen des Entwerfens" pflegen sie ein eher sachliches Verhältnis, zumal sie in der Regel mehrere benutzen, um deren spezifische Eigenheiten einerseits zu nutzen und andererseits auszugleichen. Aber die im weichen Griff und harten, metallischen Ende zum Ausdruck kommende Zweiwertigkeit von Handwerkzeugen findet sich auf anderer Bedeutungsebene auch hier. Jedes Entwurfswerkzeug dient sowohl der Wahrnehmung äußerer Gegebenheiten (dem Erfassen und Festhalten) als auch dem Ausdruck innerer Vorstellungen (dem Aufprägen innerer Entwurfsvorstellungen auf einen materiellen Träger). Jedes Entwurfswerkzeug kann sowohl *deskriptiv*, das heißt abbildend, zur Beschreibung von etwas Gegebenem, als auch *präskriptiv*, das heißt entwerfend, zur Darstellung von etwas Neuem verwendet werden. Der Wechsel vom deskriptiven in den präskriptiven Modus liegt in der freien Entscheidung des Entwerfenden: Ein abgezeichnetes Detail kann im Handumdrehen zum Vorbild für eine neue Arbeit erklärt werden.

Handwerkzeuge reduzieren die Vielfalt möglicher Bewegungen auf jeweils einige wenige, die dafür um so effektiver ausgeführt werden. Werkzeuge des Entwerfens sind sowohl dazu geeignet, Komplexität zu reduzieren, als auch im Fortschreiten des Entwurfsprozesses Komplexität zu erzeugen. Allerdings sind die Mechanismen der Komplexitätsreduktion und - erzeugung bei jedem Werkzeug verschieden und selbst problematisch. Insbesondere stellt sich ein jedes Mal die Frage, ob es sich tatsächlich um eine gelungene Abstraktion oder nicht doch nur um eine schlichte Simpli-

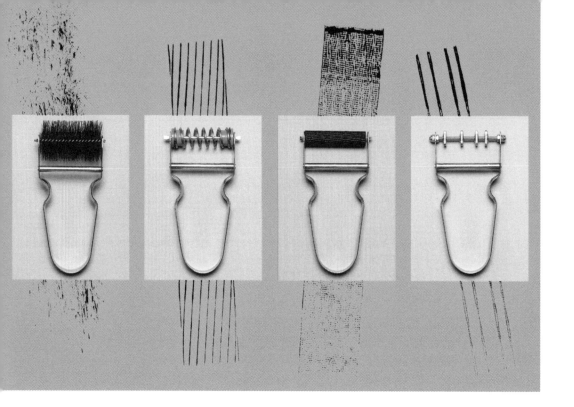

Der Sparschäler Rex, von Alfred Neweczerzal 1947 entworfen, wurde von Peter Jenny zum Zeichenwerkzeug umfunktioniert.

fizierung handelt, deren Konsequenzen vernachlässigt werden. So wirft Lucius Burckhardt Entwerfenden vor, sie lösten Probleme *„intuitiv"*, indem sie deren Komplikationen auf das *„sogenannte Wesentliche"* reduzierten. Die Summe des vermeintlich Unwesentlichen, das bei dieser Verfahrensweise unter den Tisch fällt, schaffe neue, größere Probleme. (Burckhardt 2004, S. 26)

Die Spannung der Metapher „Entwurfswerkzeuge" entsteht jedoch erst aus dem Verhältnis von Ähnlichkeit und Differenz, das sie in sich trägt. Der Begriff suggeriert, innere Bilder und Vorstellungen ließen sich ebenso unmittelbar bearbeiten wie die materiellen Gegenstände des Handwerks. Im Unterschied zu einfachen Werkzeugen, die einfachen mechanischen Prinzipien folgen, die leicht zu begreifen und zu steuern sind, beruht die Wirkung der „Werkzeuge des Entwerfens" jedoch auf komplexen Mechanismen der Wahrnehmung, des Denkens und des Ausdrucks des Erdachten. Sie bearbeiten primär keine materiellen Werkstoffe, sondern beeinflussen die individuellen wie kollektiven inneren Vorstellungen, die wir uns von Entwürfen machen, und ermöglichen deren mehr oder weniger materielle Darstellung. Sie sind nicht gleichermaßen direkt, unmittelbar und leicht zu steuern wie die Handwerkzeuge, sondern bildet ein schwer zu durchschauendes Geflecht unterschiedlicher, direkter und indirekter Mechanismen. Diese folgen den Prinzipien von Geometrie und Abstraktion, Logik und Bedeutung und werfen Fragen nach den Möglichkeiten von Repräsentation und Kommunikation auf.

„Der Hammer schmiedet den Schmied" – der Rückschlag der Entwurfswerkzeuge auf die Entwerfenden wurde bislang kaum thematisiert. Die Beschaffenheit und die Eigenschaften der Entwurfswerkzeuge prägen nicht nur das Entworfene, sondern zuvor schon das Nachdenken über das Entwerfen. Den einzelnen „Werkzeugen des Entwerfens" wohnen bestimmte Strukturen und Tendenzen inne, die, wenn sie unberücksichtigt bleiben, sich in charakteristischen Defiziten der realisierten Entwürfe widerspiegeln. Die Wechselwirkung von Denken und Machen ist für das Entwerfen von grundlegender Bedeutung. Es gilt, die der Wirkung und dem Gebrauch der einzelnen Entwurfswerkzeuge zugrunde liegenden Strukturen und Tendenzen erkennbar zu machen, um so dem Leser Schritt für Schritt zu ermöglichen, sich durch Bewusstwerdung aus dem Bann, aus der *„beklemmenden Herrschaft"* (Flusser) zu lösen, welche die zu Apparaten organisierten Werkzeuge und Maschinen auf unser Denken ausüben. Mit dem Einsatz digitaler Technologien ist die Antwort auf die Frage, wie wir entwerfen, wiederum neu akzentuiert, da sich die Grenzen der Machbarkeit ebenso wie die Wege der Materialisierung, welche die herkömmlichen Entwurfswerkzeuge charakterisierten, durch deren Digitalisierung völlig verschoben haben.

Die früheste Verwendung eines Begriffs, den man mit „Werkzeug des Entwerfens" übersetzen könnte, findet sich in der Zeit des Barock. Als *Instrumentum Architecturae* bezeichnete der junge Architekt Balthasar Neumann einen von ihm *„erfundenen und fabrizierten"* Proportionalzirkel, der es erlaubt, die Maße und Proportionen der toskanischen, dorischen, jonischen, korinthischen und kompositen Säulenordnungen in beliebigem Maßstab mit einem Stechzirkel abzugreifen und auf eine Entwurfzeichnung zu übertragen. Ganz aufgeklappt, bilden die beiden Zirkelschenkel einen Maßstab in der Länge des Nürnberger Schuhs von ca. 30,3 cm.

(Hansmann 1999, S. 9 f.)

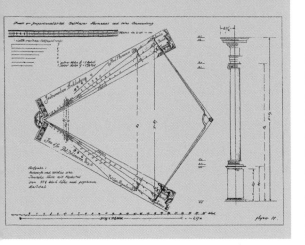

Balthasar Neumann: *Instrumentum Architecturae*,
Würzburg 1713, Mainfränkisches Museum

Der Begriff „Werkzeug" wird im Zusammenhang mit dem Entwerfen immer wieder verwendet. So diskutiert der Kunsttheoretiker Rudolf Arnheim in seinem Aufsatz *The Tools of Art – Old and New* (1979) die Art und Weise, wie die besonderen Merkmale eines jeden Werkzeugs das Ergebnis künstlerischer Arbeit beeinflussen. In ihrer umfangreichen Analyse *Architectural Representation and the Perspective Hinge* (1997) legen Alberto Pérez-Gómez und Louise Pelletier dar, dass die „*Werkzeuge der Repräsentation*" ("*tools of representation*") oft einen direkten Einfluss auf die konzeptionelle Entwicklung eines Entwurfs hatten. Auch der von Sybille Krämer und Horst Bredekamp herausgegebene Band *Bild – Schrift – Zahl* (2003) thematisiert in einer Reihe von Beiträgen das Verhältnis von Kultur und Technik und den Gebrauch von Werkzeugen. Otl Aicher erklärt, ohne den Begriff näher zu erläutern: *„der entwerfer weiß nichts. er hat, um eine sache anzugehen, nur seine werkzeuge."* (1991/2, S. 194) Er erläutert die Bedeutung des Modells und der Kritik, diskutiert die Vorzüge des Bleistifts und die Nachteile des Computers, denkt über das Wesen der Fotografie nach, doch unklar bleibt, ob und inwieweit er diese als Werkzeuge des Entwerfens begreift. Der Designer Bruce Mau schließlich empfiehlt in seinem *Incomplete Manifesto for Growth*:

„Machen Sie Ihre eigenen Werkzeuge. Kreuzen Sie Ihre Werkzeuge miteinander, um einzigartige Dinge zu bauen. Selbst einfache Werkzeuge, die Ihr Eigen sind, können ganz neue Wege der Erkundung eröffnen. Denken Sie daran: Werkzeuge verstärken unsere Fähigkeiten, auch ein kleines Werkzeug kann einen großen Unterschied ausmachen." (Mau 2000, S. 89)

Begeistert von seiner Entdeckung, wie wirkungsvoll ein Oberschenkelknochen als Keule einzusetzen ist, schleudert ein Hominide diesen unter triumphalem Gebrüll hoch in die Luft. Der in Zeitlupe immer langsamer wirbelnde Knochen verwandelt sich durch einen Filmschnitt in ein riesiges Raumschiff, das dessen Bewegung majestätisch in der Erdumlaufbahn fortsetzt. Diese Schlüsselszene zu Beginn von Stanley Kubricks Film *2001:*

Space Odyssee (2001: Odyssee im Weltraum) aus dem Jahr 1968 bezieht die Entdeckung des ersten Werkzeugs (das sogleich auch als Waffe dient) auf den Entwurf eines Raumschiffs. Kubricks *match cut* überspringt Hunderttausende von Jahren und suggeriert, der Entwurf einer Raumfahrt sei von den gleichen Urinstinkten getrieben wie der Gebrauch einer Keule. Vor allem aber thematisiert Kubrick die enge Verbindung von Werkzeug und Entwurf.

Werkzeuge sind in gewisser Weise selbst schon Entwürfe: Der Hammer ist der Entwurf eines genau dosierbaren kraftvollen Schlages; Zirkel und Lineal sind Entwürfe von Kreisen und Linien; die Linearperspektive ist der Entwurf einer bestimmten Art, Raum wahrzunehmen, die maßstäblich verkleinerte Zeichnung entwirft den die ganze Baustelle überschauenden und von ihrer täglichen Fron emanzipierten Architekten. Buckminster Fuller, einer der ideenreichsten Entwerfer des 20. Jahrhunderts, analysiert Werkzeuge als *„Externalisierungen ursprünglich integraler Funktionen"*. (Fuller 1969, S. 100) Die Verlagerung ursprünglicher Körperfunktionen nach außen, unter Nutzung unbelebter Materie, erweitert die Grenzen des Gebrauchs eines Werkzeugs bis hin zu dessen Verselbstständigung in der Maschine.

„Werkzeuge führen keine neuen Prinzipien ein, sondern sie erweitern erheblich das Spektrum von Bedingungen, unter denen das entdeckte Kontrollprinzip wirksam von Menschen zum Einsatz gebracht werden kann." (Fuller 1969, S. 100)

Inwiefern aber sind die bisher angesprochenen Werkzeuge auch „Werkzeuge des Entwerfens"? Zwar sind die Handwerks- und Zeichenwerkzeuge, die beim Entwerfen benutzt werden, Werkzeuge im eigentlichen, unmittelbaren Sinne, doch vermitteln sie nichts über unsere Entwurfsvorstellungen. Umgekehrt ist eine Skizze oder Zeichnung nicht Werkzeug im gleichen, unmittelbaren Sinn wie der Bleistift, mit dem sie hergestellt wird.

Die ursprünglichen, sozusagen körpereigenen „Werkzeuge des Entwerfens" sind geistige Fähigkeiten: Wahrnehmung und Erinnerung, Vorstellungsvermögen und Formgefühl, Denkvermögen, Erfindungsgabe und Urteilskraft. Im weiteren Verlauf des Entwurfsprozesses jedoch entwickeln sich Entwurfsvorstellungen im Dialog und in ständiger Wechselwirkung mit ihrer materiellen Darstellung. Der Kreislauf des Entwerfens ist, wie wir gesehen haben, ein Ablauf innig verwobener Gedanken und Handlungen. Als Entwurfswerkzeuge könnte man alle Hilfsmittel bezeichnen, die in irgendeiner Weise den Prozess des Entwerfens unterstützen: die genannten geistigen

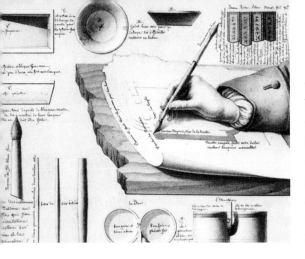

Jean-Jacques Lequeu: *Architecture Civile. Des instruments à l'usage du bon dessinateur*, 1782

und körperlichen Fähigkeiten ebenso wie die Werkzeuge des Handwerks, des Messens und Zeichnens, der Wissenschaft und der Kunst; Werkzeuge im engeren Sinn wie Bleistift, Zirkel und Lineal, wie auch im weiteren Sinne wie Skizzen, Werkrisse, Zeichnungen und Modelle, Texte und Kalkulationen, im übertragenen Sinn auch die Techniken, Methoden und Strategien, die der Anwendung all dieser Werkzeuge zugrunde liegen. So weit gespannt wäre die Bedeutung des Begriffs allerdings kaum noch präzise zu erfassen. Umgekehrt können Entwurfswerkzeuge wie Skizze, Zeichnung, Modell oder Perspektive, Entwurfsbeschreibung oder Kalkulation auch als Medien aufgefasst werden, zu deren Untersuchung die Arbeiten von Marshall McLuhan, Vilém Flusser und Friedrich Kittler wichtige Anregungen geben. Im Kreislauf des Entwerfens jedoch ist der Sender einer Botschaft zugleich deren erster Empfänger und kritischer Bearbeiter. Dadurch wird die Botschaft zum Entwurf, das Medium zum Entwurfswerkzeug. Aus der Perspektive des Entwerfens betrachtet, werden die Medien zu Werkzeugen, da sie nicht mehr zuerst der Kommunikation, sondern vor allem der Entwicklung von Entwurfsvorstellungen dienen.

Werkzeuge im engeren Sinn wie Bleistift, Zirkel und Lineal sagen fast nichts über die mit ihrer Hilfe ausgearbeiteten Entwürfe aus. Wenn wir daher die medialen, mehr oder weniger materiellen Hilfsmittel als die „Werkzeuge des Entwerfens" verstehen, gilt zunächst der Einwand, dass sie in der Regel entweder als abgeschlossene künstlerische Werke oder aber als bedeutungslose Abfallprodukte des Entwurfsprozesses aufgefasst werden. Und doch sind sie im Prozess des Entwerfens, in Verbindung mit den entsprechenden Kulturtechniken, die wesentlichen Werkzeuge zur Entwicklung, Materialisierung und Kommunikation von Entwurfsvorstellungen.

Wenn wir für diese Werkzeuge die Formulierung „mehr oder weniger materiell" wählen, kommt darin ein grundlegendes Merkmal des Entwerfens zum Ausdruck: die fortschreitende Materialisierung geistiger Vorstellungen. Die im Verlauf des Entwurfsprozesses zunehmende Materialität der Entwurfswerkzeuge ist eine wesentliche Voraussetzung für die Möglichkeiten der schrittweisen Materialisierung von Entwurfsgedanken. In dem spezifischen Verhältnis zwischen Materialität und innerer Vorstellung unterscheiden sich die Werkzeuge des Entwerfens von vielen anderen Faktoren, die das Entwerfen beeinflussen.

Mit Geste und Sprache sind zunächst die ursprünglichen Werkzeuge zur Vermittlung von Entwurfsgedanken benannt. Beide vermitteln einen zwar flüchtigen, aber immerhin schon physischen und dokumentierbaren Ausdruck innerer Vorstellungen. Alle anderen Entwurfswerkzeuge lassen sich als Weiterentwicklung und Präzisierung dieser beiden beschreiben: Die körperliche Geste konkretisiert sich über Skizze, Zeichnung, Perspektive und Modell bis hin zur vollen Materialität des fertigen Gebäudes. Das gesprochene und geschriebene Wort hingegen schafft, um einen Ausdruck von Joseph Beuys zu gebrauchen, die *„soziale Skulptur"*, welche die Voraussetzung für die Entstehung von Bauwerken ist.

VISUELLE UND VERBALE WERKZEUGE

Die Werkzeuge des Entwerfens lassen sich in zwei Gruppen einteilen, die einander komplementär ergänzen. Aus der körperlichen Geste entwickeln sich die visuellen, Bilder und Formen erzeugenden Werkzeuge, aus dem gesprochenen und geschriebenen Wort die verbalen Werkzeuge. Ordnet man diese Werkzeuge nach ihrer Komplexität, so zeichnet die entstehende Ordnung zugleich ihre historische Entwicklung nach und bestätigt McLuhans These, jedes neue Medium habe das jeweils ältere zum Inhalt: Die Skizze hält die ersten Gesten eines Entwerfenden fest, im Werkriss werden diese geometrisch präzisiert; maßstäblich verkleinerte Entwurfszeichnungen setzen alle für einen Bau erforderlichen Werkrisse zueinander in Beziehung, während ein Modell wiederum alle Zeichnungen in einem Objekt zusammenfasst. Die Perspektive bildet die Räumlichkeit des Modells ab und wird in der Fotografie automatisiert. Modelle und Perspektiven sind zwar Gegenstände von vergleichbarem Komplexitätsgrad, als Entwurfswerkzeug ist das Modell jedoch sehr viel älter als die Perspektive und die geometrischen Operationen, die zum Zeichnen einer Perspektive verwendet werden, sind deutlich komplexer als jene, die man zum Bau eines Modells benötigt. Daher ist das Modell in der Reihe der Entwurfswerkzeuge vor der Perspektive einzuordnen. Filme und Videoaufnahmen entstehen wiederum durch die Aneinanderreihung analoger oder digitaler Fotografien.

Visuell Simultan, Vergleichend, Assoziativ, Emotional, **Räumlich**, Lateral, **Analog**

Verbal Sukzessiv, Schlussfolgernd, Logisch, Rational, **Zeitlich**, Vertikal, **Digital**

Bewegung, Handlung, Inszenierung **Geste**
Punkt, **Linie**, Fläche **Skizze**
Aufriss, Stereotomie **Werkriss**
Ansicht, **Grundriss**, Schnitt,
Detail, Werkplan **Zeichnung**
Modulus, Exemplar, Model,
Muster, Prototyp, **Modell**
Isometrie, Axonometrie,
Linear **Perspektive**
Lichtzeichnung, Fotogramm, **Dia**
Collage, Montage, **Fotografie**
Still, Bearbeitung
Projektor, Clip **Film, Video**
Beamer

Wort Begriff, **Metapher**, Neologismus
Satz Aussage, Phrase, sms
Beschreibung Brief, Mail, Protokoll,
Erläuterungsbericht, Baubeschreibung, **Ausschreibung**
Kritik Unterscheidung, Bewertung,
Widerspruch, Konsultation, Rezension, **Verriss**
Diskussion Dialog, **Gespräch**,
Baubesprechung, **Streit**, Jurysitzung
Theorie Hypothese, Annahme,
Erkenntnis, Erklärungsversuch, Diskurs
Algorithmus Gleichung, Formel
Kalkulation, Modellrechnung
Programm Ablauf, Prozess,
Simulation, Steuerung

Tastatur, Bildschirm, Prozessor
Hardware

gespeicherte Daten
Software

Computer
PC Notebook PDA **Internet** Mobile Server

Die beiden Gruppen der verbalen und visuellen Werkzeuge des Entwerfens

Ähnlich entsteht die Reihe der verbalen Werkzeuge: Ein Satz enthält Worte, ein beschreibender Text Sätze. Dieser wird Gegenstand einer Kritik, aus mehreren Kritiken entsteht eine Diskussion, deren Ergebnis in einer Theorie zusammengefasst wird. Aus der Theorie lassen sich Formeln oder Algorithmen ableiten, die Berechnungen ermöglichen. Eine Reihe von Algorithmen schließlich bilden ein Programm. Der Computer schließlich vereinigt in sich beide Werkzeuggruppen, die visuellen und die verbalen, zu einem Meta-Werkzeug des Entwerfens.

Die visuellen, bilderzeugenden Werkzeuge ermöglichen das Visualisieren innerer Vorstellungen, um diese selbst kritisch betrachten und anderen vermitteln zu können, während die verbalen, Texte erzeugenden Entwurfswerkzeuge der Beschreibung, Analyse und Kritik der Entwurfsvorstellungen dienen. Oder verkürzt gesagt: Mit den visuellen Werkzeugen erarbeiten wir primär die Form, mit den verbalen entwickeln wir vor allem die Bedeutung eines Entwurfs.

Setzt man die beiden Reihen nebeneinander, zeigen sich anregende und bedenkenswerte Parallelen: So steht die Theorie, als Formalisierung einer Perspektive definierbar, neben dem visuellen Werkzeug Perspektive. Die Fotografie, beschreibbar als Apparat gewordener Algorithmus zur Erzeugung von Perspektiven, steht neben den verbalen Algorithmen. Werkriss und Zeichnung als maßgenaue Darstellungen eines Entwurfs finden ihre Entsprechung in Beschreibung und Kritik, deren Aufgabe im verbalen Formulieren von Maßstäben besteht.

Die Einteilung in verbale und visuelle Werkzeuge entspricht zwei komplementären Arten des Denkens: dem verbalen, linearen, logischen Denken einerseits und dem visuell-räumlichen, anschaulichen, simultanen, assoziativen Denken andererseits. Sie entspricht auch der Zuordnung unterschiedlicher Denkstrukturen zu den beiden Hemisphären des menschlichen Gehirns, die unter anderem Eccles, Edwards und Sattler beschreiben, und der von De Bono getroffenen Unterscheidung in laterale und vertikale Denkkulturen wie auch Aichers Aufteilung in analoges und digitales Denken. (siehe S. 63)

In den folgenden Kapiteln werden die einzelnen Werkzeuge aus drei verschiedenen Perspektiven analysiert, die drei wesentlichen Bedeutungsebenen entsprechen, welche sich in jedem Entwurfswerkzeug überlagern: die historische, die mediale und die entwurfstheoretische.

Aus historischer Sicht wird die Entwicklung der Werkzeuge und insbesondere der Zeitraum ihrer Entstehung betrachtet, da in den Anfängen die Eigenschaften der einzelnen Werkzeuge oft am deutlichsten zu erkennen sind.

Die medientheoretische Analyse geht von Marshall McLuhans These aus, dass einfachere, ältere Medien jeweils in dem komplexeren, jüngeren Medium enthalten seien. (McLuhan 1964, S. 22) Werkzeuge des Entwerfens werden nun als Medien aufgefasst, welche die Inhalte unseres Denkens darstellen, beginnend mit Gesten und Worten bis hin zu Filmen, Videos und Computerprogrammen als den komplexesten und bislang vollkommensten Darstellungen. Hier stellen sich Fragen wie: Welche Aspekte eines Entwurfs werden repräsentiert, in welcher Weise tut es das, und welche Aspekte repräsentiert es nicht? Nach welchen grundlegenden Mechanismen reduziert und erzeugt ein Werkzeug Komplexität?

Aus medientheoretischer Sicht repräsentiert jedes Werkzeug genauer zu bestimmende Bedeutungsebenen eines Entwurfs. Zugleich repräsentieren die einzelnen Werkzeuge jeweils bestimmte Bereiche der Welt in der Arbeit des Entwerfers. Sie stellen somit für die Lösung bestimmter, diesen Ebenen und Bereichen zugeordneter Fragestellungen die jeweils adäquaten Instrumente zur Verfügung. Es gilt die verfügbaren Werkzeuge und Kulturtechniken gezielt und im richtigen Moment einzusetzen, die Frage der Entwerfens nicht auf Grundriss, Ansicht und Schnitt zu reduzieren, sondern darüber nachzudenken, welche Probleme wann und in welchem Medium bearbeitet und gelöst werden können. Eine solche Auffassung vermag auch viele der bei der Entwurfsarbeit auftretenden Hindernisse neu zu interpretieren, so dass sie das eigene Entwerfen nicht nur anregen, sondern auch begründen helfen.

Aus entwurfstheoretischer Sicht wird davon ausgegangen, dass jedes der genannten Entwurfswerkzeuge bei entsprechend extensivem Gebrauch geeignet wäre, einen Entwurf zur Gänze darzustellen, und dass alle Werkzeuge in jedem anderen potenziell vollständig enthalten seien. Die spezifischen Funktionsweisen der einzelnen Werkzeuge werden hier mit Blick auf den Doppelaspekt, nach dem jedes Entwurfswerkzeug zugleich der Darstellung und der Wahrnehmung dient, beschrieben. Nach welchen Mechanismen reduzieren die einzelnen Werkzeuge die Komplexität des Dargestellten auf ein Maß, das die Person, die es verwendet, gedanklich verarbeiten kann? Und wie ermöglichen sie umgekehrt Komplexität zu erzeugen? Welche spezifischen Möglichkeiten, Chancen und Gefahren charakterisieren die einzelnen Werkzeuge? In welcher Weise sind die den einzelnen Werkzeugen entsprechenden Kulturtechniken geeignet, Form und / oder Bedeutung eines Entwurfs zu beeinflussen? Was ist die „Tendenz", die „Ideologie", die einem Werkzeug innewohnt? Was zum Beispiel ist eine „gute" Skizze oder Zeichnung, eine „gute" Kritik?

Geste

Den Begriff des Werkzeugs kann man so definieren, dass er alles umfasst,
was sich in Gesten bewegt und demnach Ausdruck einer Freiheit ist.
Vilém Flusser (1991, S. 222)

In einer Analyse der Geste, des einfachsten und ursprünglichsten aller
Entwurfswerkzeuge, werden schon alle grundsätzlichen Fragen des Entwerfens angesprochen. Die Frage des Verhältnisses der inneren Vorstellung
zu dem, was in einer Geste tatsächlich zum Ausdruck gebracht wird, die
Problematik des Entwerfens einer Form und des Zuweisens von Bedeutung
ebenso wie die Struktur der verschiedenen Bedeutungsebenen lassen sich
am Beispiel der Geste exemplarisch untersuchen. Im Folgenden wird zunächst die Auffassung der Geste bei Vilém Flusser dargestellt, um dann
dessen Ansatz auf das Entwerfen insgesamt anzuwenden.

Flusser analysiert eine Reihe verschiedener Gesten, ohne dabei eine expli-
zite Entwurfstheorie zu formulieren. Doch seine Untersuchung, die den
Untertitel *Versuch einer Phänomenologie* trägt, (Flusser 1991) enthält grundlegende Ansätze für eine methodische Analyse des Entwerfens. In einer Serie von
Abhandlungen betrachtet Flusser die Geste als das aktive In-der-Welt-Sein
des Menschen, das alle „echten", als Ausdruck einer Freiheit wirkenden
Tätigkeiten charakterisiert. Als Gesten in diesem Sinne begreift Flusser ein

Vilém Flusser gestikulierend. Foto: Michael Jörns, 1986

weites Spektrum menschlicher Handlungen: *kommunikative Gesten* wie das Sprechen, Schreiben oder Telefonieren, *Gesten der Arbeit* wie zum Beispiel das Machen oder das Herstellen von Werkzeugen, *interessefreie Gesten*, die Selbstzweck sind wie manches Spiel, sowie *rituelle Gesten*, die so alltäglich sein können wie das Pfeifenrauchen oder das Rasieren. (a.a.O., S. 223 ff.) Zugrunde liegt all dem die Bedingtheit menschlichen Denkens, sich nur durch Gesten und mit Hilfe von Werkzeugen ausdrücken zu können. Im Zusammenhang mit der *Geste des Schreibens* erklärt Flusser:

„Es gibt kein Denken, das nicht durch eine Geste artikuliert würde. Das Denken vor der Artikulation ist nur eine Virtualität, also nichts. Es realisiert sich durch die Geste hindurch. Strenggenommen kann man nicht denken, ehe man Gesten macht." (a.a.O., S. 38 f.)

Das Verständnis des Begriffs, der sich vom lateinischen *gestae* (wörtlich: Taten) herleitet, entwickelt Flusser in mehreren Schritten. Zu Beginn definiert er Gesten als *„Bewegungen des Körpers, die eine Intention ausdrücken"*. (a.a.O., S. 7) Es handle sich um willentliche Bewegungen, (a.a.O., S. 235) für die es keine kausale Erklärung gebe, denn kausale Erklärungen träfen nicht das Wesen einer Geste: *„Warum rauchen manche Menschen Pfeife?"* Der Unterschied zwischen Ursache und Motiv, zwischen bedingter Bewegung und Geste mache, dass kausale Erklärungen, so richtig sie sein mögen, am Gemeinten der Frage vorbeigehen. (a.a.O., S. 161) Die Geste sei eine symbolische Bewegung, die Bedeutung artikuliere und ausdrücke. Durch das stimmungshafte Gebärdenspiel, die *„symbolische Darstellung von Stimmungen in Gesten"* versuche der Mensch, seinem Leben und der Welt, in der er lebt, Bedeutung zu verleihen. (a.a.O., S. 8-12) Kunstwerke seien somit als *„erstarrte Gesten"* zu betrachten.

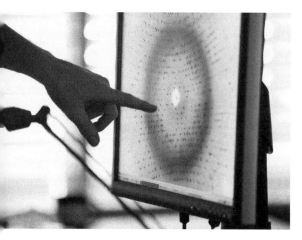

Die in einer Geste dargestellte Stimmung könne indes wahr, aber auch unwahr sein. Um den Wahrheitsgehalt von Gesten zu beurteilen, seien diese nicht etwa nach ethischen oder epistemologischen, sondern nach ästhetischen Kriterien zu bewerten: Die Frage sei nicht, ob eine Geste unmittelbar Wahrheit oder Lüge darstelle, sondern inwieweit es sich bei einer Darstellung um Wahrheit oder Kitsch handele.

Foto während der Dreharbeiten zum Film *Designing Truth* von Hinrich Sachs. Foto: Ralf C. Stradtmann, 2005

Dies entscheide sich daran, in welchem Maße die dargestellte Stimmung den Betrachter zu berühren vermag. Solange wir über keine Theorie der Interpretation von Gesten verfügten, gäbe es keine Möglichkeit dies allgemeingültig zu beurteilen, es gelte deshalb weiterhin: *de gustibus non est disputandum*, über Geschmack lässt sich nicht streiten; was der eine Beobachter als Kitsch empfinde, könne durchaus für den anderen wahre Gestimmtheit sein. (a.a.O., S. 12 ff.) Auf Grund dieser Unentscheidbarkeit definiert Flusser die Geste letztlich als *„eine Bewegung, durch die sich eine Freiheit ausdrückt, um den Gestikulierenden vor anderen zu enthüllen oder zu verhüllen"*. (a.a.O., S. 220 f.)

Als „freie" Bewegung verstanden sei die Geste *„ein Griff aus der Gegenwart in die Zukunft"* und somit erst aus ihrer Bedeutung, ihrer Zukunft zufriedenstellend erklärbar. Ihre Analyse müsse daher eine Bedeutungsanalyse, eine Entzifferung eines *Enigmas*, eines Rätsels sein. Probleme analysiere man, um sie durchschaubar zu machen und sie so aus dem Weg zu räumen. *Enigmen* analysiere man hingegen, um immer tiefer in sie einzudringen, um sie immer reicher erfahren zu können. (a.a.O., S. 90 f.)

Für eine Analyse des Entwerfens ist diese Unterscheidung fundamental. Flusser demonstriert sie am Beispiel der Geste des Malens. Eine Analyse des Malens richte sich nicht von außen auf diese Geste, sondern werde selbst zu einem Element der zu analysierenden Geste. Und schon an der Geste des Malens selbst könne man eine Bedeutungsebene beobachten, auf welcher sie sich selbst kritisch analysiert. Die Geste des Malens sei damit

„nicht nur ein Griff aus der Gegenwart in die Zukunft, sondern auch ein Vorwegnehmen der Zukunft in die Gegenwart hinein und deren Rückentwurf in die Zukunft: eine ständige Kontrolle und Reformierung ihrer eigenen Bedeutung".
(a.a.O., S. 92)

Die Beobachtung einer solchen Geste erlaube daher, das konkrete Phänomen der Freiheit zu sehen: „Bedeutung haben", „Bedeutung geben", „die Welt verändern" und „für den anderen da sein" seien Formulierungen, die den gleichen Umstand zum Ausdruck bringen: frei zu sein, wirklich zu leben. (a.a.O., S. 98) Wie nah verwandt das Gestikulieren darin dem Entwerfen ist, machen Sätze wie dieser deutlich:

„Die Geste des Malens als Bewegung des Deutens ist nicht selbst ‚Arbeit', sondern der Entwurf der Arbeit. Und doch zielt die Bewegung des Deutens auf ein Verändern der Welt und hat es zur Folge." (a.a.O., S. 97)

Auch alles Entwerfen wird durch Gesten ausdrückt und artikuliert. Deshalb kann Flussers Untersuchung der Gesten als ein Beitrag zur Grundlagenforschung über das Entwerfens gelesen werden. Auch für das Entwerfen gilt, dass es sich wie jede Geste der unmittelbar wissenschaftlich verstandenen Kausalität entzieht. Trotzdem hält Flusser es für möglich und wünschenswert eine Theorie des Entwerfens zu formulieren. In Anlehnung an seine Darlegungen lässt sich sagen: Wir entwerfen ohne eine Theorie des Entwerfens zu besitzen, ja ohne den Mangel einer solchen Theorie zu empfinden, denn unser implizites Handlungswissen genügt den Anforderungen der Praxis. Doch eine solche Theorie würde uns erlauben „aus der Geste des Entwerfens herauszutreten", unser Entwerfen bewusst zu machen und daraufhin unser Verhalten zu verändern. Ein solche Theorie würde keine direkten kausalen Zusammenhänge erklären wollen, sondern entwurfliche Gesten und die Werkzeuge, mit deren Hilfe sie ausgeführt werden, beschreiben und interpretieren. Sie wäre eine instrumentelle, an den Werkzeugen orientierte Theorie, die keine Regeln und Normen formuliert, sondern Optionen beschreibt. Ihr Ziel wäre es, die möglichen, oft versteckten Bedeutungszusammenhänge aufzudecken, die den Wert einer mit bestimmen Werkzeugen ausgeführten Geste bestimmen. Sie würde helfen zu erkennen, von welchen Faktoren der Wert und die Bedeutung entwurflicher Handlungen beeinflusst wird, und damit ein Instrument der Orientierung bilden, das eine andere, bewusstere Art des Entwerfens ermöglicht.

VON GESTEN AUSGEHEND

In seinen *Vermischten Bemerkungen* spricht der Philosoph (und Architekt) Ludwig Wittgenstein vom *„Eindruck guter Architektur, dass sie einen Gedanken*

ausdrückt". Und ergänzt: *„Architektur ist eine Geste. Nicht jede zweckmäßige Bewegung des menschlichen Körpers ist eine Geste. So wenig wie jedes zweckmäßige Gebäude Architektur."* (Wittgenstein 1977, S. 481, S. 510) Wie aber kommt ein Gedanke in der Architektur zum Ausdruck? Und inwiefern können wir Gesten, oder die Kulturtechnik des Gestikulierens, als Werkzeug des Entwerfens nutzen?

Gesten als Bewegung des Ausdrucks: die Violinistin Julia von Hasselbach. Foto: Christian Pieper, 2006

Gesten im Sinne körperlicher Bewegungen, die etwas ausdrücken sollen, liegen allem Entwerfen zugrunde. Alltägliche wie entwurfliche Gesten erfüllen jeweils einen gewissen Zweck, weisen aber in der Art und Weise, wie sie das tun, über diesen hinaus. Dieses Andere, das schon alltägliche Gesten darstellen wollen, ist eng verwandt mit dem, was wir Entwurf nennen. Etwas Konkretes, ein Handschlag, eine Zeichnung, verweist auf etwas in Zukunft noch zu Erfüllendes: ein Versprechen, ein neues Gebäude. Das deutsche Synonym für *gestus* ist Gebärde, auf das althochdeutsche *giberan* zurückgehend, das sowohl gebären als auch hervorbringen bedeutet. (Wahrig 1986, S. 522) Die Vorstellung des Schöpferischen ist von daher in diesem Begriff immer schon mit enthalten. Wie eng Geste mit Sprache verwandt ist, zeigen die aus Gesten hervorgegangenen Gebärdensprachen. Im Unterschied zur rein instrumentellen Handlung, bei der es nicht auf die Form, sondern lediglich auf die Erfüllung eines profanen Zwecks ankommt (etwa einen Stein bearbeiten), und zum Ritual, bei dem es wesentlich um die formal korrekte Ausführung sinnstiftender Handlungen geht (zum Beispiel jemanden taufen), kommt in der Geste dezidiert die sie ausführende Person in ihrer momentanen Stimmung und Haltung zum Ausdruck.

Was macht eine Geste, einen Entwurf so überzeugend, dass die darin enthaltene Vorstellung zukünftig verwirklicht werden kann? In jeder Geste, sei es die beiläufig-kommunizierende des Alltags, die theatralische des Schauspielers, die Form und Bedeutung suchende des Entwerfers oder die architektonische Geste, die in einem Bauwerk zum Ausdruck kommt, überlagern sich vielfältige Bedeutungsebenen, die untereinander in mehr oder weniger spannungsreicher Beziehung stehen. Die Intentionen des Gestikulierenden (1) überlagern sich mit den tatsächlich zum Ausdruck gebrachten Vorstellungen (2) und mit der Art und Weise ihrer Formgebung (3), die wiederum in Bezug zu den Konventionen gelesen werden (4). Jede Geste transportiert eine auf einen zukünftigen Zustand verweisende Bedeutung (5), die in der Regel von dem Betrachter in Zweifel gezogen wird (6), an den die Geste adressiert ist. Der zeitliche (7) und räumliche (8) Kontext bilden einen weiteren Rahmen, innerhalb dessen die Geste als angemessen oder unangemessen gelesen wird.

Die Beziehungen dieser acht Ebenen untereinander bilden als Ganzes eine Bedeutungsebene, die den Ausschlag gibt für die Wahrnehmung ihrer Stimmigkeit oder Widersprüchlichkeit. Gelungen ist eine Geste, wenn das

zum Ausdruck Gebrachte vom Betrachter nicht nur richtig verstanden, sondern auch als glaubwürdig angenommen wird.

Im Verhältnis zu den Ausdrucksbewegungen des ganzen Körpers ist die
einzelne Geste bereits eine Abstraktion. Gerade zu Beginn eines Entwurfsprozesses, wenn es darum geht, einen Entwurfsansatz aus den spezifischen
Gegebenheiten eines Ortes zu entwickeln, ist das körperliche Erleben einer
Situation wichtig. Erst die Sinne und Bewegungen des Körpers machen
räumliche Erfahrung in all ihrer Komplexität möglich.

Indem wir die Bewegungen, die Empfindungen und Reaktionen des
Körpers auf einen Raum oder Ort beobachten, wird der Körper mit seinen
Sinnen zu einem Instrument der Wahrnehmung. Zu einem Werkzeug des
Ausdrucks wird er, wenn wir aus der Überlagerung unzähliger Sinnesein-
drücke die bedeutsamen herausspüren und daraus Bewegungen ableiten.
Eine ursprüngliche Form des Entwerfens ist es, vor Ort aus den eigenen
Bewegungen eine Entwurfsidee zu entwickeln, sozusagen beim Gehen im
natürlichen Maßstab zu arbeiten. Dieses Verfahren ist in antiken Stadt-
gründungsritualen ebenso präsent wie in heutigen Ortsbegehungen. Das
Entwerfen wird in diesem Zusammenhang zum Projizieren körperlicher
Raumempfindungen auf einen gegebenen Ort. Wenn Le Corbusier die *promenade architecturale* zum Thema eines Entwurfs macht, dann entwickelt er
seine Raumvorstellung aus den Bewegungsabläufen, die das Gebäude seinen
Benutzern anbietet. Indem er körperliche Bewegungen in Raum- und
Architekturvorstellungen überträgt, überwindet er eine statische, objektbezo-
gene Auffassung von Architektur.

Der an der ETH Zürich lehrende Gestalter Peter Jenny demonstriert mit
seinen Übungen, welch unerschöpfliches Formenrepertoire allein die Hände
und der Raum zwischen den beiden Händen enthalten. *„Wir greifen förmlich
in einen Skizzenblock, der voller visueller Funde ist."* (Jenny 1996, S. 39) Aber Gesten
und Körperbewegungen sind noch kein ausgearbeiteter Entwurf. Ob es sich
bei den Bewegungen, die unmittelbar zur Herstellung eines Gegenstandes
eingesetzt werden, um rein instrumentelle Vorgänge oder um Gesten handelt, entscheidet sich an der Frage, ob sie eine über den bloßen Zweck
hinausgehende Bedeutung transportieren. Münden sie direkt in die Gestaltung eines Gegenstandes, wie es in einigen Bereichen des Handwerks und
der Kunst geschieht, sind Entwurf und Herstellung identisch. Anders verhält
es sich, wenn die Bewegungen einen später oder von anderen herzustellen-

36 Gesten. Fotos: Axel Buether, 2004-2005

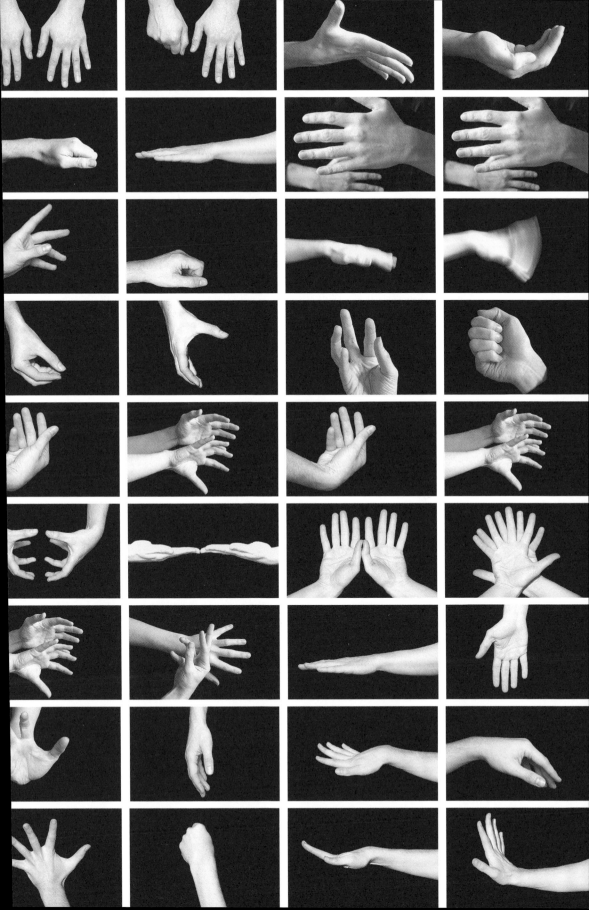

den Gegenstand vorgreifend in vereinfachter Form darstellen. Durch die zunächst eher spontanen und intuitiven Versuche wird er zum ersten Mal wahrnehmbar, für den Ausführenden ebenso wie für jene, die ihn beobachten. Die Verlagerung innerer Vorstellungen nach außen zwingt dazu, das Erdachte zu artikulieren, und macht es dadurch auf eine neue, andere Weise bewusst. Sie ermöglicht eine Distanzierung und kritische Diskussion und beginnt damit den Kreislauf des Entwerfens.

Skizze

Die Idee entsteht zwischen Stift und Papier. Gertrude Stein (nach Bergeijk 1998, S. 49)

In ihrem Ursprung ist die Skizze nichts anderes als eine abstrahierte und fixierte Geste. Sowohl die zeitliche als auch die räumliche Dimension des Bewegungsablaufs müssen dabei in eine zweidimensionale Ebene, in Punkte, Linien und Flächen übersetzt werden. Ein Stift und ein Blatt Papier ermöglichen es, „mit schnell hingeworfenen Gesten" innere Bilder, von denen die meisten nach wenigen Minuten wieder vergessen wären, dem Entwerfenden selbst oder einem zweiten Betrachter zu präsentieren und sie zur Erinnerung festzuhalten. Die unmittelbare Nähe zum Gedanken machen Skizzen, seien sie bildhafter oder verbaler Art, für das Entwerfen besonders wertvoll. Doch nicht nur dies: Die Verlagerung des inneren Bildes nach außen in einen „erweiterten Arbeitsspeicher" lässt dieses Bild zu einem Objekt werden, von dem man sich wiederum distanzieren kann um es „objektiv" zu betrachten, zu prüfen und zu kritisieren und in der Folge weiter zu bearbeiten.

Was unterscheidet die Skizze von der Zeichnung? Der Oberbegriff Zeichnung wird für alle zweidimensionalen, vorwiegend aus Linien bestehenden Darstellungen verwendet, seien es Skizzen, Entwurfs-, oder Werkzeichnungen, Perspektiven oder andere grafische Darstellungen. (Koschatzky 1977, S. 304 ff.) Die Abgrenzung des Begriffs Skizze ist unscharf, er bezeichnet ein weites Spektrum grafischer Ausdrucksmöglichkeiten, das von der schnellen Notiz bis zur anspruchsvollen künstlerischen Zeichnung reicht. So wird die mit der freien Hand ausgeführte Skizze, wenn ihr Format etwas größer ist, von bildenden Künstlern bereits Zeichnung genannt, während Architekten in der Regel unterscheiden zwischen der geometrisch präzisen, mit Zirkel, Lineal und Dreieck (bzw. mit Computer und Plotter) hergestellten, meist großformatigen Plan- oder Entwurfszeichnung und der kleinen,

Tobias Hammel: Skizze zu *House of Yagaah III*,
Bleistift, schwarzer Filzstift auf Karton, 29 x 23,5 cm

ungenauen, schnellen und mit freier Hand ausgeführten Skizze. So unschein-
bar und beiläufig das Skizzieren oft wirken mag, ist es für viele Entwerfende
doch das wichtigste Werkzeug. Architekten wie Norman Foster oder Álvaro
Siza füllen im Laufe ihres Lebens Hunderte von Skizzenbüchern oder -heften
mit *„persönlichen Notierungen und Kritzeleien",* (Foster 1993, S. 5) in denen sie ihre
Ideen artikulieren, während das Ausarbeiten genauer Zeichnungen, Modelle
und Berechnungen den Mitarbeitern oder Spezialisten überlassen bleibt.

Die Skizze ist das intime, vor den Augen einer kritischen Öffentlichkeit
weitgehend verborgene Medium, in welchem Entwurfsideen – zunächst
ungeschönt und ungeschützt – entwickelt und der nächsten Umgebung mit-
geteilt werden. Dies gilt für alle Phasen des Entwurfsprozesses. Skizzen entstehen während der ersten Gespräche mit den Bauherren, bei Ortsbegehungen, als Reaktion auf bereits genauer ausgearbeitete Entwürfe oder
im Dialog mit Ingenieuren und Unternehmern direkt auf der Baustelle.

PERGAMENT UND PAPIER

Skizzen können auf jede zufällig vorhandene, einigermaßen ebene Fläche
mit einem spitzen Gegenstand aufgezeichnet oder eingeritzt werden. Die
Schnelligkeit und Leichtigkeit dieser Geste – der Begriff ist aus dem italienischen *schizzo* wörtlich zu übersetzen mit „Spritzer" (Wahrig 1986, S. 1186) –
erfordert Materialien, die sowohl verfügbar als auch genügend dauerhaft
sind. Das Fehlen von billigen und zugleich haltbaren Zeichenflächen mag ein
Grund dafür sein, dass aus der Zeit vor der Renaissance so gut wie keine
Skizzen überliefert sind.

Eine berühmte Ausnahme ist das in der französischen Nationalbibliothek
aufbewahrte Bauhüttenbuch des Villard de Honnecourt aus dem 13. Jahrhundert. Mit Tinte auf wertvolles Pergament gezeichnet, enthält es auf
33 beidseitig benutzten Blättern 325 einzelne Skizzen, die oft mit kurzen
Erläuterungen versehen sind. Dabei handelt es sich vor allem um Ansichten
und Grundrisse nach bestehenden Gebäuden, figürliche und ornamentale
Darstellungen, aber auch Entwurfsskizzen und bautechnische Zeichnungen.
(Hahnloser 1935, Binding 1993)

Freie Entwurfsskizzen sind uns in größerem Umfang erst aus Zeiten überliefert, in denen mit dem Papier ein kostengünstiges und haltbares Material
verfügbar wurde. Inwieweit die qualitative Veränderung des entwurflichen
Denkens in der Renaissance durch das Aufkommen neuer Zeichenmateria-

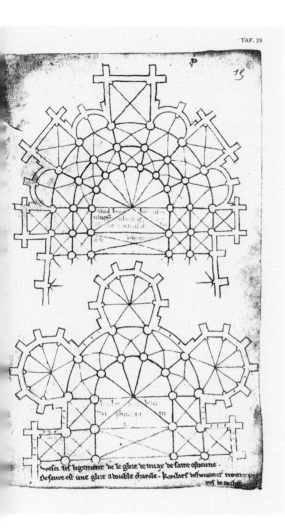

Blatt 29 aus dem Bauhüttenbuch des Villard de
Honnecourt, 13. Jahrhundert. Paris, Bibliothèque
Nationale

lien bedingt war, bliebe zu untersuchen.
Vergleicht man die Skizzen eines Leonardo
da Vinci oder eines Michelangelo mit den
Handzeichnungen des Mittelalters, fällt nicht
nur die Genauigkeit der Darstellung auf, die
auch die Miniaturen und Buchmalereien des
Mittelalters auszeichnet, sondern eine neue
Freiheit und Offenheit des Denkens. Die
Sehweise hat sich grundlegend verändert.
Während unserem von Perspektive und
Fotografie verwöhnten Blick die mittelalterliche Zeichenweise zuweilen flach und formelhaft erscheint, beeindruckt noch heute die
anschauliche Klarheit dieser Zeichnungen.
Das Zeichnen und Skizzieren dient nun dem
Erforschen der Wirklichkeit, dem Erproben
neuer Vorstellungen, der genauen Darstellung von Proportionen, Details und räumlichen Zusammenhängen. Die grundlegende
Bedeutung des Zeichnens und Skizzierens
als Entwurfswerkzeug erläutert Michelangelo
in einem Gespräch mit dem portugiesischen
Maler und Schriftsteller Francesco de
Hollanda. Seine Worte lassen spüren, wie
begeistert die Entwerfer seiner Zeit von den
neuen Möglichkeiten waren und auch die
enge Verbindung von Wissenschaft und
Kunst scheint deutlich in ihnen auf:

„Das Zeichnen, das man mit anderen Worten auch Entwerfen nennt, ist Quelle
und Inbegriff der Malerei, der Bildhauerei, der Baukunst und jeder anderen Art
des Malens. Es ist die Wurzel jeder Wissenschaft. Wer diese große Kunst
beherrscht, möge erkennen, dass ihm eine unvergleichliche Macht untertan ist. Er
wird Gestalten schaffen können, die größer sind als irgendein Turm dieser Welt."
(nach de Hollanda 1550, S. 59)

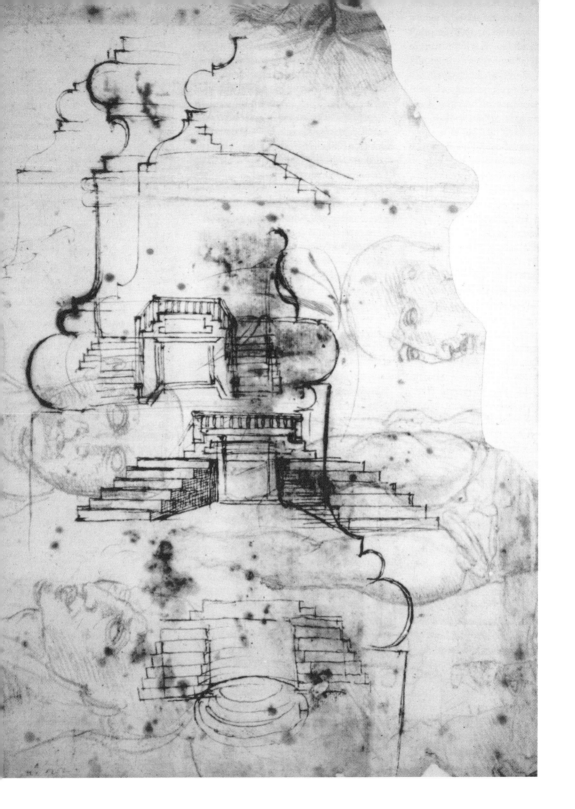

Das schnelle Andeuten formaler Zusammenhänge, die Fragment bleiben, sobald dem Zeichner etwas Neues einfällt; das suchende Variieren von Ideen; der rasche Wechsel der Darstellungsformen und des Zeichengeräts ebenso wie das Vernachlässigen der ästhetischen Wirkung eines Blattes unterscheiden das entwerfende vom künstlerischen Skizzieren. Unbedarfte Betrachter empfinden solche Skizzenblätter oft als ungekonnt und unprofessionell, was durchaus eine befreiende Wirkung haben kann. So berichtet Erich Mendelsohn, er habe als junger Student

„in Rom die Skizzenbücher von Michelangelo durchgeblättert: Pilaster, Kapitelle und was noch so dazugehört: alles Krakeleien. Das war mir eine Offenbarung. [...] Was Michelangelo kann, das kann ich auch." (nach Posener 2004, S. 364)

Aufgrund ihrer weitgehenden Unbestimmtheit sind Skizzen für Außenstehende zunächst vollkommen bedeutungslos. Gerade ihre grundsätzliche Beliebigkeit erfordert, dass die einzelnen Entwerfer in ihrem persönlichen Gebrauch dieses Werkzeugs eine hohe Disziplin und besondere Fähigkeiten entwickeln. Zur mitteilbaren Kulturtechnik wird das Skizzieren erst, wenn es bewusst als Werkzeug des Entwerfens eingesetzt wird; wenn der hohe Freiheitsgrad durch eine persönliche Wahl der Ausdrucksmittel so begrenzt wird, dass auch für Dritte nicht nur eine persönliche Handschrift, sondern ein reflektierter Umgang, ein individueller Ausdruck und letztlich ein eigenes Denken erkennbar wird. Dazu bedarf es der Fähigkeit, die eigenen Skizzen zu lesen und ihre verschiedenen Bedeutungsebenen zu dekodieren. Eine Paradoxie dieses Werkzeugs besteht darin, dass es, um als Ausdrucksmittel brauchbar zu sein, einer gewissen Hemmungslosigkeit bedarf, aber um als persönlicher Ausdruck erkennbar zu werden, Übung und Disziplin erfordert.

KREATIVE UNSCHÄRFE

Schnell, ungenau, offen und unmittelbar zu sein sind wichtigsten Eigenschaften dieses Entwurfswerkzeugs. Sie bedingen sich gegenseitig. Ein flüchtiger Gedanke lässt beim Skizzieren sich direkt, ohne weitere Hilfsmittel aufzeichnen. Oft ist das Skizzieren der erste Schritt zur Materialisierung einer Idee. Weil die benutzten Mittel einfach sind, kann dies schnell geschehen, das Ergebnis ist im Vergleich zu anderen Darstellungen jedoch weniger genau. Zu Beginn des Entwurfsprozesses ermöglicht eine gewisse Unschärfe,

Entwurfsskizzen von Michelangelo, ca. 1525. Florenz, Casa Buonarroti, 92 A (recto)

Vorstellungen probeweise zu artikulieren, ohne dass eine genaue Lösung schon bekannt sein müsste. Dieser Hang zur Ungenauigkeit wird Entwerfern oft als pauschales und unpräzises Denken vorgeworfen. Für das Entwerfen aber ist sie unerlässlich. *„In unscharfen Skizzen"*, erklärt Günter Behnisch, *„schlagen sich auch Gedanken nieder, deren wir uns noch nicht bewusst waren".* (Behnisch 1987, S. 40) Gerade in der Ambivalenz der Darstellung öffnet sich Raum für Imagination. Behnisch berichtet von

„scheinbaren Schmuddelskizzen, die unscharf waren, in denen man [...] plötzlich Dinge durchscheinen sah durch mehrere Lagen transparenten Papiers [...] die man nicht gezeichnet hatte, die einfach so entstanden sind" (Behnisch 1996, S. 29)

Die Fähigkeit des Wahrnehmungsapparats, aus wenigen Andeutungen ein informationsreiches Bild zu erzeugen, ist ein Automatismus subjektiver Kreativität. Er wird unter anderem von jenen Skizzen ausgelöst, die mit wenigen Strichen etwas andeuten. Die Schnelligkeit der Skizze erlaubt es, mit großer Beweglichkeit zwischen den Darstellungsarten zu wechseln und sie frei zu kombinieren. Die Darstellungsweisen aller anderen Entwurfswerkzeuge können skizzenhaft, das heißt schnell, ungenau andeutend und in einfacher, verkleinerter Form angewandt werden. Grundriss, Ansicht und Schnitt als flüchtiges Ausprobieren von Varianten, daneben die obsessive Beschäftigung mit einem Detail; Axonometrien, die als Nachzeichnung eines Modells entstehen oder Perspektiven, welche die Beziehung des eigenen Körpers im Verhältnis zu einem bestimmten Raum untersuchen. Dies kann im Gespräch der raschen Veranschaulichung dienen, skizzenhafte Texte und Berechnungen mit einschließen. Die Skizze wird damit zu einem besonderen Entwurfswerkzeug, das auf einer Meta-Ebene alle anderen in sich enthält. Komplexität entsteht bei diesem Werkzeug durch Unschärfe, Überlagerung, durch das Herstellen von Zusammenhängen, Varianten und Skizzenfolgen, durch Andeutungen und atmosphärische Verdichtung. Damit ist die Skizze ein exzellentes Mittel zu Entwicklung der Vorstellungskraft. Ihre Beweglichkeit ermöglicht schnelle Erfolgserlebnisse und hilft den spielerischen Umgang mit Formen, insbesondere das räumliche Denken zu trainieren.

Wie jedes Entwurfswerkzeug kann die Skizze sowohl *deskriptiv* zur Beschreibung von etwas Gegebenem, als auch *präskriptiv* zur Darstellung von etwas Neuem verwendet werden. Den beiden komplementären Modi entwurflichen Denkens entspricht das Wechselspiel von Wahrnehmung und Ausdruck.

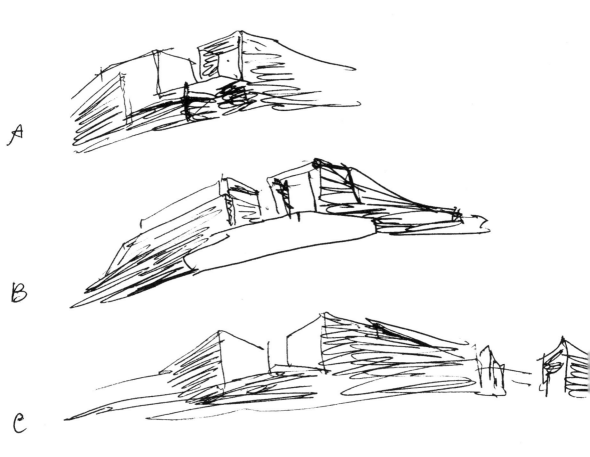

A

B

C

Entwurfsskizze Wohnungsbau Schilderwijk West, Den Haag, Varianten A, B, C,
Álvaro Siza, Einzelblatt 1985

Wie beeinflusst das Skizzieren die eigene Wahrnehmung? Es lenkt und
intensiviert sie, besonders wenn es um das Abbilden gegebener Formen
oder Räume geht. Das *deskriptive*, aneignende Skizzieren zwingt dazu, einen
Gegenstand oder eine räumliche Situation nicht nur als globalen Eindruck
aufzunehmen – zumal dieser großenteils durch vorgeprägte Erinnerungs-
bilder und weniger durch aktuelle Sinneseindrücke zustande kommt – sondern Detail für Detail so genau zu lesen, dass wir sie zeichnerisch wiedergeben können. So wie es unsere Aufmerksamkeit erhöht, wenn wir bei einem
Vortrag mitschreiben, schärft das Skizzieren unseren Blick, wenn wir eine
räumliche Situation beobachten. Damit wird das Skizzieren zu einem

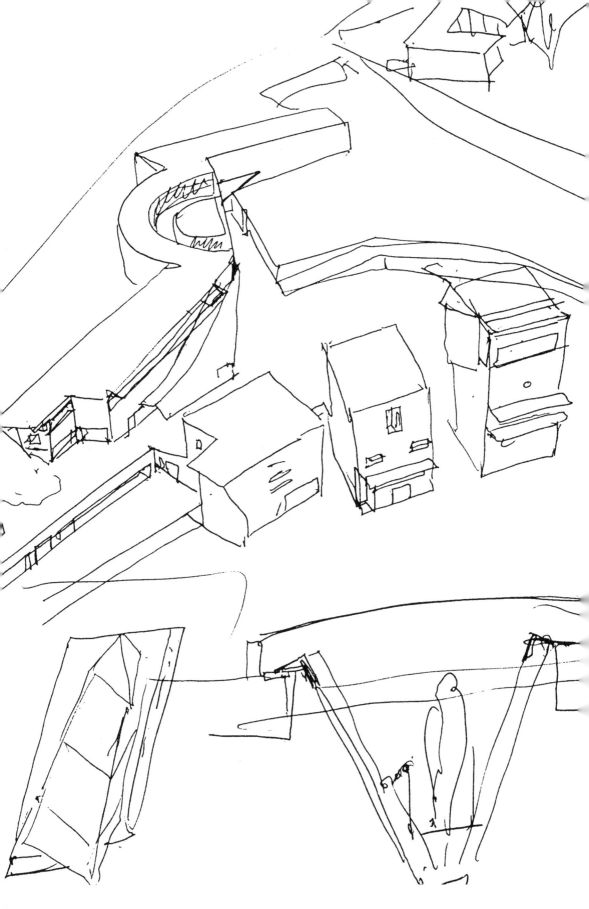

Wahrnehmungs-Training besonderer Art. Die Einfachheit des Werkzeugs zwingt zur Reduktion auf das Wesentliche. Auf einer zweiten Betrachtungs-ebene lenkt es die Aufmerksamkeit auf das, was nicht dargestellt oder nicht darstellbar ist, auf die Auslassungen und die Art und Weise, wie sie das Gegebene abstrahieren, auf absichtliche „Fehler" und Verzerrungen.

Das aneignende wie das entwerfende Skizzieren verlangen eine räumliche Vorstellung oder einen räumlichen Eindruck in einen zweidimensionalen zu übersetzen und damit einen Abstraktionsprozess bewusst oder auch unbe-wusst zu vollziehen, den ein Fotoapparat automatisch erledigen würde. Dieses Übersetzen kann auf verschiedene Weise geschehen. Die zeitliche Dimension kann zur Bewegung einer Linie werden, ist als Überlagerung oder als Folge einzelner Skizzen darstellbar. Die räumliche Dimension kann ebenfalls als Überlagerung einzelner Formen, als Kombination von Grund-rissen, Ansichten und Schnitten, als Isometrie oder Perspektive dargestellt werden.

Während das entwerfende Skizzieren Schnelligkeit und Beweglichkeit ermöglicht, bewirkt das aneignende Skizzieren eine Verlangsamung und Intensivierung der Wahrnehmungsprozesse. Wird es bewusst als Mittel der Beobachtung eingesetzt, eröffnet es Zeiträume, in denen Wahrnehmung nicht nur als Reproduktion des Bekannten, sondern als kreativer Prozess möglich wird. Indem wir bislang unerkannte Strukturen, neue Formen, uner-wartete Zusammenhänge identifizieren, wird aus passivem Aufnehmen ein aktives, schöpferisches Beobachten. *Was zeigt sich* uns beim Zeichen, beim Betrachten unserer Skizzen?

VISUELL-RÄUMLICHES DENKEN

Am Beispiel des Skizzierens wird deutlich, wie wenig das entwurfliche Denken auf Sprache oder Begriffe angewiesen ist, wenn es um die Ent-wicklung von Formen geht. In einem vielzitierten Text aus dem Jahr 1947 beschreibt Alvar Aalto seine Herangehensweise beim Entwerfen als ein bewusstes Wechseln vom logisch-verbalem zum intuitiv-bildhaften Denken. Zunächst beschäftige er sich intensiv mit den zahlreichen, oft widersprüchli-chen Anforderungen der Entwurfsaufgabe, um dann Abstand zu nehmen und malend oder skizzierend in einem anderen Denkmodus eine Lösung zu finden:

Entwurfsskizze Neubau der Fakultät für Architektur der Universität Porto (FAUP), Aufsicht auf die verschiedenen Baukörper, Álvaro Siza, Skizzenheft 252, Juni 1987

„Sobald das Gefühl für die Aufgabenstellung mit ihren zahllosen Anforderungen in mein Unterbewusstsein abgesunken ist, vergesse ich das ganze Labyrinth der Probleme für eine Weile. Dann wechsle ich zu einer Arbeitsmethode, die abstrakter Kunst sehr ähnlich ist. Ich zeichne einfach instinktiv, keine architektonischen Synthesen, sondern etwas, das manchmal wie kindliche Kompositionen aussieht. Auf einer abstrakten Basis nimmt die tragende Idee so schrittweise Form an, eine Art universeller Substanz, die mir hilft, die zahlreichen widersprüchlichen Anforderungen miteinander in Harmonie zu bringen." (Aalto 1947, nach Schildt 1998, S. 108)

Fast analog zu der von Aalto beschriebenen Vorgehensweise spricht der Psychologe Edward de Bono in seinem Buch *Lateral Thinking* (1970) von zwei unterschiedlichen Denkstrukturen des menschlichen Gehirns, die sich komplementär ergänzen. Ausgehend von einer Analyse vorherrschender Wahrnehmungsprozesse identifiziert er ein in der westlichen Kultur dominierendes logisch-analytisches („*vertikales*") Denken, dem ein intuitiv-gestalterisches („*laterales*") Denken gegenübersteht. Letzteres sei insbesondere für das Generieren von Ideen und für das Problemlösen geeignet. Das entwerfende Skizzieren stellt de Bono als eine Technik dar, die das intuitive und generative („*laterale*") Denken in besonderem Maße anregt und unterstützt. (De Bono 1970, S. 100 ff., S. 246 ff.)

Erkenntnisse der Hirnforschung (z. B. Sperry 1968, 1973, Eccles 1973, Damásio 1994) bestätigen de Bonos Ansatz. In den beiden Hemisphären des menschlichen Gehirns herrschen unterschiedliche Denkmuster vor, die sich komplementär ergänzen. Die linke Hemisphäre ist zuständig für Sprache und Zeit, in ihr dominieren lineare, sukzessive, logisch-analytische, rationale Denkprozesse. Die rechte Hemisphäre ist zuständig für das Räumliche und Visuelle, hier dominieren nichtlineare, simultane, intuitiv-synthetische, emotionale Denkvorgänge. (Edwards 1999, S. 56 ff.) Pointiert gesagt, denkt die linke Hemisphäre nach einer verbalen, die rechte nach einer visuellen Logik, oder in Aichers Begriffen: nach einer digitalen und nach einer analogen. Auf diesen Erkenntnissen aufbauend wurde eine Reihe von Lehrmethoden entwickelt, die auf dem gezielten Einsatz der unterschiedlichen Denkstrukturen der beiden Hemisphären basieren. Die Zeichenlehrerin Betty Edwards schlägt vor, bestimmte Formen des Skizzierens einzusetzen, um vom sprachlich-rationalen in den visuell-emotionalen Denkmodus zu wechseln. Sie beschreibt Übungen wie das freihändige, spiegelverkehrte Nachzeichnen von Gesichts-

profilen oder von auf dem Kopf stehenden Portraits. Durch solche Skizzier-
übungen werde die normalerweise dominante linke Hemisphäre systematisch unterfordert, damit die andere ihre räumlich-visuellen Fähigkeiten voll
entfalten könne. (Edwards 1999, S. 80 ff.)

Aus unterschiedlichen Gründen gelangen Aalto, de Bono und Edwards
zu ähnlichen Erkenntnissen. Das Skizzieren ist für alle ein bevorzugtes
Mittel, um bewusst vom verbal-logischen in den visuell-räumlichen
Denkmodus zu wechseln.

In den vergangenen Jahren erschienen zahlreiche Publikationen mit
Entwurfs- und Reiseskizzen bekannter Architekten, die es erlauben, den
Autoren beim Entwerfen über die Schulter zu schauen (siehe Bibliografie).
Da meist nur ästhetisch gelungene Skizzen veröffentlicht werden, zeichnen
diese Kompendien ein idealisiertes Bild, das anderen Entwerfenden nur
bedingt als Beispiel dienen kann. Die zahllosen unscheinbaren, suchenden,
nur halb überzeugenden, die missglückten und verworfenen Skizzen, die
doch in vielen Fällen das Gros der täglichen Arbeit ausmachen, werden nur
selten abgedruckt. Dies gilt auch für den Mythos der „ersten Skizze", der in
aller Regel zahlreiche „Vorskizzen" vorangehen. Erich Mendelsohn, der seinen „ersten Skizzen" besondere Bedeutung zumaß, hat viele Varianten
geprüft, bevor er sich festlegte, er unterschied zwischen „Vorskizzen" und
der „ersten Entwurfsskizze". (Mendelsohn 1930, S. 150) Hans Scharouns berühmte
„Urkizze" der Berliner Philharmonie entstand nach einer dreiwöchigen Klau-
sur; auch sie war alles andere als eine „erste Skizze". (Wisniewski 1993, S. 10 f.)

Im Hinblick auf Dritte helfen Skizzen, deren Wahrnehmung auf bestimmte Aspekte eines Entwurfs zu lenken. Architektur nehmen wir nicht nur
wahr als das, was sie ist, sondern auch als das, was sie der Intention ihrer
Autoren nach sein soll. Selbst wenn der Unterschied so groß ist wie zwischen Aldo Rossis atmosphärischen Skizzen und der Eindeutigkeit seiner
realisierten Bauten, haben diese sehr wohl die Kraft, der schlichten Realität
des konkret Gebauten eine ganz andere, weitreichende Bedeutung zuzuweisen. Sie veranschaulichen in diesem Fall eine poetische, nicht realisierte Uto-
pie, die damit Bestandteil der kulturellen Dimension dieser Architektur wird.

Versuche zur Digitalisierung dieses Entwurfswerkzeugs bleiben unbefriedigend. Die üblichen Zeichenprogramme sind zu präzise und dadurch zu
langsam und informationsarm. Hochauflösende, mit Flachbildschirmen hin-
terlegte Grafiktabletts, die auch auf den Druck des Stifts reagieren, sind eine

digitale Form des Skizzenpapiers. Sie erlauben eine präzisere und schnellere Eingabe als mit Maus und Tastatur. In Verbindung mit Zeichen- und Bildbearbeitungsprogrammen sind sie wirkungsvolle Werkzeuge, allerdings um einiges kostspieliger als Stift und Papier. Die Schlichtheit und Unmittelbarkeit von Handskizzen auf Papier geht freilich durch die digitale Vermittlung verloren. Spezialisierte Skizzier-Programme, die eine Auswahl „persönlicher" Handschriften per Menü anbieten, simulieren nur, was eine Handskizze wirklich leistet. Die Schnelligkeit einer skizzenhaften Darstellung kann hingegen auf vielfache Weise – Fotos, Fotomontage, Modellskizze als 3D-Darstellung – digital erzeugt werden.

Sprache

Er sagte diesen unförmigen Haufen von Steinen und Balken, die um uns herum lagen, ihre gestaltete Zukunft voraus. Paul Valéry (1921, S. 45)

Das gesprochene Wort als erste Materialisierung innerer Vorstellungen ist sicherlich das ephemerste aller Entwurfswerkzeuge. Es ist dem flüchtigen Gedanken näher noch als die körperliche Geste und deren primäre Aufzeichnung, die Skizze. Entwurfsgedanken sind in der Sprache jedoch nicht in Formen kodifiziert, sondern in den Lauten der Stimme, in Worten und Sätzen. Als Entwurfswerkzeug operiert die Sprache somit auf einer anderen Abstraktionsebene als die Skizze. Der *logos* unterstützt das logische Denken, Rationalität und Kalkulation, die soziale Vermittlung, das Zuschreiben von Bedeutung, Theorie und Kritik.

Die Entstehung der Sprache aus Gebärden und Atemlauten zählt Vitruv zu den historischen Voraussetzungen für die Entwicklung der Baukunst. (Vitruv, II 1, 1) Sprache gilt ihm in zweierlei Hinsicht als eine Grundlage der Architektur: Durch das Sprechen habe sich die Gesellschaft, die baut und für die gebaut werden kann, überhaupt erst konstituiert; und der Architekt müsse schreibgewandt sein, *„damit er durch schriftliche Erläuterungen (zu seinem Werk) ein dauerndes Andenken begründen kann".* (Vitruv I, 4) Das Sprachliche

sieht auch Adolf Loos als ein Fundament der Architektur, wenn er den Architekten definiert als einen „Maurer, der Latein gelernt hat", und erklärt: *„Eine gute Architektur, wie etwas zu bauen ist, kann geschrieben werden."* (Loos 1924, S. 210)

Vorschnell wäre jedoch, daraus eine Gleichwertigkeit der verbalen und der visuellen Entwurfswerkzeuge abzuleiten. Ludwig Wittgenstein hat auf den fundamentalen Unterschied zwischen *zeigen* und *sagen* hingewiesen: Es gibt Dinge, die sich sprachlich nicht klar ausdrücken, wohl aber zeigen lassen. Diese *zeigen* sich zwischen den Zeilen eines Textes, deutlicher jedoch in den Werken der Kunst, in einer Zeichnung oder einem

Bleilettern. Foto: Christian Pieper, 2005

Gebäude. Zu diesen Themen zählt Wittgenstein auch die für die Architektur so wesentlichen Bereiche der Ethik und der Ästhetik. (Wittgenstein 1921, Sätze 6.421, 6.522)

Die anfängliche Zusammengehörigkeit aller Entwurfswerkzeuge im „Be-zeichnen" von inneren Vorstellungen wird deutlich, wenn man sich die ersten schriftlichen Texte der alten Hochkulturen vergegenwärtigt: Sie waren aus Zeichen, das heißt Skizzen ideographischen Charakters zusammengesetzt, aus denen sich später die Hieroglyphen und die uns bekannten Alphabete entwickelten. Diese ursprüngliche Einheit klingt selbst in spätmittelalterlichen Quellen noch an, wenn das lateinische Wort *designatio* sowohl Beschreibung als auch Zeichnung und Modell bedeuten kann. Auch der italienische Begriff *desegno* kann ursprünglich sowohl Beschreibung als auch Zeichnung bedeuten. (Binding 1993, S. 187 f.) Seine wörtliche Übersetzung ist *Bezeichnung*. Das deutsche Verb *reißen* im Sinne von zeichnen (zum Beispiel in Reißbrett, -schiene) geht wiederum auf dieselbe Wurzel zurück wie das englische *to write*. (Wahrig 1986, S. 1054).

Im Verlauf der Geschichte hat sich das verbale „Be-zeichnen" immer weiter ausdifferenziert. Von den ersten Baubeschreibungen und den Anfängen der Architekturtheorie über das mündlich tradierte Geheimwissen der antiken und mittelalterlichen Bauhütten bis zur staatlichen Baugesetzgebung ist eine Vielzahl von Textarten entstanden, die als Entwurfswerkzeuge völlig unterschiedliche Bedeutungen angenommen haben. Selbst die im 18. Jahrhundert aufkommenden ingenieurwissenschaftlichen Kalkulationen können als Texte im Sinne einer Verknüpfung von Begriffen betrachtet werden, die einer streng mathematischen Logik folgen. In der Leistung der Computer mit ihren ebenfalls von Texten generierten Zeichenprogrammen scheint die ursprüngliche Einheit der Entwurfswerkzeuge wieder auf.

AUSBILDUNG UND PRAXIS

Sprache als Werkzeug des Entwerfens zu begreifen ist für Architekten eher unüblich. Ungeachtet der Vielfalt und Bedeutung sprachlicher Ausdrucksformen in ihrer alltäglichen Arbeit missbrauchen Architekten gerne die Goethe zugeschriebene Redensart *„Bilde, Künstler, rede nicht!"* – entweder um eine berufstypische Sprach- und Theorieunlust zu rechtfertigen oder um sich gegenseitig unter Berufung auf einen Klassiker mundtot zu machen. Tatsächlich sind diese Worte, weil verkürzt zitiert, in das Gegenteil ihres ursprünglichen Sinnes verkehrt. Sie bilden die erste Zeile eines Mottos, das Goethe in seiner Werkausgabe von 1815 der Abteilung „Kunst" vorangestellt hatte: *„Bilde, Künstler! Rede nicht! / Nur ein Hauch sein dein Gedicht"* lautet der vollständige, zweizeilige Reim. Mit der knappen Aufforderung, auf das „Reden", das heißt auf Rhetorik zu verzichten und statt dessen sein Gedicht zu einem sorgfältig gestalteten, hauchfeinen Gebilde werden zu lassen, wendet Goethe sich an Lyriker, wie er selbst einer ist.

Auch in der Entwurfsausbildung werden sprachliche Ausdrucksformen, zumindest an den deutschen Hochschulen, kaum thematisiert, während im angelsächsischen Raum insbesondere der essayistischen Darstellung mehr Aufmerksamkeit gilt. In den ersten Jahren ihrer Berufstätigkeit sind junge Architekten nicht selten überrascht, wie groß der Anteil des Verbalen an ihrer Arbeit ist. Gespräche und Diskussionen im Büro, Arbeitsbesprechungen, Sitzungen und Verhandlungen mit den verschiedensten Projektbeteiligten; Telefonate, E-Mails und Briefe, Protokolle; Baubeschreibungen, Ausschreibungstexte und Verträge zu formulieren machen einen großen Teil der alltäglichen Arbeit eines entwerfenden und bauenden Architekten aus. Das öffentliche Präsentieren und Diskutieren von Ideen, Konzepten und Entwürfen ist eine Standardsituation im Studium wie in der beruflichen Praxis, deren Erfolg durchaus von den sprachlichen Fähigkeiten der Vortragenden abhängt.

Was aber heißt es, die beschriebenen Ausdrucksformen im Entwurfsprozess als Werkzeuge zu begreifen und einzusetzen, ihr kreatives Potenzial zu erkennen und beim Entwerfen nutzbar zu machen? Zu Beginn jeder Entwurfsarbeit steht als einer der ersten sprachlichen Entwurfsschritte das Formulieren der Aufgabe, welche die zu lösenden Probleme, die dazu verfügbaren Ressourcen, die an eine Lösung gestellten Anforderungen und die Kriterien beschreibt, nach der sie beurteilt werden soll. Jedes Entwurfsproblem lässt sich auf unterschiedliche Weise definieren und die gewählte Definition bestimmt die Richtungen und Voraussetzungen, unter welchen nach Lösungen gesucht wird. Die kritische

Schreiben. Foto: Marianne Kristen

Reflexion einer von Dritten gestellten Entwurfsaufgabe und deren Neuformulierung eröffnet nicht selten den entscheidenden Zugang zu innovati-
ven Ansätzen. Daher muss jede Aufgabenstellung von den Bearbeitern
immer in Frage gestellt und auf ihre Schlüssigkeit und Vernünftigkeit geprüft
werden. Eine Um- oder Neuformulierung der Aufgabe durch die Bearbeiter
kann der erste Schritt zu ihrer Lösung sein, indem sie beispielsweise eine
bislang vernachlässigte, aber besonders geeignete Perspektive formuliert, aus
der ein Problem angegangen werden kann. Dies kann bereits durch die
Wahl der Worte geschehen, mit denen eine Aufgabe beschrieben wird. Es ist
ein Unterschied, ob man einen „Kleiderschrank" entwirft oder einen „bewegliches Behältersystem zur Aufbewahrung von Textilien", ob man ein „Haus
baut" oder eine „Wohnmaschine konstruiert".

Beim Entwerfen sind oft Dinge und Zusammenhänge zu benennen, für
die die Alltagssprache keine Begriffe kennt. Oder es sind Sachverhalte so zu
beschreiben, dass sie anders als im Alltag wahrgenommen werden können.
Daher entwickeln Entwerfende, wie jede andere Profession, eigene Begriffe,
Jargons und Fachsprachen. Die generelle Tendenz der Sprache zum Norma-
tiven, Abstrahierenden, Verallgemeinernden, Konventionellen und letztlich
Konservativen lässt in diesem Zusammenhang jedes Bilderverbot als reflex-
hafte Abwehr des Neuen erkennen. Während ein Fotograf nur den Auslöser
seiner Kamera betätigen muss, um etwas bislang Ungesehenes festzuhalten,
ein Zeichner mit seinem Stift, ein Modellbauer mit einem Tonklumpen im
Handumdrehen neue Formen sichtbar machen kann, brauchen Entwerfende
eben auch Möglichkeiten, das Neue, noch Unbekannte, noch nicht Benenn-
bare, das sich gerade erst Entwickelnde zu benennen. Dazu bedienen sie
sich der Sprache in einer besonderen, für Außenstehende gelegentlich irritie-
renden Weise, die mehreren Strategien folgt. Die nächstliegende ist die
Erweiterung der Bedeutung von Begriffen, wie es zum Beispiel Alberti mit
dem lateinischen Begriff *velum* tut, das eigentlich Tuch oder Segel bedeutet,
von ihm aber für den gerasterten Schleier verwendet wird, mit dessen Hilfe
er Perspektiven nach der Natur zeichnet. (siehe S. 163f) Ein Beispiel für das
Prägen neuer Begriffe ist das von Buckminster Fuller oft gebrauchte Wort
Dymaxion. Waldo Warren, ein *„Wortschmied von Markennamen"*, der bekannt
geworden war, weil er das Wort *Radio* geprägt hatte, suchte nach einem
Begriff, der Fullers Ideenwelt charakterisieren sollte. Aus den Worten
Dynamic und *Maximum* setzte Warren *Dy(namic)Maxi(mum)on* zusammen.

Diese Neuprägung benutzte Fuller als eine Art Markenzeichen, mit dem er viele seiner Projekte und Konzepte verband, so das *Dymaxion-House*, das *Dymaxion-Car* oder die *Dymaxion-Chronofiles*. (Krausse 1999, S. 132) Von Fuller selbst stammt der aus der Verbindung von *tensile* und *integrity* gebildete Begriff *tensegrity*, mit dem er aus Druck- und Zuggliedern bestehende Strukturen bezeichnete, deren Kräfte vorwiegend über Zugspannungen abgetragen werden. (Krausse 2001, S. 240-256)

METAPHERN BILDEN, INTERPRETIEREN, ABSTRAHIEREN

Eine weitere Strategie zur Benennung von bislang Unbekanntem ist das Bilden von Metaphern. Dabei wird ein bekannter Ausdruck aus seinem üblichen Geltungsbereich in einen neuen, bislang fremden Bereich übertragen und dort auf einen anderen Ausdruck bezogen. Eine bislang ungesehene Ähnlichkeit zwischen den beiden Bereichen ist Voraussetzung für die Verständlichkeit der Metapher. Aber erst die Spannung aus Ähnlichkeit und Differenz eröffnet neue, überraschende Perspektiven und erzeugt die suggestive Qualität, die innovative Metaphern auszeichnet. Le Corbusier verbindet die Bereiche des Wohnens und der Industrie in der Metapher *Wohnmaschine* und suggeriert damit, man könne das Wohnen ebenso rational und effektiv gestalten, wie man eine industrielle Produktionsanlage betreibt. Die innovative Spannung dieser Metapher, der Generationen von Architekten erlegen sind, entsteht durch ein Bild, das in polemischer Weise die ästhetischen, emotionalen und repräsentativen Aspekte des Wohnens vernachlässigt. In der Metapher *Stadtkrone* verbindet Bruno Taut das Schmückende, Ehrende,

Johann David Steingruber, Architectonisches Alphabet, 1773

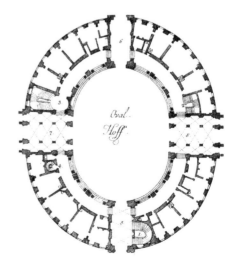

Wertvolle, aber auch Hierarchische der Krone mit der städtebaulichen Vorstellung eines überhöhten Stadtzentrums.

Unter Berufung auf Earl MacCormac und dessen Buch *A Cognitive Theory of Metaphor* (1985) sieht der Philosoph Hans Lenk in der Metapher eine Möglichkeit zum Schaffen neuer Bedeutungen, ohne die *„die Menschheit nur sehr schwer ihr Wissen ins Unbekannte ausdehnen"* könnte: *„Die Sprache bliebe größtenteils statisch."* (MacCormac, nach Lenk 2000, S. 274) In der Entwicklung und Verwendung innovativer Metaphern erkennt Lenk ein grundlegendes Muster kreativer Prozesse, das nicht nur im sprachlichen, sondern auch für den künstlerischen Bereich gelte. Er schlägt daher vor, MacCormacs ursprünglich nur sprachlich verstandene Metapherntheorie auf eine allgemeine Theorie kreativen Handelns auszudehnen. Um seine über den sprachlichen Bereich hinausgehende Konzeption eines schöpferischen, weiterführenden Prinzips zu bezeichnen, verbindet Lenk die Begriffe Kreativität und Metapher zu *„Kreatapher"*, die er definiert als

"Perspektiven übergreifende, Schichten überbrückende oder überspringende spannungserzeugende und -erhaltende Metaphern, die anregungsreich zwischen Ähnlichkeiten und Unähnlichkeiten spielen". (Lenk 2000, S. 279 f.)

So wie uns das Skizzieren dazu bringt, eine Form oder einen Raum genau zu betrachten und darzustellen, zwingt uns das Aufschreiben eines Textes, unsere Gedanken zu klären, sie in eine logische Ordnung zu bringen und auf ihre Richtigkeit zu prüfen. Das Beschreiben eines Gebäudes zwingt uns, seine Form, Struktur, seine Eigenschaften und verborgenen Zusammenhänge zu identifizieren und zu benennen. Das Wort Text – abgeleitet vom lateinischen *textus*, das wörtlich „Gewebe" oder „Geflecht" bedeutet und zurückzuführen ist auf das Verb *textere*, das sowohl „weben" und „flechten" als auch „kunstvoll zusammenfügen" meint – (Wahrig 1986, S. 1274) entstammt wahrscheinlich der gleichen Sprachwurzel *tek-* wie das griechische *tekton*, das den Handwerker und Baumeister bezeichnet. (a.a.O., S. 1268) In der Bedeutung der gemeinsamen Wurzel *tek-*, die mit *formen* oder *machen* (englisch: *to shape, to make*) übersetzt wird, finden wir einen Verweis auf den Begriff des Machens, dem Otl Aicher und Vilém Flusser in ihrem entwurflichen Denken so großes Gewicht beimessen. (siehe S. 88, 212)

Die Übersetzung einer Entwurfsvorstellung aus dem Bereich des Visuellen in die Sphäre des Verbalen erfordert einen radikalen Perspektivwechsel. Anstelle der formalen tritt nun die sprachliche Logik. Sie verlangt eine Entwurfsidee zu interpretieren und zu abstrahieren und sie mit allgemein verständlichen Begriffen zu beschreiben. Dies setzt Erkenntnisprozesse in Gang, die Schreibende zuweilen selbst überraschen, weil es sie zwingt, sich Sachverhalte bewusst zu machen, die sie sonst kaum realisiert hätten. Gerade wenn ein Text schon weit gediehen ist und man sich fragt, ob das Wesentliche einer Entwurfsidee wirklich schon erfasst ist, gelangt man nicht selten zu überraschenden Einsichten. Während bildhaftes Denken gelegentlich dazu tendiert, eine bestimmte Vorstellung, ein bestimmtes inneres Bild zu fixieren, kann in einer solchen Situation der Wechsel zum verbalen Denken durch das Einnehmen einer neuen Perspektive dazu beitragen, Fixierungen zu lösen und zu überwinden.

Das Schreiben als eine Form der Selbstbefragung, bei der das Medium Sprache zur Kontrolle der Schlüssigkeit und Verständlichkeit einer architek-

Modemacherin Isabella Blow. Foto: Pascal Chevallier, WIB Paris 1991.

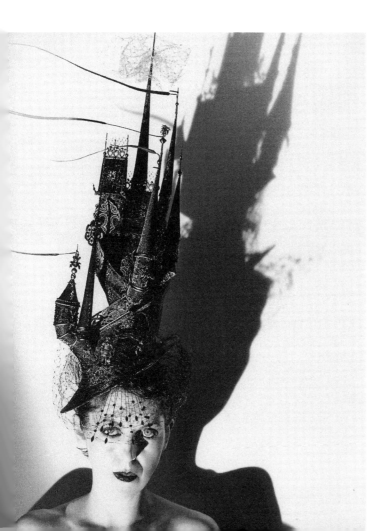

Und Gott sah, dass es gut war.

Und Gott sprach: «Lasset uns Menschen machen,

ein Bild, das uns gleich sei,

die da herrschen über alles Getier.»

Und Gott schuf den Menschen als Mann

und Weib,

zum Bilde Gottes schuf er ihn.

Und Gott segnete sie

und sprach zu ihnen: «Seid fruchtbar

und mehret euch

und füllet die Erde und macht sie euch untertan,

und herrschet über alles Getier.»

Und Gott sprach: «Ich habe euch gegeben

alle Pflanzen und Früchte zu eurer Speise.

Aber allen Tieren habe ich alles grüne Kraut gegeben.»

Und es geschah so.

Und Gott sah an

alles, was er gemacht hatte, und es war sehr gut.

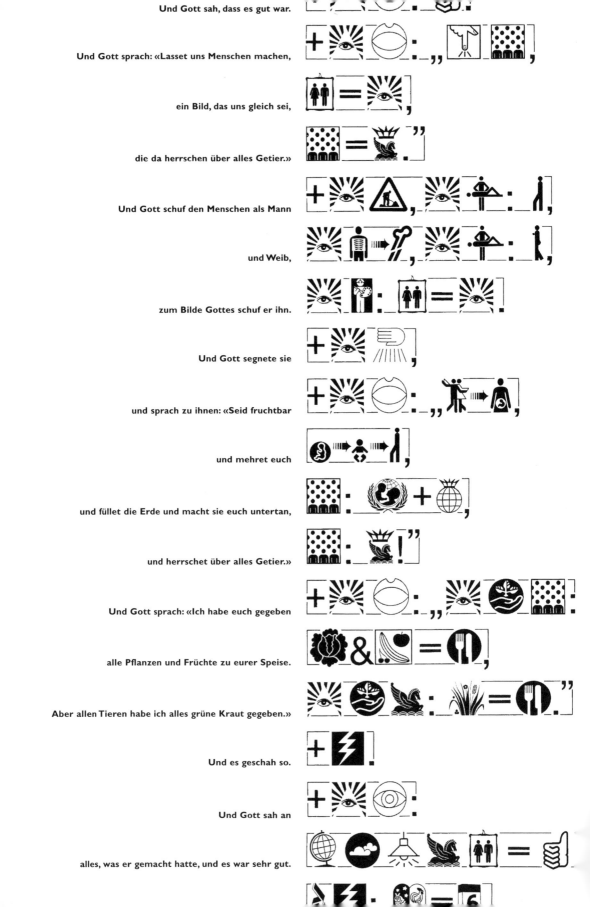

tonischen Konzeption eingesetzt wird, praktiziert beispielsweise der brasilianische Architekt Oscar Niemeyer. Bevor er die ersten Studien zu einem Projekt abschließt, fügt er diesen einen Textkommentar bei, der eine *„notwendige Beschreibung"* seines Konzeptes liefert. Er sagt, dass das für ihn wie eine *„prova"* – im Portugiesischen bedeutet dieser Begriff zugleich Prüfung und Beweis – des Entwurfes sei. Wenn ihm dazu Argumente fehlen und es ihm nicht gelingt, seine Vorstellungen mit Hilfe des Textes überzeugend zu erläutern, weiß er, dass der Entwurf noch nicht gut genug ist. (Niemeyer 1993, S. 9, S. 43)

Ist ein Konzept formuliert, so kann dies mit einem weiteren sprachlichen Entwurfswerkzeug „bearbeitet" werden, indem es der Kritik unterzogen wird. (siehe S. 198ff) Dies bedeutet ein weiteres Mal die Perspektive zu wechseln, sich von der einfühlsamen Beschreibung des Entworfenen zu distanzieren und es zweifelnd in Frage zu stellen. Aus dem Wechselspiel von positiver Beschreibung und negativer Infragestellung ergeben sich im Verlauf des Entwurfsprozesses Dialoge, Gespräche und Diskussionen. Seit Sokrates gelten diese Situationen als besonders geeignet, neue Erkenntnisse hervorzubringen. Mit dem Ziel, seinen Gesprächspartnern die engen Grenzen ihres Wissens aufzuzeigen, entwickelte Sokrates seine von ihm auch als „Hebammenkunst" beschriebene Methode, systematisch Fragen zu stellen, um die Gedanken, mit denen seine Gesprächspartner schwanger gehen hervorzubringen, und zu prüfen, ob es sich dabei um *„ein bloßes Trugbild und etwas Falsches"* handle oder um etwas *„Lebenskräftiges und Wahres." „Ich bringe keine klugen Gedanken hervor"*, lässt ihn Platon in einem seiner Dialoge sagen, aber seine Gesprächspartner *„finden selber viele hervorragende Wahrheiten bei sich heraus und bringen sie hervor".* (Platon, Theätet, 150 c,d)

Mit diesem Kapitel sind die verbalen Werkzeuge des Entwerfens längst nicht erschöpfend behandelt. Der Untersuchung der sprachlichen Werkzeuge der Kritik sowie der Kriterien und Wertesysteme sind zwei weitere Kapitel gewidmet. Inwiefern ingenieurwissenschaftliche Berechnungen und digitale Programme im Sinne komplexer, rational durchgeformter Texte als Werkzeuge des Entwerfens genutzt werden können, wird in den Kapiteln Kalkulation und Computer diskutiert. Im letzten Kapitel des Buches wird am Beispiel der entwurfstheoretischen Schriften von Otl Aicher dargestellt, in welcher Weise eine Theorie als verbales Werkzeug des Entwerfens verwendet werden kann.

Juli Gudehus: Genesis (Ausschnitt), 1992

Zeichnung

Die Zeichnung [il disegno] ist aber so hervorragend, dass sie nicht nur die Werke der Natur erforscht, sondern unendlich mehr hervorbringt als die Natur [...] und daraus schließen wir, dass die Zeichnung nicht nur eine Wissenschaft ist, sondern eine Gottheit genannt werden muss, die alle sichtbaren Werke des Allmächtigen neu erschafft. Leonardo da Vinci (nach Chastel 1990, S. 207)

Können wir heute noch nachvollziehen, was Leonardo da Vinci mit diesen Worten gemeint hat? Die christliche Vorstellung eines allmächtigen Gottes als des Schöpfers der Welt stellte die Entwerfenden seiner Zeit vor ein Problem: Auch sie erschufen etwas Neues, aber stand dies einfachen Menschen überhaupt zu? Wenn Leonardo das Hervorbringen des Neuen der Zeichnung zuschreibt (womit er in diesem Fall die Linien – im Unterschied zur Farbe – meint, die in der Malerei die Formen der gemalten Körper umschreiben), verschiebt er das Problem des Schöpferischen von seiner Person weg zu einem Werkzeug, das nun *„eine Gottheit genannt werden muss, die alle sichtbaren Werke des Allmächtigen neu erschafft"*. Er vermeidet auf diese Weise, sich selbst als schöpferisch – und somit göttlich – darstellen zu müssen.

GEOMETRIE UND ABSTRAKTION

Die maßstäblich verkleinerte, geometrisch präzise Entwurfszeichnung ist uns heute als Werkzeug des Entwerfens so selbstverständlich, dass ihre Wirkungsweise als Werkzeug kaum noch bewusst wird. Doch nach welchen Prinzipien *„lehrt sie den Baumeister einen dem Auge angenehmen Bau zu schaffen"*, wie Leonardo an anderer Stelle schreibt? (Chastel 1990, S. 136) Die Zeichnung, lateinisch *forma*, italienisch *disegno* genannt, verändert in mehrfacher Hinsicht das Verhältnis von Entwerfenden und Entworfenem. Indem sie das abzubildende Objekt kleiner macht, vergrößert sie in gleichem Maß die Möglichkeiten des Zeichnenden dieses zu manipulieren. Wird der Grundriss einer Kathedrale auf die Größe einer Hand reduziert, so ist es nicht nur ein Leichtes diesen Plan zu überblicken, sondern auch, ihn nach den Vorstellungen des Zeichners zu verändern. Die Verkleinerung des zu bearbeitenden Objekts macht aus diesem ein Spielzeug und aus dem Entwerfer einen alles überschauenden, mächtigen Schöpfer. Indem der Zeichner darstellt, was ihm wesentlich erscheint, und abstrahiert, was er als unerheblich betrachtet, führt er zugleich eine Analyse des gezeichneten Gegenstandes durch und entscheidet, auf welche Merkmale sich seine Entwurfsarbeit beziehen soll. Da jede Abstraktion zugleich die Anschaulichkeit reduziert, sind viele Zeichnungen nur noch von Fachleuten zu lesen. Sie bedürfen, ebenso wie jede Schrift, einer Interpretation. Zugleich aber ist die Zeichnung eine Fiktion, die es den Zeichnenden erlaubt, einer Linie jede vorstellbare Bedeutung zuzuweisen.

Die geometrische Präzision, die das Zeichnen gestattet, wird von keinem anderen analogen Entwurfswerkzeug erreicht. Vitruv bemerkt dazu lapidar: *„Die schwierigen Fragen der symmetrischen Verhältnisse werden auf geometrische Weise und mit geometrischen Methoden gelöst."* (Vitruv I 1,4) Mit diesen ermöglicht die Zeichnung eine genaue Kontrolle der Proportionen und der geome-

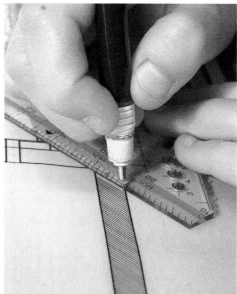

Zeichnen. Fotos: Stephanie Meyer

trischen Konstruktion des Dargestellten. Bis heute ist sie aus diesem Grund für viele das wichtigste Entwurfswerkzeug. Die in der italienischen Kunsttheorie des 15. und 16. Jahrhunderts diskutierte Frage, ob *disegno* oder *colore* das wichtigere Element der Malerei sei, stand in der Architektur nie zur Debatte. Die erwähnten Kontrollmöglichkeiten führten dazu, dass die Zeichnung zum bevorzugten Medium der akademischen Ausbildung avancierte. Verbindet sich dies auch noch mit einer Architekturauffassung, die von Regelmäßigkeit und rechtem Winkel bestimmt ist, so kann sie, wie im 19. Jahrhundert an der *École des Beaux-Arts*, zum alles dominierenden Entwurfswerkzeug werden.

Dieses Medium ist für Fachleute so selbstverständlich, dass oft vergessen wird, wie selten Laien in der Lage sind, Grundrisse oder Schnitte zu lesen. Durch verbale oder schriftliche Erläuterungen lässt sich die Lesbarkeit der Zeichnungen zwar verbessern, Laien fehlt aber meist die Fähigkeit, sich anhand zweidimensionaler Diagramme räumliche Wirkungen und Zusammenhänge vorzustellen. Ihnen sind auch die fachlichen, unausgesprochenen weil selbstverständlichen Konventionen nicht bekannt, nach denen Zeichnungen erstellt und gelesen werden. Perspektivische Darstellungen sind für Laien in der Regel besser lesbar, aber in ihrer Aussage weniger durchschaubar.

Auch die exakte Zeichnung kann als Mittel der Wahrnehmung eingesetzt werden. So wie das Aufschreiben eines Textes es erfordert, die Gedanken zu klären, sie in eine logische Ordnung zu bringen und auf ihre Richtigkeit zu prüfen, verlangt das Zeichnen, eine Form oder einen Raum genau auszumessen und darzustellen. Das Zeichnen erzwingt ein genaues, analytisches

Tobias Hammel: *House of Yagaah III*, Bleistift, Tusche, Acrylfarbe auf Karton, 17,05 m x 2,70 m, Ausstellung Berlin 2006

Sehen. Es zwingt zur Disziplin des Strukturierens, Reduzierens und Hierar-
chisierens des Gesehenen. Das Entwerfen mittels Zeichnungen, Grundrissen,
Ansichten, Schnitten, kann aber auch zu einem Übergewicht grafischer
Gesetzmäßigkeiten führen. Plangrafik wird dann schnell zu einem Argument,
wenn es um architektonische Entscheidungen geht. Aber grafische und räum-
liche Gesetzmäßigkeiten stimmen nur selten und zufällig überein. *„Sind die
Zeichnung und das Projekt dasselbe?"* fragt der portugiesische Künstler Joaquim
Vieira, Lehrer an der Architekturfakultät der
Universität Porto, um dann aufzuzeigen, wie
viel das eine vom anderen unterscheidet.
(Vieira 1995, S. 38 ff.)

Die wichtigsten Wirkungsmechanismen
der Zeichnung sind Geometrie und
Abstraktion. Der vom akademischen
Klassizismus so geschätzten Klarheit und
Rationalität der Zeichnung sind jedoch
Grenzen gesetzt, die nicht auf den ersten
Blick erkennbar sind. Diesem Medium
wohnt eine eigene, grafische Logik inne. Was
als Zeichnung schlüssig und eindrucksvoll
aussieht, muss es in Wirklichkeit noch lange
nicht sein. Nur eine Architektur, die alle ihre
Elemente nach dem kartesianischen System
dreier senkrecht zueinander stehender
Achsen ausrichtet, lässt sich mit
Grundrissen, Ansichten und Schnitten ver-
zerrungsfrei abbilden. Und die Reduktion
auf zwei Dimensionen abstrahiert gerade das
wesentliche Thema der Architektur: den
Raum. Dies hat zur Folge, dass ein nicht gra-
fisch, sondern räumlich gedachtes Gebilde
als Zeichnung oft unförmig erscheint, dass
räumliche Qualitäten eines Entwurfs in der
zweidimensionalen Zeichnung nur schwer zu
vermitteln sind.

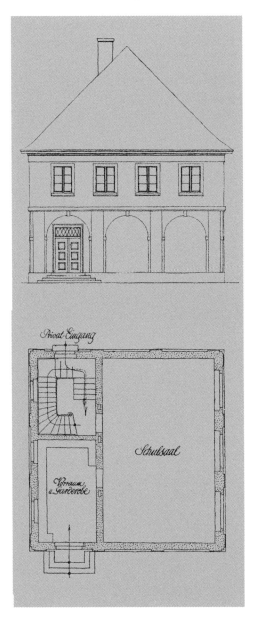

Entwurf eines Schulhauses, Grundriss und Ansicht,
Friedrich Ostendorf, 1913

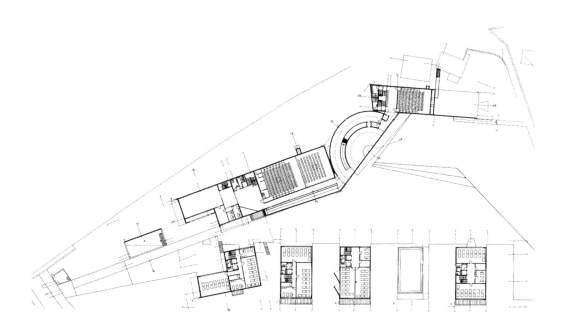

Fakultät für Architektur der Universität Porto (FAUP), Grundriss, Álvaro Siza, 1986-1995

Die Annahmen der euklidischen Geometrie liegen dem Zeichnen von Grundrissen, Ansichten und Schnitten bis heute zugrunde. In seinen Untersuchungen zur Geometrie der Kugel hat Buckminster Fuller, der Architekt der geodätischen Kuppeln, diese Annahmen in Frage gestellt:

„In seinen Theorien zu Konstruktion und Beweis hat Euklid sich die Beschränkung auf drei Werkzeuge auferlegt – Lineal, Zirkel und Stift. Er benutzte jedoch ein viertes Werkzeug, ohne ihm Rechnung zu tragen, und das war die Oberfläche, in die er seine diagrammatischen Konstruktionen einschrieb." (Fuller 1944, S. 175)

Der Anfang von Euklids Beweisen liege damit *„in dem besonderen und abstrakten Bereich einer imaginären ebenen Geometrie"*. Übersetzt man Geometrie wörtlich mit *„Erdmessung"*, dann würden Euklids Voraussetzungen nur verständlich, so Fuller, wenn man davon ausgeht, dass das Wissen um die Kugelform der Erde zu seiner Zeit verloren gegangen war. (Fuller 1944, S. 175) Nicht wenige Fehlleistungen der Baukunst sind der verführerischen Suggestion der Zeichnung zuzuschreiben. Die Abstraktion der räumlichen

Dimension in Verbindung mit der Reduktion von Maßstab und Anschaulichkeit erhöhen den Wirkungsgrad des Entwurfswerkzeugs Zeichnung in
einem Maße, das den Umgang mit diesem problematisch werden lässt. Je
abstrakter eine Zeichnung, desto zahlreicher werden die Möglichkeiten ihrer
Interpretation und desto unsicherer die Vorhersagen ihrer Auswirkungen in
der Realität. Eine grundlegende Schwierigkeit jeden Werkzeuggebrauchs ist
dessen inhärente Abstraktion und Vergröberung. Daraus ergibt sich eine
Problematik, die Vilém Flusser wie folgt formuliert:

Geometrie versus Natur: Strandpromenade bei Porto, Manuel de Solà-Morales, 2000-2001

„Die mit Werkzeugen ausgestatteten Hände jedoch besitzen nicht die Sinnlichkeit der
nackten Hände. Sie können einen Gegenstand nicht von einer Person unterscheiden.
[…] Die Gefahr in der Geste des Werkzeugmachens liegt also darin, den ursprünglichen Gegenstand und damit auch die Differenz zwischen einem Gegenstand und
einer Person zu vergessen." (Flusser 1991, S. 68)

Auf Tontafeln gezeichnete Grundrisse, mit Maßangaben in Keilschrift versehen, sind bereits aus babylonischer Zeit überliefert. (Pevsner 1966, S. 622) Aus
dem alten Ägypten kennen wir bereits Architekturzeichnungen auf Papyrus,
die nach einem strengen Raster aufgebaut sind. Welche Rolle diese für das
Entwerfen hatten, ist nicht bekannt. Aus der griechischen Antike sind die
bereits erwähnten Werkrisse erhalten. Man geht davon aus, dass diese als
Detailplanung auf Grundlage einer in verkleinertem Maßstab erstellten
Gesamtplanung entstanden, die vermutlich auf Pergament gezeichnet wurde.
Auch in Rom haben sich lediglich Risse, beispielsweise vom Giebel des
Pantheon erhalten, von Zeichnungen auf Pergament gibt es nur schriftliche
Zeugnisse. Des Weiteren sind in Rom Fragmente antiker Pläne auf Marmor
gefunden worden, die jedoch keine entwurfliche, sondern repräsentative
Funktion hatten. (Hesberg 1984, S. 120 ff.)

Wie hoch das Zeichnen in der Antike geschätzt wurde, macht Vitruv mit
seiner Beschreibung des Grundwissens eines Baumeisters deutlich: Er muss
*„den Zeichenstift zu führen wissen, damit er um so leichter durch bildliche Zeich-
nungen das beabsichtigte Aussehen seines Werkes darstellen kann."* (Vitruv I 1,4) Im
Folgenden unterscheidet Vitruv drei verschiedene Arten von Architekturzeichnungen:

„Ichnografia *ist der unter Verwendung von Lineal und Zirkel in verkleinertem
Maßstab ausgeführte Grundriss, aus dem später die Umrisse der Gebäudeteile auf
dem Baugelände entnommen werden.*
Orthographia *aber ist das aufrechte Bild der Vorderansicht und eine den
Maßstäben des zukünftigen Bauwerks entsprechende gezeichnete Darstellung in ver-
kleinertem Maßstab.*
Scaenografia *ferner ist die Wiedergabe der Fassade und der zurücktretenden Seiten
mit der Beziehung sämtlicher Linien auf einen Mittelpunkt."* (Vitruv I 2,2, Übers. d. Verf.)

Obwohl diese Darstellungsmittel seit der Antike in Gebrauch waren, ging
das frühe Mittelalter, dem Vitruvs Text durchaus nicht unbekannt war, in
seiner Entwurfspraxis andere, direktere Wege. Zwar wird von Zeichnungen
auf Wachstafeln berichtet und es sind auch einige schematische Grundrisse
auf Pergament erhalten, aber sie scheinen für das Entwerfen nicht von großer Bedeutung gewesen zu sein. Entworfen wurde hauptsächlich mit Rissen
in natürlichem Maßstab, die in Boden oder Wände eingeritzt wurden, wobei

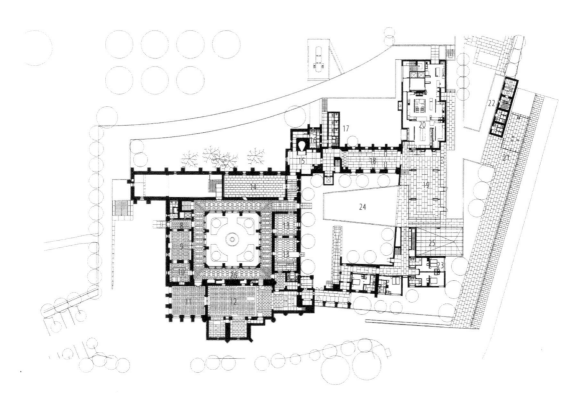

Grundriss eines Klosters mit moderner Erweiterung. Arraiolos, Pousada dos Loios,
José Paulo dos Santos, 1993-1999

in der Regel bereits bestehende Gebäude desselben Bautyps als Vorbild und
Modell dienten. Dies ändert sich erst wieder ab der ersten Hälfte des 13. Jahr-
hunderts, als Zeichnungen, zunächst in Form von maßstäblich verkleinerten
Rissen, wieder vermehrt zur Anwendung gelangen. (Binding 1993, S. 172)

Die tiefgreifenden Veränderungen, die vom mittelalterlichen zum neuzeitlichen Denken führten, zeigen sich auch anhand der zu Beginn der italienischen Frührenaissance neu entwickelten Entwurfswerkzeuge. Dieser
Epochenwechsel wird, neben vielem anderen, durch einen grundlegenden
Wandel in der Auffassung des Entwerfens markiert, der sich in der Entwicklung und im Gebrauch neuer Entwurfswerkzeuge manifestiert. Skizze,
Zeichnung, Perspektive und Modell in ihrer Funktion als Werkzeuge architektonischen Entwerfens haben sich in der Form, in der sie bis heute in
Gebrauch sind, in der ersten Hälfte des 14. Jahrhunderts in Norditalien
herausgebildet. Es entstand eine neue Art und Weise die Welt wahrzuneh-

men, die nicht mehr von vorgegebenen, „ewig gültigen Ideen", sondern von der direkten sinnlichen Erfahrung ausgeht. Auch eine öffentliche Diskussion und Kritik repräsentativer kirchlicher und staatlicher Bauvorhaben entsteht erst wieder in jener Zeit.

Voraussetzung für diese Entwicklung war die Ablösung der Feudalgesellschaft durch eine frühe Form merkantilen Bürgertums, die sich in den Städten Norditaliens herauszubilden begann. In ihrem Zuge ging die technische Verwaltung der Bauhütten von den Händen der Kleriker auf die Zünfte über. Das Bauen wurde zu einer öffentlichen Angelegenheit, mit der Folge, dass immer mehr Nichtfachleute an den Entscheidungen beteiligt waren. Dies wiederum zwang die Entwerfenden, die nun nicht mehr nur aus dem Bauhandwerk, sondern auch aus den bildenden Künsten kamen, sehr viel anschaulichere Darstellungsmittel als bisher zu finden. Die symbolische, nun als formelhaft empfundene Sehweise des Mittelalters wurde durch wirklichkeitsnahe Abbildungsformen abgelöst. Künstlerische und bautechnische Wettbewerbe wurden als Mittel der Entscheidungsfindung institutionalisiert.

„Gerade beim Dombau von Florenz scheint durch ‚offene' Wettbewerbe erstmals erkannt worden zu sein, welche künstlerischen Potentiale auf diese Weise geweckt und genutzt werden konnten." (Lepik 1995, S. 12)

Der erste Wettbewerb zu diesem Bauvorhaben fand 1355 statt, mit dem Ziel, die Form der Langhauspfeiler zu bestimmen. Ein Wettbewerb zur Gesamtform des Doms wurde 1367 durchgeführt. Nach 1417 fand der von Filippo Brunelleschi gewonnene Wettbewerb zum Bau der Kuppel statt, gefolgt von Ausschreibungen zur Form der Laterne (1436), der Fassade (1490) und dem Umgang der Kuppel (1500). (Lepik 1995, S. 13)

Der damalige Medienwechsel – vom Riss in natürlicher Größe zur maßstäblich verkleinerten Zeichnung und zur Perspektive, von Prototyp und Schablone zum ebenfalls maßstäblich verkleinerten Modell – hatte nicht nur zur Folge, dass Bauen und Entwerfen stärker voneinander getrennt wurden, er führte auch dazu, dass nun ganz anders ausgebildete Personen die Entwürfe erarbeiteten: Goldschmiede (Brunelleschi), Maler und Künstler (Michelangelo), welche die damals neuen Medien beherrschten, traten an die Stelle der in den Zünften organisierten Steinmetze.

Als das sozusagen klassische Werkzeug des Entwerfens aufgefasst, dient die Zeichnung der geometrisch-mathematischen Abstraktion: Entwerfen heißt – für jemanden der zeichnet – zu geometrisieren. Die mathematisch-präzise Repräsentation des Projekts, die Zeichnung als die „Sprache des Ingenieurs" ist rational und zweckbestimmt, kein stimmungsvolles Gemälde. Die Idee wird objektiviert und mit rationalen Argumenten kritisierbar, daher ist die Zeichnung das beliebteste akademische Entwurfswerkzeug, der klassischen Beaux-Arts-Tradition ebenso verpflichtet wie einer rationalen technischen Ausbildung. Ihr Nachteil ist ein hoher Abstraktionsgrad, räumliche Zusammenhänge sind nur schwer zu erkennen. Unter der polemischen Überschrift „L'Illusion des Plans" (deutsch: „Das Blendwerk der Grundrisse", nach der Übersetzung von Hans Hildebrandt, 1926) hat Le Corbusier in Vers une Architecture dieser Problematik ein ganzes Kapitel gewidmet. (Le Corbusier 1923, S. 141 ff.) Das vom Grundriss ausgehende Entwerfen erkennt Le Corbusier zwar ausdrücklich an, weil dieser die Organisation und Struktur des Gebäudes bestimmt, kritisiert aber vehement, dass Grundrisse nach den ästhetischen Vorgaben der Beaux-Arts-Tradition gestaltet werden sollten. Als Beispiel führt er den Stadtplan von Karlsruhe an, den er als den *jämmerlichsten Zusammenbruch einer künstlerischen Absicht, den völligen knock-out* bezeichnet.

„Der Stern bleibt allein auf dem Papier, ein magerer Trost. Blendwerk. Blendwerk der schönen Grundrisse. Von allen Ecken der Stadt sieht man niemals mehr als drei Fenster des Schlosses, die immer die nämlichen zu sein scheinen; die gleiche Wirkung würde das bescheidenste Mietshaus hervorbringen. Vom Schloss aus läuft der Blick immer nur eine einzige Straße entlang, und alle Straßen eines jeden beliebigen Nestes machen den selben Effekt." (Le Corbusier 1923, S. 166)

Kritik an einer akademischen Entwurfspraxis, die sich ganz auf das Entwurfswerkzeug Zeichnung verlässt, äußert auch der gelernte Schmied Jean Prouvé, der in seiner eigenen Praxis das Entwerfen in der Werkstatt vorzog. Vieler seiner Entwürfe entstanden unmittelbar bei der Arbeit an Prototypen, sie wurden vom Material und der Leistungsfähigkeit der verfügbaren Geräte und Maschinen determiniert. Erst wenn eine Form gefunden war, wurden im Nachhinein Zeichnungen zur Dokumentation erstellt. In einem Gespräch bedauert er junge Architekten, denen durch das ausschließliche Arbeiten mit der abstrakten Zeichnung jene wichtigen Anregungen vorenthalten bleiben, die eine Realisierung vermittelt. Über ihre Arbeit in der Fabrik sagt er:

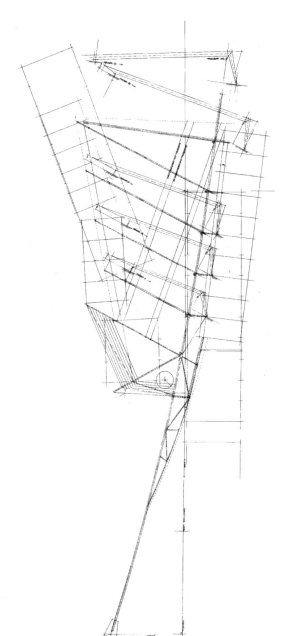

„Dort entdeckten sie, was die eigentliche architektonische Inspiration sein kann, dass die Striche, die sie am Montag gezeichnet haben, am Dienstag realisiert sein können. Sie wussten sofort, was sie bekommen würden. Heute dagegen zeichnen die jungen Architekten meistens Dinge, die gar nicht gebaut werden. Glauben sie nicht, dass das für ihren Geist tödlich ist?" (Prouvé 2001, S. 29)

Der spezifische Widerstand, den das Entwurfswerkzeug Zeichnung dem Entwerfenden entgegensetzt, liegt zum Einen in der Verpflichtung auf einfache geometrische Konstruktionen, da nur diese die exakte Konstruktion und Übertragung einer Form erlauben, zum Anderen in der begrenzten Zahl der Zeichnungen, die für ein Projekt angefertigt werden können. Schon erwähnt wurde Ostendorfs Kritik an der Zeichnung, die dazu verführe *„in unkünstlerischer und sinnloser Weise auf dem Papier"* etwas zu entwickeln, das *„in seiner wirren Kompliziertheit als Idee schlechterdings nicht fassbar"* sei. (Ostendorf 1913, S. 4) Wenn wir uns heutige, nach den Konventionen und Regeln der Bauzeichnungsverordnung erstellte Werkzeichnung vor Augen führen, die wie ein Schnittmusterbogen so dicht mit Informationen belegt sind, dass eine Form nicht mehr lesbar ist, wird Ostendorfs Argument durchaus nachvollziehbar. Andererseits übersieht er, dass die zweidimensionale Zeichnung nur das unverzerrt darstellt, was parallel zu ihr liegt. Der übliche, aus Grundrissen, Ansichten und Schnitten bestehende Satz Zeichnungen lässt alles, was nicht mit den drei Achsen des cartesianischen Raums korrespondiert, verzerrt oder gar unsinnig erscheinen.

Geometrie des Hysolar-Institutsgebäudes, Universität Stuttgart, Günter Behnisch und Partner, 1987

Sehr berechtigt ist es daher, wenn Ana Leonor Rodrigues die Zeichnung als ein *„das architektonische Denken ordnendes"* Entwurfswerkzeug beschreibt. (Rodrigues 2002) Allerdings stellt sich die Frage, ob man sich mit dieser Ordnung zufrieden gibt. Peter Eisenman zieht daraus eine radikale Konsequenz:

„Alles was nichts mehr mit der üblichen dreidimensionalen Realität zu tun hat, muss auf dem Computer gezeichnet werden. [...] Grundrisse, Schnitte und Ansichten kehren zurück in den projektiven Raum, in die hergebrachte visuelle Ordnung. Deswegen zeichne ich nicht mehr." (Eisenman 1995, S. 294)

DIGITALISIERUNG DER ZEICHNUNG

Von Hand könne man nur zeichnen, führt Eisenman diesen Gedanken an anderer Stelle weiter, wovon man bereits eine innere Vorstellung habe. Auf digitalem Wege könne man jedoch Bilder erzeugen, die man nie vorher gesehen oder im Kopf gehabt habe. (Eisenman 1995, S. 321) Die Digitalisierung übersetzt alle Darstellungen eines Entwurfs in einen einheitlichen, aber nur noch von Maschinen lesbaren Code. Die Grenzen zwischen den Darstellungsarten werden durchlässiger. Dadurch wird es möglich, die einzelnen Darstellungsarten zu verknüpfen und zu einer gemeinsamen Datenbasis zusammenzuführen. Ist diese Basis einmal etabliert, ist kein großer Aufwand mehr nötig, um von einer Darstellungsart in die andere zu wechseln, den Entwurf zugleich als Perspektive, Grundriss und Schnitt oder als Raumbuch und Mengenermittlung sozusagen automatisch zu präsentieren.

Lange vor dem Einzug der PCs in die Architekturbüros wurden die Großrechner der 1960er Jahre von Universitäten und Behörden beispielsweise für statische Berechnungen, zum Erstellen von Lageplänen und zur Formfindung verwendet. So wurde etwa ein Großrechner der Universität Stuttgart für die Formfindung der Dachkonstruktion des Münchner Olympiastadions eingesetzt. (Nerdinger 2005, S. 267) Als Anfang der 1980er Jahre die ersten PCs an den Hochschulen und in den Architekturbüros auftauchten, waren diese mit grafischen Darstellungen zumeist noch überfordert. Doch schon zehn Jahre danach hatten Computer, Bildschirme und Plotter in vielen Architekturbüros die Zeichentische ersetzt.

Wohl kaum ein Entwurfswerkzeug hat sich durch die Digitalisierung so stark verändert wie die Zeichnung. Die herkömmliche zweidimensionale

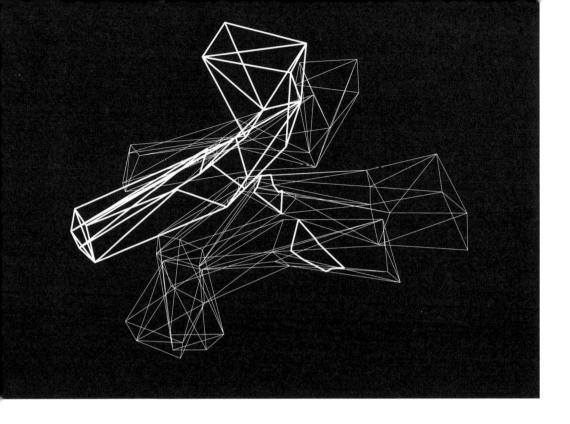

Drahtgeometrie-Diagramm der Bibliothek de L'IUHEI, Genf, Peter Eisenman, 1996

Zeichnung hat buchstäblich beliebig viele Dimensionen dazu gewonnen. Das transparente Skizzenpapier wird zu ein- und ausblendbaren Layern und Verknüpfungen, Bleistift- und Tuschelinien werden zu beliebig strukturierten Farbflächen, das quälende Kratzen und Schraffieren entfällt ebenso wie das Meditieren über einer zarten Bleistiftzeichnung. Die schlichte Zeichnung wird zu einer komplexen, polydimensionalen Datenstruktur, die nach Belieben mit anderen Daten verknüpft und auf viele verschiedene Arten – als Grundriss, Schnitt, Ansicht oder Perspektive, als bewegliches und mit der Maus „begehbares" 3D-Modell, als Video oder maschinell erzeugtes Modell in frei wählbarem Maßstab, aber auch als Raumbuch, Mengen- ermittlung, Tragwerks- oder Klimasimulation; oder als Kostenberechnung und Ausschreibungstext – darstellbar ist. Was in der Vorstellung der Entwurfsverfasser *ein* Projekt war und mit Hilfe der verschiedenen Entwurfs- werkzeuge in unterschiedlicher Weise dargestellt wurde, verbindet sich nun wieder zu *einer* digitalen Datenstruktur.

Das dreidimensionale Computermodell als Datenbasis dieser polydimensionalen Struktur hat die konventionellen Zeichnungen Grundriss, Schnitt und Fassade abgelöst. So wie Zeichnungen, Modelle oder Berechnungen eine Entwurfsvorstellung nur den jeweiligen Möglichkeiten des Mediums entsprechend repräsentieren, mit dieser aber nicht identisch sind, stellt auch diese Datenbasis nur eine unvollkommene Repräsentation dar, allerdings auf einer höheren Ebene, da sie in verschiedenen Medien präsentiert werden kann. Komplexe geometrischen Zusammenhänge müssen nicht mehr in absoluten Maßen festgelegt, sondern können in Parametern angegeben werden, so dass es genügt, einen davon zu ändern, um eine neue Form zu erzeugen. Für Entwerfende eröffnet die parametrische Repräsentation ganz neue Handlungsspielräume, da Varianten mit viel weniger Aufwand und sehr viel schneller erstellt werden können. Andererseits zwingt sie dazu, sich stärker mit konzeptionellen Fragen auseinander zu setzen, die vorab geklärt werden müssen, um parametrische Modelle überhaupt programmieren zu können. Aber auch die Elemente der Zeichnung selbst verändern durch die Parametrisierung ihre Qualität: Die vormals neutrale Linie wird zum Vektor, der Richtung, Größe und Intensität besitzt. (Eisenman 2005, S. 226)

Während die Beschränktheit der ersten Zeichenprogramme noch zur Verwendung möglichst einfacher Geometrien zwang (was vermutlich ein Grund für die „Kisten", die schlichten, quaderförmigen Baukörper der ersten Dekade computergezeichneter Architektur war), wurde der PC bald zur Voraussetzung für das Entwerfen geometrisch komplexer Gebilde.

Innenhof eines Bankgebäudes, Berlin, Pariser Platz, Frank Gehry, 1994-1999

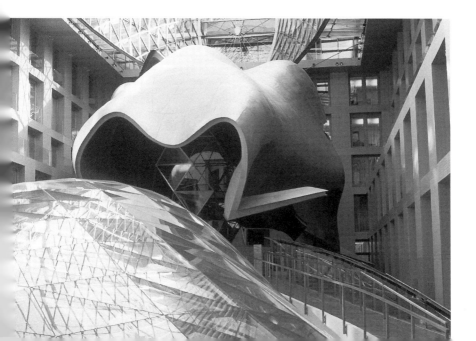

Die gegenwärtige zweite Dekade computergezeichneter und -generierter Architektur kennzeichnet nun eine Gegenbewegung, die freiere Formen anwendet. Hanno Rauterberg bezeichnet sie als *„Digitalmoderne"*: eine Architektur, die nicht mehr nur mit dem Computer gezeichnet ist, sondern parametrische Algorithmen verwendet um Formen und Geometrien zu generieren, die zuvor nicht darstellbar waren, und die zu Hüllen und Räumen gelangt, die bislang als unbaubar galten. (Rauterberg 2005, S. 54)

Das ersichtlich Handgemachte der herkömmlichen Zeichnung wird durch die Digitalisierung zugunsten von Darstellungsweisen verdrängt, die durch ihre Perfektion und ihren Detaillierungsgrad eine höhere Professionalität und zugleich eine höhere Objektivität beanspruchen. Indem sie weniger (hand-)gemacht aussehen, wirken sie auch weniger artifiziell und willkürlich. Mit wachsendem Perfektionsgrad bekommen sie immer mehr die Selbstverständlichkeit und Überzeugungskraft von Fotografien. Der Ausdruck individueller Expressivität und das Ausformulieren einer persönlichen, wiedererkennbaren Zeichen- und Darstellungsweise ist auf dieser Ebene möglicherweise obsolet geworden.

Modell

Modelle sind Fallen, die dem Auffangen der Welt dienen. Vilém Flusser (1993/2, S. 14)

Das Architekturmodell lässt eine Fülle von Verwendungen zu, die es zu einem höchst wirkungsvollen, aber auch problematischen Entwurfswerkzeug machen. Seine Ausprägungen reichen vom Spielzeug bis zur Grabbeigabe, vom Souvenir über die künstlerische Skulptur bis zum sakralen Objekt. Dem in diesen Erscheinungsformen aufscheinenden latenten Fetischcharakter des Modells stehen dessen pragmatische Anwendungen gegenüber: Für wissenschaftliche Experimente ist es ebenso geeignet wie für das Entwerfen von Strukturen und Gebäuden. Zur Klärung räumlicher, konstruktiver und skulpturaler Fragen bietet es den unmittelbarsten Zugang. Als Werkzeug des Entwerfens aufgefasst, gestattet das Modell sozusagen intuitiv „mit den Händen zu denken" und dabei zugleich konzeptionell zu arbeiten. Als anschauliches Kommunikationsmittel helfen Modelle die Kluft zwischen Laien und Fachleuten zu überbrücken.

Betrachten wir das Entwerfen als schrittweise Annäherung an die gebaute Realität, dann sind Modelle, Muster und Prototypen diejenigen Werkzeuge, die der dreidimensionalen, materiellen Wirklichkeit am nächsten stehen. Anhand von Musterstücken lassen sich Baumaterialien und deren Bearbeitungsweisen vergleichen und auswählen. Prototypen sind probeweise angefertigte Gebäudeteile, deren Dimension bis zu Versuchsbauten gehen kann.

Max Bill beim Betrachten eines Modells des Schweizer Pavillons für die Biennale Venedig. Foto: Ernst Scheidegger, 1951.

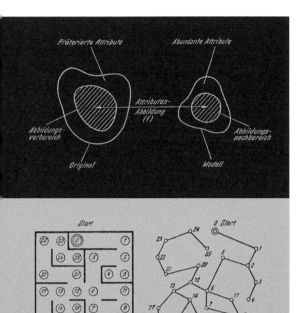

Oben: Diagramm zur Modell-Original-Abbildung,
unten links: Labyrinth-Zeichnung als Original,
rechts: Graphenmodell der Labyrinth-
Zeichnung, Herbert Stachowiak, 1973

Beides sind klar definierte Darstellungsmittel, die in wahrer Größe und mit den
zum Bau vorgesehenen Materialien hergestellt werden. Im Begriff des Modells hingegen überschneiden sich in unserem Sprachgebrauch unterschiedliche Bedeutungen.

Die Begriffe *Modell, Modulation, modern*
und *Mode* entstammen alle der gemeinsamen Sprachwurzel „*m. d*", die ursprünglich
„*messen*" bedeutet. (Flusser 1993/2, S. 62)
Abgeleitet vom lateinischen *modellus*, kleines
Maß, und vom italienischen *modello*, Muster,
bezeichnen wir heute zwei Kategorien von
Objekten als Modelle: dreidimensionale,
vereinfachte und maßstäblich verkleinerte
Darstellungen eines Gegenstandes, die einerseits in ähnlicher Weise wie eine Zeichnung
dazu dienen, dessen Form zu entwerfen,
oder Objekte im Sinne eines Musters, die
als Vorbild oder als Vorlage für ein herzustellendes Werk dienen. Ein und dasselbe
Objekt kann also zwei grundsätzlich verschiedene Bedeutungen haben: Abbild innerer Vorstellungen oder Vorbild für etwas
noch Herzustellendes zu sein.

Die Mehrdeutigkeit des Begriffs ist keine zufällige Unschärfe der Sprache.
Die in ihr enthaltene Möglichkeit des willkürlich-leichtfüßigen Bedeutungs-
wechsels - vom vagen Abbild einer Entwurfsidee zum verbindlichen, detailliert ausgearbeiteten und gegebenenfalls schon sehr real wirkenden Vorbild
für ein konkretes Bauwerk – ist eine Wirkungsweise, die allen Entwurfswerkzeugen zugrunde liegt. Beim Modell jedoch überwindet dieser Bedeutungswechsel vom Vagen zum Konkreten eine vergleichsweise große Differenz, wir können es daher als ein besonders wirkungsvolles Werkzeug
betrachten.

Während Vitruv das Entwerfen am Modell grundsätzlich ablehnt, weil
damit vieles darstellbar sei, was sich in Wirklichkeit nicht realisieren lasse

(Vitruv X 16,3 ff.) – ein Argument, mit dem *alle* repräsentierenden Darstellungen abgelehnt werden müssten –, misst Leon Battista Alberti ihm einigen Wert bei. Entwurfsmodelle bezeichnet er mit einem lateinischen Doppelbegriff: *„modulus et exemplar"*. Anstatt den zu seiner Zeit schon gebräuchlichen Ausdruck *modello* zu verwenden, der im Sinne eines genau nachzuahmenden Vorbilds gebraucht wird, führt er ein Begriffspaar ein, das die Mehrdeutigkeit dieses Entwurfswerkzeugs verdeutlicht. *Modulus* bezeichnet eigentlich den Maßstab oder das wiederkehrende Grundmaß (Modul), *exemplar* das Beispiel oder Vorbild. Mit diesen auf Vitruv zurückgehenden Ausdrücken betont Alberti, wie Werner Oechslin gezeigt hat, einerseits die *„theoretische Seite, die konzeptionelle geistige Natur der Architektur"*, zum Anderen die Vorbildfunktion des Modells. (Oechslin 1995, S. 40 ff.)

Wenn Otl Aicher kategorisch feststellt *„entwerfen heißt, modelle zu konstruieren"*, meint er damit keinen der bisher genannten Modellbegriffe. Er versteht Modell zunächst ohne jeden Gedanken an einen dreidimensionalen Gegenstand als *„eine konstruktion von aussagen, begriffen und begriffsoperationen"*. (Aicher 1991/2, S. 195) Damit bezieht er sich auf einen Modellbegriff, wie er in den Wissenschaften etabliert ist. Diesen beschreibt Herbert Stachowiak in seiner *Allgemeinen Modelltheorie* anhand dreier Merkmale:

Abbildung: *Modelle sind stets Modelle von etwas, Repräsentationen natürlicher oder künstlicher Originale, die selbst wieder Modelle sein können.*
Verkürzung: *Modelle erfassen im allgemeinen nicht alle Attribute des durch sie repräsentierten Originals, sondern nur solche, die den jeweiligen Modellerschaffern und/oder Modellnutzern relevant erscheinen.*
Pragmatik: *Modelle sind ihren Originalen nicht per se eindeutig zugeordnet. Sie sind für einen bestimmten Nutzer, innerhalb eines gegebenen Zeitraums und zu einem bestimmten Zweck hergestellt.* (Stachowiak 1973, S. 131 ff.)

BEZUG ZUR WIRKLICHKEIT

Die Mechanismen der Abstraktion und der maßstäblichen Verkleinerung hat das Architekturmodell mit der Zeichnung gemeinsam. Hinzu kommt die Räumlichkeit der Darstellung, welcher es seine besondere Anschaulichkeit verdankt, und die Möglichkeit, die Materialien zu dessen Herstellung frei zu wählen – im Gegensatz zu Mustern und Prototypen, die aus dem gleichen Material gefertigt werden, das auch zur Ausführung bestimmt ist.

Im Modell lassen sich Bauwerke mit einfachen, weichen Materialien darstellen, in deren Differenz gegenüber den wirklichen Baumaterialien sich die ideelle Reichweite dieses Entwurfswerkzeugs zeigt. Diese wird auch im Unterschied zwischen Ideen-, Arbeits- und Präsentationsmodell deutlich. Während wir ersteres spontan aus allem zusammenfügen, was gerade zur Hand ist, und es wie im kindlichen Spiel mit neuen Bedeutungen versehen – ein Taschenrechner wird „im Handumdrehen" zum Modell eines Bahnhofs –, wählen wir für Arbeitsmodelle billige, weiche Materialien wie Wachs, Ton oder Gips, später auch Karton, Klebstoff und Balsaholz, die ein leichtes Bearbeiten ermöglichen. Wo abstrakte Ideen- und ungenaue Arbeitsmodelle sich auf die wesentlichen Linien eines Entwurfs beschränken, werden Präsentationsmodelle mit großem Aufwand aus schwer zu bearbeitendem Material wie Holz, Kunststoff und Metall hergestellt und detailliert ausgearbeitet. Die Kombination all dieser Vorgehensweisen – Abstraktion, Verkleinerung, Material- und Bedeutungswechsel – erlaubt Beobachtungen und Experimente, aber auch Manipulationen, die weit über die Möglichkeiten der Zeichnung hinausgehen. Deren Vorteil der größeren Genauigkeit und leichteren Reproduzierbarkeit wird durch die heutigen, von computergesteuerten Präzisionsfräsen gefertigten Modelle immer mehr ausgeglichen. Verschiedene Bedeutungsebenen können sich in ein und demselben Modell in einer Weise überlagern, die es zur Projektionsfläche für unterschiedlichste Vorstellungen werden lässt. Seine scheinbare Wirklichkeitsnähe macht das Modell zu einem Kommunikationsmittel, das auf den ersten Blick überzeugend wirkt, dessen Mehrdeutigkeit jedoch oft vernachlässigt wird.

Das Abbildungsverhältnis von Modellen unterschiedlicher Größen ist kein lineares, sondern ein exponentielles: Ein Modell im Maßstab 1:2 ist zwar „halb so groß" wie in Wirklichkeit, hat aber nur ein Achtel des Volumens. Schon im Maßstab 1:100 beträgt das Volumen nur noch ein Millionstel der wahren Größe. Somit ist gerade die Räumlichkeit von Architekturmodellen einem hohen Abstraktionsgrad unterworfen.

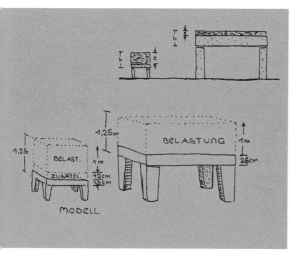

„Ein formgleiches Objekt aus gleichem Material bricht bei gleicher Belastung." Belastungsversuche am Modell, Frei Otto, 1989

Das Problem des Maßstabs hat Frei Otto genauer analysiert. Werden Modelle zu Belastungsversuchen verwendet, was vor der Entwicklung statischer Berechnungsverfahren ein Weg zur Dimensionierung von Bauteilen war, so ist je nach statischem System von unterschiedlichen exponentiellen Verhältnissen auszugehen. Des Weiteren besagen die aus der Festigkeitslehre sich ergebenden Gesetze, dass, um die Tragfähigkeit zu überprüfen, die flächenbezogene *„Gesamtlast im Modell gleich groß sein muss wie in der Hauptausführung".* (Otto 1989, S. 209) Da im Modell durch die maßstäbliche Verkleinerung bereits die Spannweiten proportional verringert sind, darf bei Belastungsversuchen die Gesamtlast pro Flächeneinheit nicht auf die gleiche maßstäbliche Weise reduziert werden wie die Dimensionen der Bauteile. *„Ein formgleiches Objekt aus gleichem Material bricht bei gleicher Belastung."* (a.a.O.) Aus diesem Grund ist die Belastung im Modell gegebenenfalls sogar zu erhöhen, um das geringere Eigengewicht der Bauteile auszugleichen. Die Unkenntnis dieser Zusammenhänge kann, wie Frei Otto gezeigt hat, zu groben Fehleinschätzungen führen. Hierin mag die Skepsis vieler Architekten bezüglich dieses Entwurfswerkzeugs begründet sein. Die Anschaulichkeit von Modellen täuscht leicht über deren fiktiven bzw. Abbildcharakter und den hohen Abstraktionsgrad dieser Darstellungsform hinweg.

Als in der Frührenaissance erstmals Entwurfsmodelle in definiertem Maßstab eingesetzt wurden, handelte es sich genau genommen um Prototypen in verkleinertem Maßstab, da sie nicht aus einem billigeren oder leichter zu bearbeitenden Material hergestellt, sondern wirklich aus Ziegeln gemauert wurden. Diese ersten Modelle entstanden in Florenz als Vorstudien zum Bau der Domkuppel. Ihre Funktion war nicht nur eine gestalterische, sondern an ihnen hat Filippo Brunelleschi auch Bauweise und Tragverhalten seines Entwurfs überprüft. (Lepik 1995, S. 84 ff.) Wettbewerbe und öffentliche Diskussion machten die Anschaulichkeit der Darstellungen notwendig: Modell und Perspektive wurden fast gleichzeitig entwickelt, als Formen „diskursiver" Entwurfswerkzeuge, die auch für Laien verständlich und zugänglich sind.

Die Vieldeutigkeit des Modells, sein Spielzeug- oder Fetischcharakter, die Verbindung von Anschaulichkeit und günstigem Tragverhalten machen es zu einem besonders verführerischen Medium. Schon der italienische Renaissance-Architekt und Theoretiker Vincenzo Scamozzi verglich Modelle mit jungen Vögeln, deren Gattung noch kaum zu erkennen sei, die aber

sowohl zu Adlern als auch zu Raben heranwachsen könnten. Daraus
schließt er, dass *es eine leichte Sache sei, unter der Decke des Modells die*

Bauherren zu täuschen". (nach Oechslin 1995, S. 48) Auch Alberti weist darauf hin,

*„dass nämlich auf Glanz hergerichtete und sozusagen durch das Lockmittel der
Malerei aufgeputzte Modelle vorzuweisen nicht das Vorgehen eines Architekten ist,
der bestrebt ist, die Sache genau auseinander zu setzen, sondern eines selbstsüchti-
gen, der versucht, den Betrachtern die Augen auszuwischen".* (Alberti 1485, S. 69)

Die von Alberti daraufhin aufgestellte Forderung gilt noch heute: *„Deshalb
soll man keine kunstvoll ausgeführten, ausgefeilten, ins Auge fallenden, sondern
schlichte und einfache Modelle machen, an denen du den Geist des Erfinders, nicht
aber die Hand des Verfertigers bewunderst."* (Alberti 1485, S. 69) Um so ernster ist
dieser Hinweis zu nehmen, als Alberti das Modell als ein wichtiges Instrument zur Abschätzung der Folgen von Entwurfsentscheidungen schätzt:

*„Deshalb werde ich immer den Brauch der alten tüchtigen Baumeister gutheißen,
nicht nur durch Pläne und Zeichnungen, sondern auch an der Hand von Modellen
aus Holz oder was auch immer, das gesamte Bauwerk und die Maße jeden einzelnen Gliedes nach den Ratschlägen der gewiegtesten Fachleute immer und immer wieder genau abzuwägen."* (a.a.O., S. 68)

„Das Modell lügt!" oder: *„Die Perspektive verzerrt!"* oder: *„Der Film manipuliert!"* sind Vorwürfe, die Entwerfende bis heute zu hören bekommen. Wie
wir bereits bei der Analyse der Geste gesehen haben, sind wir hier mit
einem grundlegenden Problem allen Entwerfens konfrontiert. Entwerfen ist
in gewisser Weise „Lügen"– im Sinne des Darstellens von etwas, das es in
Wirklichkeit noch nicht gibt und bei dem zunächst in Frage steht, ob es sich
tatsächlich realisieren lassen wird. In diesem wesentlichen Punkt unterscheidet sich das Entwerfen vom Gestalten am konkreten Objekt.

BEDEUTUNG DES MATERIALS
Von Peter Eisenmans frühen Werken spricht Jim Drobnick als *„card-board-
Architektur"*. (Eisenman 1995, S. 320) Auch Günter Behnisch hat immer wieder
hervorgehoben, wie sehr das beim Modellbau verwendete Material den
Entwurf prägt. Wird ein weiches, formloses Material wie Ton oder Gips verwendet, entstehe eine andere Formensprache, als wenn zum Beispiel schlan-
ke Stäbe verwendet würden:

„Jede Stufe der Planung hat ihre Materialien und ihre Techniken. […] Pappmodelle
lassen pappige, flächige, unkörperliche Häuser entstehen: aus Holzklötzchen wird
eine Holzklötzchenarchitektur, und Plasteline zieht relativ freie plastische Gebilde
nach sich." (Behnisch 1987, S 40)

Indessen sind so unmittelbare Auswirkungen kaum nachzuweisen. Zwar hat
jedes Material eine erkennbare Tendenz, ein zwingender Zusammenhang
zwischen Bau- oder Modellbaumaterial und Formensprache existiert jedoch
nicht. Im Gegenteil fühlen sich manche Entwerfer dazu herausgefordert,
einem bestimmten Material einen anderen als den üblicherweise erwarteten
Ausdruck abzuringen. Sie begreifen es als künstlerische Herausforderung
seinem spezifischen Widerstand entgegen zu arbeiten, indem sie beispielsweise versuchen Stein weich oder Gips hart erscheinen zu lassen. Sicherlich
ist es angebracht für jede Entwurfsaufgabe nach dem geeigneten Modellbaumaterial Ausschau zu halten. Behnisch berichtet:

„Der Entwurf für den Olympiapark in München wurde vorwiegend anhand eines
Sand-Modells entwickelt. Dieser Sand entsprach am ehesten dem auf dem Gelände
anstehenden tiefen Kies; am wenigsten vorgeprägt durch eigene Strukturen war er
offen für landschaftliche Entwürfe." (Behnisch 1987, S. 40)

Kuppel und Anbauten des Florentiner Doms,
Arbeitsmodell im Maßstab 1:60 aus Holz, Filippo
Brunelleschi und Lorenzo Ghiberti, um 1420

Fakultät für Architektur der Universität Porto (FAUP),
Arbeitsmodell im Maßstab 1:50 (Ausschnitt) aus
Finnpappe und Klebeband, Álvaro Siza, 1986-1995

Ton als das vermutlich erste und archetypische Modellbaumaterial –
Modelle aus gebranntem Ton sind bereits aus vorgeschichtlicher Zeit erhal-
ten – verweist auf die ursprüngliche Bedeutung des für Otl Aicher wie
Vilém Flusser so zentralen Begriffs des Machens und dessen etymologischen
Ursprung im Kneten. (siehe S. 88) Bis heute prägt dieses knetbare Material die
Vorstellung, die sich manche Architekten vom Entwerfen machen. So
benutzt Álvaro Siza Ton zwar in der Regel nicht zum Modellbau, erklärt
aber, dass er sich während des Entwerfens seine Gebäude wie aus einem
Batzen Ton bestehend vorstelle, den er so lange verforme und an die unterschiedlichen Bedingungen anpasse, bis die endgültige Form gefunden sei.
Michelangelo benutzte Tonmodelle um die Kuppel des Petersdoms zu entwerfen, und erst als die Form festgelegt war, wurde das heute noch erhalte-
ne Holzmodell gebaut, mit dem er seinen Entwurf Papst Paul IV präsentierte. (Evers 1995, S. 385, S. 391)

Wettbewerbsmodell Anlagen und Bauten für die Olympischen Spiele in München,
Günter Behnisch und Partner, 1967. Foto: Ewald Glasmann

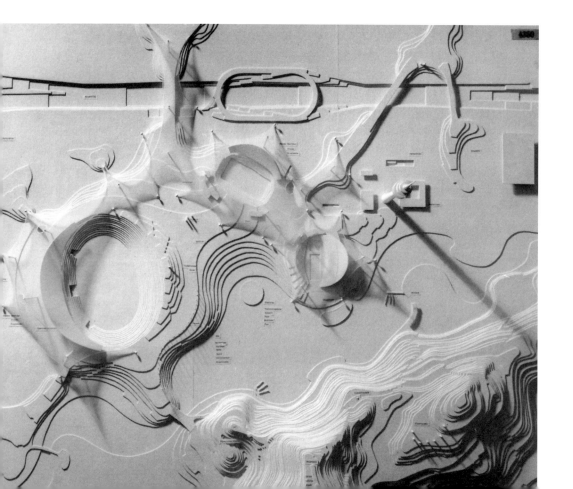

Während in der heutigen Architekturausbildung Ton oder ähnliche gut
formbare Materialien wie Plastilin oder Wachs beim Modellbau eher vernachlässigt werden, spielt dieses Material bei der Gestaltung von Autokarosserien eine große Rolle. Dabei wird eine mit Kunststoffen modifizierte

Antike Modelle aus gebranntem Ton, die als Grabbeigabe verwendet wurden

Tonmasse verwendet, die ein besser kontrollierbares Trocknungs- und
Schwindungsverhalten als reiner Ton hat. Im Gegensatz zum formlosen –
und deshalb jede Form ermöglichenden – Ton ist in industriell vorgefertig-
ten Halbzeugen wie Pappe, Karton, Holz- oder Metallstäben eine bestimmte
Geometrie schon in das Ausgangsmaterial einbeschrieben. In den Flächen
und Linien des beschnittenen Kartons, die das Tragverhalten von Beton-
scheiben abbilden, ist diese Geometrie ebenso unterschwellig präsent wie in
den Linien der Stäbe, die Holzbalken oder Stahlträger darstellen. Im Modell
besonders schwer darstellbar ist das Material Glas, dessen Glanz und
Reflexion, dessen unterschiedliche Durchsichtigkeit und Farbtönung bei Licht
und Gegenlicht mit Modellbaumaterial kaum zu erreichen ist.

Der Widerstand, den ein gewähltes Material dem Entwerfenden entgegensetzt, kann als Mittel der Disziplinierung, aber auch als *constraint* aufgefasst werden – als selbst auferlegte, die eigene Kreativität stimulierende
Beschränkung, die es in sportlicher Weise zu überwinden gilt. Den Widerstand des jeweiligen Materials zu spüren und zu überwinden ist ein sinnli-
ches Erlebnis, das naturgemäß bei jedem Material anders erfahren wird.

Beim Entwerfen von Autokarosserien wird mit Tonmodellen in natürlicher Größe gearbeitet.

Die Fähigkeit, in Gedanken „in ein Modell hineinzukriechen", um sich das, was man als Modell vor sich hat, in voller Größe vorzustellen, kann trainiert werden, indem man sich selbst als „Modell" im gleichen Maßstab wie das gegebene baut oder – erstaunlicherweise – indem man Modelle durch ein Blatt weißes Papier mit einem Guckloch betrachtet. Das Fühlen und Begreifen, das mit den Fingern Wahrnehmen und mit dem Schneidemesser Denken ermöglicht es, auf unmittelbare Weise die Eigenschaften der Materialien kennen zu lernen, ihre Formensprache zu erkunden, aber auch die Tragfähigkeit einer Struktur beurteilen oder Schwierigkeiten des Fügens frühzeitig zu erkennen.

Angesichts der Komplexität dieser Fragestellungen erweist sich nochmals, dass der von manchen als handwerklich und banal verschmähte Modellbau

sehr wohl im Sinne Albertis als geistige Disziplin zu verstehen ist. Als solche wurde sie beispielsweise von dem holländischen, in Israel lebenden Modellbauer Paul Verberne gelehrt. Für ihn ist das Schneiden eines Materials eine symbolische Handlung, die er mit dem Schreiben gleichsetzt. Modellbau heißt für ihn herauszufinden, *„wie weit die*

Modellbau. Foto: Marianne Kristen

Materialisierung des Raumes im Modell einwirkt auf das Denken des Raumes, den man baut". (nach Schaerf 2002, S. 168 f.)

159   Durch die Digitalisierung des Modells wie des Modellbaus gehen die sinnlichen Erfahrungen von Material und Raum verloren, ebenso die Erfahrung der Unmittelbarkeit, mit der sich halbfertige Modelle manipulieren lassen. Solange sie digital bleiben, sind 3D-Modelle auf dem Bildschirm nur als einzelne, flache Perspektiven sichtbar, die frei wählbar sind, aber keinen echten Raumeindruck wiedergeben. Wenn für das *Rapid Prototyping* die entsprechenden CNC-Fräsen und 3D-Drucker zur Verfügung stehen, ermöglicht die Digitalisierung des Modellbaus eine hohe Präzision.

Die Ergänzung des *Personal Computers* durch einen *Personal Fabricator*, ein Gerät, das dreidimensionale Gegenstände genauso schnell, zuverlässig und kostengünstig herstellt wie dies Plotter mit Zeichnungen tun, steht indes noch aus.

Perspektive

... der Endzweck der Geographie [liegt] in der Betrachtung des Ganzen.

Claudius Ptolemäus (nach Edgerton 1975, S. 101)

Perspektivische Abbildungen sind uns heute so selbstverständlich, dass nicht selten das Bedürfnis geäußert wird, sich gegen die „Herrschaft der Linearperspektive" (Rudolf Arnheim) zur Wehr zu setzen. Was leistet die Linearperspektive als Werkzeug des Entwerfens? Mehr noch als das Modell wird sie von vielen Architekten als ein Mittel verstanden, den abgeschlossenen Entwurf zu präsentieren, und nicht als ein Werkzeug, ihn zu erarbeiten. Die Annahme, es handle sich um eine realistische räumliche Darstellungsweise, deren Problem lediglich darin bestünde, ob alle Punkte der Konstruktion noch auf den Zeichentisch passen, ist sicherlich zu einfach. Für andere Architekten wird die Perspektive – in Form schnell hingeworfener, handgroßer Skizzen oder als großformatige Zeichnung – zum wichtigsten Arbeitsmittel. Deren Frage lautet vielmehr: Wie zeigt die Perspektive dem Entwerfenden seinen Entwurf? Was ermöglicht sie Neues, welche Momente der Architektur verstärkt sie, und welche schwächt sie ab?

Jedes Werkzeug führt, seiner Wirkungsweise entsprechend, zur Betonung einiger Aspekte und zur Vernachlässigung anderer. Die Zeichnung fragt nach Maß und Geometrie, die Perspektive nach dem individuellen Beobachter und der räumlichen Wirkung. Indem sie die Zeichenfläche zum Bildraum macht und damit zum Urbild virtuellen Raums wird, leistet sie etwas grundsätzlich anderes als die auf zwei Dimensionen beschränkte Architekturzeichnung. Die Geschichte ihrer Wiederentdeckung enthält zahlreiche Hinweise auf ihre Bedeutung als Entwurfswerkzeug.

Der lateinische Begriff *perspectiva (ars)*, wörtlich übersetzt mit „*hindurchblickende (Kunst)*", bezeichnete im Mittelalter allgemein die Optik, die „*Lehre vom Sehen*", die an allen großen Universitäten gelesen wurde. Erst nach der Mitte des 15. Jahrhunderts wurde er im heutigen Sinne für Darstellungen illusionären Raums verwendet. (Edgerton 1975, S. 59) Die Entwicklung dieser geometrisch nachvollziehbaren Darstellung von Räumen und räumlichen Gegenständen auf einer ebenen Bildfläche fällt in die Zeit des Übergangs von der aristotelischen Raumvorstellung des Mittelalters zum Raum der Neuzeit: des Übergangs von der Vorstellung eines endlichen Raums, der von Orten unterschiedlicher Qualitäten geprägt ist und in dem es keine

Die Prinzipien der perspektivischen Projektion, aus: Daniel Fournier: *A Treatise on the Theory of Perspective*, 1761

Leere gibt, zum Raum als *„ein Kontinuum von unendlichen Dimensionen"*, *„als ein unbewegliches Leeres, das zur Aufnahme von Materie bereit ist"*, wie der jüdische Philosoph Chasdai Crescas um 1400 formulierte. (nach Gosztonyi 1976, S. 197)

DIE ENTDECKUNG DER WELT

Die (Wieder-?) Entdeckung der Linearperspektive wird dem Florentiner Goldschmiedemeister und Architekten Filippo Brunelleschi zugeschrieben, der in den Jahren 1425/26 zwei Experimente zur perspektivischen Abbildung des dreidimensionalen Raums auf einer zweidimensionalen Ebene durchführte. Bei diesen konnte er auf künstlerische und optische Versuche zurückgreifen, die im Verlauf des 14. Jahrhunderts gemacht wurden. Maler wie Lorenzo Ghiberti und Jan van Eyck waren der Lösung des Problems schon sehr nahe gekommen. In ihren Gemälden verwendeten sie bereits Fluchtpunkte, mehrere allerdings, die auf einer gemeinsamen Achse angeordnet waren.

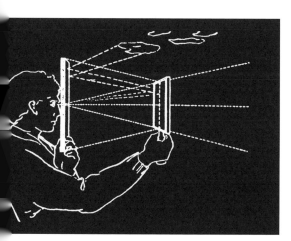

Brunelleschis Versuchsanordnung: Durch ein Loch in der Mitte der perspektivischen Zeichnung wird diese in einem Spiegel betrachtet.

Bei der Vorbereitung seiner Experimente wurde Brunelleschi, so vermutet Edgerton, von einem Florentiner Gelehrten namens Toscanelli beraten, der später auch Christoph Kolumbus zu seiner großen Reise über den Atlantik ermutigte. Dies zeigt den tiefgreifenden Wandel, den die neue Raumvorstellung nicht nur in der Kunst, sondern in vielen anderen Gebieten auslöste. Dabei sahen Brunelleschis Experimente recht einfach aus. In der Tür des Florentiner Doms stehend malte er auf eine quadratische Tafel eine zentralperspektivische Ansicht des Baptisteriums, an Stelle des Himmels jedoch fügte er spiegelnde Silberfolien ein. Um Original und Abbild genau miteinander vergleichen zu können, bohrte er auf Augenhöhe ein kleines Loch in sein Gemälde. Durch dieses Loch blickend konnte man nun in einem zweiten Spiegel ein gemaltes, perspektivisches Abbild betrachten, über dem sich der wirkliche Himmel mit seinen Wolken spiegelte. Ein zweites Bild malte er vom Palazzo Vecchio, den er über Eck zeigt, als Perspektive mit zwei Fluchtpunkten.

Die theoretischen Grundlagen der linearen Zentralperspektive hat schließlich Leon Battista Alberti 1435 in seinem Buch *De Pictura* („Über die Malkunst") beschrieben. Ausgehend von der Vorstellung einer aus Sehstrahlen gebildeten *„Sehpyramide"*, deren Spitze sich im Auge des Betrachters befindet, definiert Alberti die Perspektive als *„Schnitt durch die Sehpyramide"*. Die Spitze der Sehpyramide spiegelt sich im Fluchtpunkt der Perspektive. Der Zentralstrahl oder *„der Fürst der Strahlen"*, wie Alberti ihn an anderer Stelle nennt, ist der einzige Strahl, welcher ungebrochen vom Auge des Betrachters zum Fluchtpunkt geht. Die durch den Fluchtpunkt gezogene Horizontale wird zum Horizont des Bildraums. Der Augenpunkt, *„die Spitze der Sehpyramide im Auge des Betrachters"*, wird in einer Hilfszeichnung in der Seitenansicht dargestellt und in dieser zum Distanzpunkt der Konstruktion. Die *„Schnittfläche durch die Sehpyramide"* wird zur Bildebene, ihre Position zwischen dargestelltem Gegenstand und Distanzpunkt kann frei gewählt werden. An ihren Schnittpunkten mit den Sehstrahlen lassen sich nun die Positionen der horizontalen Teilungen ablesen.

Doch Alberti geht noch weiter. Im *Libro Secondo* von *Della Pittura* beschreibt er ein zweites, einfaches und pragmatisches Hilfsmittel zum Zeichnen von Perspektiven, das ebenfalls auf der Definition des Bildes als „Schnittfläche durch die Sehpyramide" basiert und das es ermöglicht, Perspektiven nach der Natur zu zeichnen und damit deren geometrische

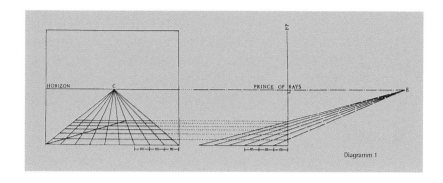

Albertis Methode zur Konstruktion einer Perspektive von einem Fußboden mit quadratischem Fliesenmuster

Konstruktion, die „Theorie" empirisch zu überprüfen. Alberti nennt dieses einfache Gerät *velo* oder *velum* (lat. Tuch, Segel) und ergänzt, dass er dies in seinem Freundeskreis auch als „Schnittfläche" (lat. *intercisio*) zu bezeichnen pflege. Dieses Hilfsmittel, dessen erste bildliche Darstellung Albrecht Dürer 1538 veröffentlichte, schildert Alberti wie folgt:

„Es ist ein hauchdünnes Tuch aus losem Gewebe, nach Belieben gefärbt, und mit etwas dickeren Fäden in eine beliebige Anzahl von Parallelen unterteilt. Dieses velum stelle ich zwischen das Auge und den gesehenen Gegenstand, und zwar so, dass die Sehpyramide das lose Gewebe des Tuches durchdringt." (Alberti 1540, Abs. 31)

Von dem in den halbtransparenten Schleier eingewobenen Gitternetz lassen sich die Formen und Linien durch einfaches Messen auf die mit einem gleichen Netz überzogene Zeichenfläche übertragen. Es ist ein wirksames Hilfsmittel zur Wahrnehmung perspektivischer Verkürzungen und Verzerrungen. Ein Rechteck wird in der Schrägansicht zu einem perspektivisch verkürzten unregelmäßigen Parallelogramm, einem Trapezoid, und ein Kreis wird zur Ellipse. Unsere visuelle Wahrnehmung ist so strukturiert, dass wir zwar ein Trapezoid oder eine Ellipse sehen, sie aber zunächst als Rechteck oder als Kreis wahrnehmen. Dies wird deutlich, wenn Kinder oder untrainierte Erwachsene versuchen eine räumliche Situation zu zeichnen. Das *velum* ist ein Hilfsmittel, das es erleichtert, von der wahrgenommenen Form zu abstrahieren und die Schwierigkeiten zu meistern, die darin liegen, unseren Wahrnehmungsapparat zu überlisten und perspektivische Verkürzungen und Verzerrungen als solche zu erkennen. Umgekehrt ist auch das Lesen einer perspektivischen Raumillusion nicht naturgegeben, sondern muss gelernt werden. Kinder bis zum Alter von acht bis zwölf Jahren und Erwachsene aus bestimmten Kulturkreisen sind nicht in der Lage, die räumliche Illusion einer Perspektive zu erkennen. (Gosztonyi, S. 809) In der Zeichenausbildung wird das Velum bis heute verwendet. Eine vereinfachte Anwendung des Prinzips ist das von vielen Zeichnern praktizierte Messen und Visieren mit dem Zeichenstift am ausgestreckten Arm. Mit dieser Methode lassen sich Winkel und Proportionen problemlos abnehmen und auf die Zeichenfläche übertragen. (Edwards 1979, Kap. 8)

Albrecht Dürer (Werkstatt): *Der Zeichner des liegenden Weibes*, 1538, veranschaulicht den Gebrauch des *velum*.

Mit der Zentralperspektive war eine entscheidende Entdeckung der Neuzeit gemacht. Sie formulierte allgemeingültige, empirisch fundierte Regeln, die jedem, der sie anwandte, die Darstellung räumlicher Zusammenhänge erlaubten. Das perspektivische Sehen wurde zur Grundlage einer vollkommen neuen Auffassung von Raum und Landschaft, die prägend war für Kunst, Architektur und Wissenschaft der folgenden Jahrhunderte.

Im Prinzip der Perspektive sind, mit Ausnahme des fotochemischen Abbildungsverfahrens, bereits alle wesentlichen Elemente der Fotografie enthalten. In Verbindung mit den nach 1400 in Deutschland aufkommenden Holzschnitten und der um 1440 entwickelten Technik des Kupferstechens werden perspektivische Darstellungen zum ersten weitverbreiteten Bildmedium. (Klotz 1997, S. 182 ff.) In den Stichen und Gemälden des 17. und

18. Jahrhunderts erreichen die Abbildungen bereits eine Genauigkeit der Darstellung von Licht und Raum, von Struktur und Proportion, die, zumindest was die Architektur anbelangt, der von Fotografien kaum nachsteht. Vor deren Erfindung durch Talbot und Daguerre werden die Abbildungen zwar noch manuell hergestellt, doch wurde bereits von Leonardo da Vinci ein Vorgänger des Fotoapparats, die Camera Obscura, als Hilfsmittel benutzt. Aus dieser Sicht war die Erfindung der Fotografie lediglich ein weiterer Schritt zur Automatisierung des Abbildungsprozesses, der über die Kinematographie bis zu den heutigen Videokameras geführt hat.

AMBIVALENTER REALISMUS

Die Perspektive integriert die geometrisch-abstrakten Informationen von Grundriss, Ansicht und Schnitt und übersetzt sie in eine anschauliche räumliche Darstellung. Dabei geht sie nach präzisen, für jedermann nachvollziehbaren Regeln vor. Die wesentliche Neuerung der Perspektive ist eine Darstellung räumlicher Zusammenhänge, die alle Elemente auf ein einheitliches dreidimensionales System bezieht.

„Die Stärke eines Gitternetz-Meßsystems besteht in seiner Fähigkeit, ein abstraktes, von einem unabänderlichen Rahmen aus horizontalen und vertikalen Koordinaten geregeltes Bild des Raumes zu geben." (Edgerton 1975, S. 103)

Als Werkzeug zur Rationalisierung des Raumes bereitet es den Weg für das cartesianische System dreier senkrecht zueinander stehender, sich in einem Punkt schneidender Koordinatenachsen. Als geometrisches Instrument erzeugt die Perspektive eine Tiefenillusion, die es ermöglicht, die Kontinuität und die Unendlichkeit des Raumes darstellen. Das in der Ptolemäischen Projektionsmethode angelegte Ziel, die Welt als Ganzes zu zeigen, lässt sich in der Perspektive verwirklichen.

Um diese Raumillusion wahrnehmen zu können muss der Betrachter von der gezeichneten oder bemalten Oberfläche des Bildes absehen, und er muss den ihm zugedachten Standort einnehmen. Es gilt zu beachten, *„dass kein gemalter Gegenstand wie der echte aussehen wird, wenn nicht ein bestimmter Abstand beim Betrachten eingehalten wird".* (Alberti 1540, Abs. 19) Der Betrachter wird dafür mit dem Eindruck belohnt, er sei in den Bildraum mit einbezogen, stünde auf demselben Boden wie die dargestellte Szenerie. Wie kein anderes Medium etabliert die Perspektive einen direkten Bezug zwischen

dargestelltem Raum und dem Körper des Betrachters. Sie erzeugt einen Bildraum, den ein eigentümlicher Sog kennzeichnet, eine dynamische Bewegung in die Tiefe des Raums. Der Genauigkeit in der Darstellung räumlicher Zusammenhänge steht eine Verkürzung aller Linien gegenüber, die nicht parallel zur Bildebene liegen; je nach Standort kann sie auch dem ruhigsten Raum einen dynamischen Ausdruck geben.

Die räumliche Dynamik der Perspektive verweist darauf, dass unsere Raumerfahrung mit Bewegung verbunden ist, und mit diesem Verweis auf die räumliche Bewegung zeigt die Perspektive auf das Andere, auf die im gewählten Ausschnitt gerade nicht dargestellten Bereiche. Damit fördert sie eine ganzheitliche Sicht der Welt, die zugleich auf den individuellen Blickpunkt eines subjektiven Beobachters bezogen ist. Dabei lassen sich Details auf besondere Art darstellen, weil perspektivische Darstellungen die unterschiedlichen Tiefenebenen eines Raumes mit gleicher Schärfe auf einer einzigen Ebene abbilden, und zwar auch in jenen Fällen, wo dies weder das Auge noch die Fotografie leisten könnten. Dennoch tendiert die Perspektive, anders als die Zeichnung oder die Isometrie, zu einer ganzheitlichen, den Kontext einbeziehenden Wirkung. Ihre zweifache Funktionsweise einer theoretisch-mathematischen Bildkonstruktion einerseits und einer praktisch-künstlerischen Abbildung räumlicher Zusammenhänge andererseits ermöglicht einen suggestiven Realismus ebenso wie vollkommen illusionistische Darstellungen. Die eigentümliche Spannung der Perspektive entsteht aus der Frage, inwieweit das als realistisch Dargestellte in Wirklichkeit wahr oder unwahr ist.

In dieser Zweiwertigkeit liegen die großen Möglichkeiten wie auch die Gefahren des Mediums. Jedes Werkzeug hat seine Vor- und Nachteile, doch bei der Perspektive, die Erwin Panofsky als ein *„zweischneidiges Schwert"* (Panofsky 1927) bezeichnet, liegen die Dinge etwas komplizierter. Zeichnungen wie Grundriss, Ansicht oder Schnitt folgen einer eindeutigen Verweisstruktur, die auf immer gleiche Weise Abbildungen eines Gebäudes erzeugt. Das Abbildungsverhältnis der Perspektive dagegen wird von drei Faktoren bestimmt: zunächst durch die Wahl des Standpunkts des Betrachters (Augenpunkt), dann durch dessen Blickrichtung, welche die Position des Fluchtpunkts definiert, und schließlich durch die Wahl des Distanzpunkts, der die Entfernungen zwischen Augenpunkt, Bildebene und dargestelltem Objekt festlegt. Alle drei Operationen sind für den Betrachter des fertigen

Giovanni Battista Piranesi: *Carceri d'Invenzione*, Tafel XIII, *Der Ziehbrunnen*, Zweite Fassung, ca. 1761 (Ausschnitt)

Bildes nicht ohne weiteres nachvollziehbar, haben aber großen Einfluss auf die Darstellung. Die Verschiebung des Distanzpunkts führt, ähnlich wie die veränderte Brennweite eines Objektivs, sowohl zu einem anderen Öffnungswinkel als auch zu einem anderen Eindruck der Raumtiefe. Nur selten entspricht eine Perspektive dem menschlichen Sehwinkel von 180° in horizontaler und 120° vertikaler Richtung. Hinzu kommt noch die Wahl des Zeitpunkts, welche den Lichteinfall und die Position eventuell dargestellter Personen bestimmt. Die Perspektive zwingt den Betrachter, eine Situation aus dem Blickwinkel und der Distanz, zu demjenigen Zeitpunkt und bei derjenigen Belichtung wahrzunehmen, die ihr Verfasser gewählt hat. Sie ist somit der Entwurf einer genau bestimmten Wahrnehmung.

Obere Halle der Neuen Nationalgalerie Berlin, diagonal und parallel zum Raster gesehen

Diese vierfache „Undurchschaubarkeit" der Perspektive ist um so mehr zu bedenken, als ihr geometrisches Prinzip auch Fotografie, Film und Video zugrunde liegt, somit unseren wichtigsten Medien visueller Kommunikation. Die Perspektive ist, wie alle diese Präsentationsformen, ein Medium von großer Ausdruckskraft, das die Welt mit „wissenschaftlicher" Präzision abbildet, aber gerade deswegen auch überzeugende Illusionen vermitteln kann. In ihrer Synthese erzeugt sie Darstellungen von hoher Komplexität, die vom Betrachter nicht mehr als geometrische Konstruktion gesehen und damit analytisch und rational gelesen werden können, sondern sie werden als Bilder aufgefasst, die unser Wahrnehmungsapparat zunächst ganzheitlich und emotional verarbeitet. Aufgrund ihrer Anschaulichkeit und ihrer direkten emotionalen Wirkung können diese Bilder äußerst suggestiv sein.

PERSPEKTIVE ALS HALTUNG

Durch diese mehrfach wählbaren Optionen wird die Perspektive zu einem höchst flexiblen Werkzeug, das seit seiner Entdeckung ganz unterschiedlichen Zwecken diente. Während die Renaissance seinen rationalen, objektiven, statischen Charakter betonte, taten die Künstler und Architekten des Barock das genaue Gegenteil. Sie nutzten insbesondere die illusionistischen Möglichkeiten des Mediums, seine Dynamik, seinen emotionalen Gehalt. Das strenge, die cartesianische Raumvorstellung übernehmende Gitternetz

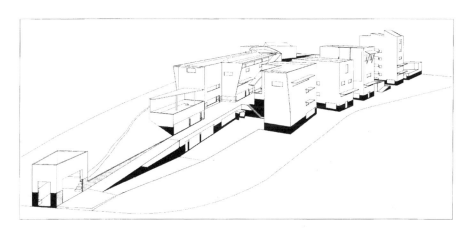

Neubau der Fakultät für Architektur der Universität Porto (FAUP), Perspektive, Álvaro Siza, 1986-1995

der Perspektive und die dadurch ermöglichte Präzision der Raumwahrnehmung bildeten die Folie, vor der die Raumkonzepte des Barock erst denkbar wurden.

Die Perspektive kann immer nur einen einzigen Blick darstellen. Sie ist damit an eine Grundbedingung menschlicher Existenz gebunden und zwingt ihren Verfasser, sich mit dem Betrachter und dessen Standort auseinander zu setzen. Zwar hat er die freie Wahl, ob er eine Frosch-, Fußgänger- oder Vogelperspektive darstellt, doch diese Wahl hat Folgen: Sie definiert die Beziehung des Betrachters zur dargestellten Situation. In der Vogelperspektive wird er zum alles überschauenden, über allem stehenden Herrn der Situation, in der Untersicht zu deren wehrlosem Bewunderer. Die Fußgängerperspektive macht ihn, je nach Standort, zum unbeteiligten Zaungast oder zum Protagonisten, auf den sich die gesamte Situation bezieht. Vor allem aber kann sie den Raum aus der Sicht des individuellen Nutzers zeigen. Dabei bleibt die Relativität eines jeden gewählten Standpunkts spürbar.

Die Utopien, deren Darstellung sie gerade durch ihren Realismus ermöglicht, stellt sie zugleich in Frage. Jede Perspektive erhebt den Anspruch, sich auf die Realität des visuellen Raums zu beziehen, und noch die utopischste Darstellung wird in ihrer Plausibilität an diesem Realitätsbezug gemessen. Ihre Darstellungsweise mag von abstrakt bis fotorealistisch variieren, doch anders als in der Zeichnung bleibt der Abstraktionsgrad einer Perspektive aufgrund ihres Realitätsbezugs grundsätzlich erkennbar. Während die Zeichnung von der abstrakten Linie ausgeht, geht die Perspektive von der konkreten visuellen Wahrnehmung aus. Daher wirken abstrakt gehaltene Zeichnungen viel selbstverständlicher als stark abstrahierte Perspektiven. Im Gegensatz zur Zeichnung, die von vorne herein abstrakt ist, problematisiert die vom Konkreten ausgehende Perspektive jede Abstraktion. Abstraktes wirkt deshalb in der Perspektive stärker als in einer Zeichnung.

Sowohl als Mittel der Wahrnehmung wie als Werkzeug der Darstellung können wir bei der Perspektive eindeutige Tendenzen feststellen. Als „perspektivistisch" lässt sich eine Architektur bezeichnen, die unter bevorzugter Verwendung der Perspektive – sei es in Form von Skizzen, von konstruierten Zeichnungen oder von Fotomontagen – entworfen wird und die von diesem Entwurfswerkzeug verstärkten Momente thematisiert. Ebenso wie Fotografie,

Ein Raum, der perspektivische Sehgewohnheiten in Frage stellt: Treppe im Foyer der Casa da Música in Porto, OMA / Rem Koolhaas, 1999-2005

Film und Video tendiert die Perspektive vom Abstrakten zum Konkreten, vom Statischen zum Dynamischen, von der Oberfläche zum Raum, vom Objekt zum Kontext, vom allgemeinen zum individuellen Betrachter, vom Utopischen zum Realistischen, von der analytisch-rationalen Vereinfachung zu einer ganzheitlichen, komplexen und emotionalen Wahrnehmung. Kein Wunder also, dass die Perspektive von all jenen Richtungen, denen diese Tendenzen zuwider liefen, diffamiert und bekämpft wurde. In der ersten Hälfte des 20. Jahrhunderts war die Perspektive seitens der klassischen Moderne vielerlei Angriffen ausgesetzt. Als ein Werkzeug des Humanismus und des Absolutismus abgelehnt, als subjektiv und irrational verschrien wurde (und wird) sie teilweise sogar bei Architekturwettbewerben verboten. In der Malerei wurde die Dominanz des perspektivischen Blicks unter anderem von Cézanne und in der Folge von Picasso und Braque in Frage gestellt:

„Die wissenschaftliche Lehre von der Perspektive ist nichts anderes als augentäu-
schender Illusionismus [...] der es einem Künstler unmöglich macht, die ungetrübte
Erfahrung des Raumes zu vermitteln, seit man die Gegenstände in ein Bild gepresst
hat, damit sie den Betrachter fliehen, statt ihn mit sich zu konfrontieren, wie es die
Aufgabe der Malerei wäre." (Braque, nach Richardson 1996, S. 109)

Die Architekten von De Stijl und des Bauhauses bevorzugten die sachlicher erscheinende Axonometrie und Isometrie, die nur die Winkel der abgebildeten Körper verändern, aber ohne perspektivische Verzerrung der Längen auskommen. Zu prüfen wäre aber, wieweit wir gerade dem a-perspektivischen Denken der Moderne eine Unzahl autistischer, weder die gebaute Nachbarschaft noch die umgebende Natur mitbedenkender Entwürfe verdanken, die heute nicht nur die Peripherie unserer Städte prägen. Die Diskussion der Postmoderne führte zu einer Neubewertung der Perspektive, die durch die Arbeiten von Samuel Edgerton (1975) und David C. Lindberg (1976) eingeleitet wurde. Eine Position, die wiederum von Otl Aicher vehement kritisiert wurde:

„Es war ein folgenschwerer Trugschluss zu glauben, das Auge sähe wie ein
Fotoapparat, zu glauben, wir lebten in einer perspektivistischen Welt. Die Folge
war, die Welt als Summe von Oberflächen zu verstehen, als eine Totale, die mir
nichts als nur Ansichten entgegenhält. Die Folge war eine Kultur der Fassade, der
Repräsentation, der Show, der Wirkung nach außen." (Aicher 1986, S. 16)

Zwar ist die Perspektive seit Beginn des 20. Jahrhunderts nicht länger das beherrschende Prinzip der Darstellung, aber in Form technisch produzierter Bilder – Fotografien, Filme, Fernsehbilder, Videos, Computeranimationen – ist sie heute mehr denn je die unbestrittene Grundlage unserer visuellen Kommunikation. Die hohe Manipulierbarkeit perspektivischer Darstellungen begründet die Ablehnung, die sie in vielen Zusammenhängen erfahren haben.

Ein Widerstand, den das Werkzeug den Entwerfenden entgegensetzt, ist die Unbeweglichkeit des einmal gewählten Standpunktes, die nicht nur den Betrachter, sondern auch den Verfasser einer Perspektive einschränkt und festlegt. Die Digitalisierung erleichtert inzwischen das Erstellen von Perspektiven ungemein. Ausgehend von digitalen 3D-Modellen lassen sich vielerlei Blickrichtungen schnell ausprobieren. Die Entwerfenden sind nicht mehr auf einen einmal gewählten Standpunkt festgelegt; Aughöhe, Brennweite, Standpunkt und Blickrichtung sind nun frei beweglich und mit einem Handgriff zu verändern. Aufwändige Renderings erreichen die Qualität fotorealistischer Simulationen, die jede Oberflächenstruktur und jede Lichtquelle mit all ihren Schatten und Reflexionen darzustellen vermögen. Die Digitalisierung hat damit in wenigen Jahren die Sehgewohnheiten völlig verändert. Aus handgezeichneten Perspektiven wurden perfekt anmutende Simulationen, oft auch Kombinationen von Fotomontagen und Simulationen, die nicht mehr „gemacht", nicht mehr wie das Ergebnis einer künstlerischen Bemühung wirken, sondern so selbstverständlich und überzeugend sein wollen wie Fotografien, von denen sie in den besten Fällen im Nachhinein kaum noch zu unterscheiden sind. Diese haben indes viel von ihrer Glaubwürdigkeit eingebüßt.

Fenster im Museum Serralves in Porto,
Álvaro Siza, 1991-1999

Foto, Film, Video

Langsam wird uns bewusst, dass wir mit der Kamera nicht nur Wirklichkeit
aufnehmen können, sondern dass man Wirklichkeit auch erst erschaffen kann.

Neil French (nach Vaske, 2001, S. 112)

Während die bisher vorgestellten Werkzeuge vorrangig als Werkzeuge des Ausdrucks innerer Vorstellungen eingesetzt werden, wird die Fotografie fast ausschließlich als Werkzeug der Wahrnehmung aufgefasst. Obwohl sie heute eines der wichtigsten Kommunikationsmittel darstellt und durch die Möglichkeiten digitaler Bildbearbeitung auch zu einem machtvollen Werkzeug zur Darstellung von Entwurfsideen geworden ist, werden die Potenziale der Fotografie von Entwerfenden wenig reflektiert. Ihre Wirkungsweise scheint einfach und offensichtlich zu sein. Tatsächlich aber ist das Wissen um die Möglichkeiten dieses Werkzeugs von alltäglichen Gewohnheiten verdeckt. Die Gründe dafür liegen in der Geschichte seiner Entstehung und im alltäglichen Umgang mit Fotografien, die wider besseres Wissen intuitiv als beweiskräftiges, wahrheitsgetreues Abbild der Realität aufgefasst werden.

Die Fotografie als eine mit technischen Mitteln erzeugte Perspektive geht auf die *Camera Obscura* zurück, ein Hilfsmittel, das zum Zeichnen von Perspektiven nach der Natur benutzt wurde. Alles, was als Wirkungsweise des Entwurfswerkzeugs der Perspektive beschrieben wurde, insbesondere die vielfältigen, für den Betrachter nur schwer durchschaubaren Manipulationsmöglichkeiten der Perspektive, gilt von daher auch für die „automatisch" erzeugten, technischen Bilder der Fotografie, des Films, des Fernsehens und des Video. Am Anfang des Fotografierens stand der Wunsch, sich die mühsame und dennoch oft unbefriedigende Zeichenarbeit zu ersparen.

„Fotorealistische" Darstellungen dagegen hat es lange vor der Fotografie gegeben, auch wenn die Entwicklung der Fotografie auf der Grundlage fotochemischer Prozesse im 19. Jahrhundert als epochaler Durchbruch begrüßt wurde. Die minutiösen Aquarelle eines Albrecht Dürer oder die glanzvollen Stilleben der niederländischen Maler des 16. und 17. Jahrhunderts zeigen, dass eine

Eine Version der Camera Obscura, die das einfallende Licht auf eine Mattscheibe an der Oberseite des Kastens reflektiert. International Museum of Photography, The George Eastman House, Rochester, New York

William Henry Fox Talbot: *Looking up to the Summit of Sharington's Tower at Lacock Abbey*, Negativ auf Papier, mit dem Pinsel aufgetragene, lichtempfindliche Silbernitiratlösung, 10,5 x 11,7 cm, vermutlich Sommer 1835. International Museum of Photography, The George Eastman House, Rochester, New York (74:047:32)

perspektivische, Form, Licht und Details getreu darstellende Sehweise bereits seit der Renaissance etabliert war.

VOM ABBILD ZUM VORBILD

Wenn wir im „Kreislauf des Entwerfens" die Wahrnehmung als einen wesentlichen, immer wiederkehrenden Schritt begreifen, wird klar, dass auch die lediglich abbildende Funktion von Werkzeugen eine große Bedeutung hat. Auch für Entwerfende ist die deskriptiv-abbildende die wichtigste und im Gebrauch vorherrschende Funktion der Fotografie. Wie Rolf Sachsse in seiner breit angelegten Studie *Bild und Bau – Zur Nutzung technischer Medien beim Entwerfen von Architektur* (Sachsse 1997) darlegt, machten Architekten bald nach der technischen Entdeckung regen Gebrauch von der Fotografie, vorwiegend um Bestehendes zu dokumentieren. Sie legten Sammlungen und Archive an, deren Fundus die Vorlagenwerke und Zeichnungsmappen des 19. Jahrhunderts ergänzten und ersetzten. Architekturfotografie diente der Analyse von Formen (später auch von Farben), Strukturen und Typologien, der Dokumentation historischer und zeitgenössischer Vorbilder ebenso wie des eigenen Schaffens. Aufgrund ihrer unbegrenzten Reproduzierbarkeit wurde sie bald zu einem zentralen Mittel der Kommunikation, dessen Überzeugungskraft sich besonders für Werbung und Propaganda eignet.

Wird Fotografie auch als Abbildung und objektive Dokumentation des bereits Existierenden verstanden, so eröffnet doch die Reduktion von vier auf zwei Dimensionen viele Gestaltungsmöglichkeiten, so dass eine objektive, sachliche Darstellung nicht ohne weiteres angenommen werden darf. Jede Fotografie ist als solche ein eigenständiges Kunstwerk, das klar von den Werken unterschieden werden muss, die in ihr dargestellt sind. Wie die Perspektive lenkt die Fotografie den Blick derjenigen, die sie betrachten, auf das, was ihre Verfasser bewusst oder unbewusst zum Ausdruck bringen möchten. Dieses für den Betrachter schwer durchschaubare Lenken des

Blicks ist die Umsetzung einer subjektiven, perspektivischen Wahrnehmung. So werden beispielsweise Blickrichtungen gewählt, die ein Gebäude größer oder dynamischer erscheinen lassen, oder selten eintretende Lichtsituationen, die eine besondere Stimmung vermitteln. Farbe und Licht wirken in fotografischen Aufnahmen viel körperlicher als in der Realität.

Die Genauigkeit und der Detailreichtum von Fotografien lassen vergessen, wie viel sie verzerren und abstrahieren. Ein Problem hat die Fotografie mit der Kartografie gemein: die Abbildung eines sphärischen, in etwa halbkugelförmigen Blickfeldes auf eine ebene Fläche. (Dechau 1995, S. 19-33) Das daraus ent-

Eckdetail eines barocken Gebäudes in Porto

Perspektive und Fotomontage: Vorschlag zur Erweiterung des Berliner Palastes der Republik, aNC Arquitectos, Jorge Carvalho, 2005

stehende Dilemma zeigt jedes Zoom-Objektiv: Entweder wird der Blickwinkel (bei ca. 28 mm Brennweite der Kleinbildkamera) oder die Raumtiefe (bei ca. 50 mm Brennweite) des gewählten Ausschnitts korrekt dargestellt, nie beides zugleich. Auch werden nur jene Rechtecke, die parallel zur Bildebene liegen, als Rechtecke abgebildet, alle anderen werden perspektivisch verzerrt. Auch wenn man mit Panoramaaufnahmen und Stereofotografie versucht, diese Defizite auszugleichen, bleibt der Eindruck, dass man Architektur im Grunde genommen nicht zufriedenstellend fotografieren kann. Die Komplexität einer ganzheitlichen, räumlichen und zeitlichen Erfahrung lässt sich nicht ohne große Verluste auf ein zweidimensionales Abbild reduzieren. Zwar sind Fotografien wie kein anderes Medium geeignet, die Atmosphäre und die Stimmung von Räumen als etwas Ganzheitliches darzustellen, doch wird die Kontinuität von Zeit und Raum auf einen zweidimensionalen Ausschnitt reduziert, dessen Begrenzungen immer willkürlich bleiben.

Andererseits sind gerade in dieser Willkürlichkeit die Möglichkeiten enthalten, Fotografie als Werkzeug des Entwerfens einzusetzen, sie nicht nur passiv abbildend, sondern aktiv darstellend zu verwenden. Wie kann eine präskriptiv-entwerfende Nutzung dieses Werkzeugs aussehen? Sicherlich lässt es sich nicht so unmittelbar und direkt einsetzen wie eine Skizze oder

Zeichnung. Auf der ersten, rezeptiven Ebene ist eine Fotografie (oder eine Serie von Fotografien) selbst ein Entwurf, der Entwurf einer bestimmen Art und Weise, einen Gegenstand und seinen Kontext wahrzunehmen, mit anderen Worten: der Entwurf einer Ästhetik. Um eine Fotografie als *präskriptives* Werkzeug einzusetzen ist dagegen ein Perspektivwechsel nötig. Aus dem Abbild einer Wahrnehmung wird auf dieser zweiten Betrachtungsebene die Projektion eines zu entwerfenden Vorbildes. Allein indem wir ein Abbild zum Vorbild erklären, und dieses in einen anderen Kontext einmontieren, erschaffen wir bereits eine neue Wirklichkeit.

Fotografien können verändert, in andere Aufnahmen oder andere Medien einmontiert werden. Sie können als Unterlage für Skizzen und Zeichnungen oder als Vorlage für zu zeichnende Perspektiven verwendet werden. Ebenso werden gezeichnete oder digital erstellte Perspektiven in Fotos einmontiert. Modellfotos konservieren zerbrechliche und schwer zu transportierende Unikate und können ihrerseits auf vielfältige Weise digital manipuliert und dann wieder in Umgebungsaufnahmen eingefügt werden. Kennzeichnend für die Entwurfsdarstellungen von Mies van der Rohe war eine Kombination von konstruierten Perspektivzeichnungen mit einmontierten Fotografien.

BILDER DIGITAL SIMULIEREN

Digitale Bilderzeugung und Bildmanipulation erleichtern diese Arbeitsweisen ungemein. In Kombination mit digital erstellten und montierten Perspektiven sind Digitalfotos zu einem der wichtigsten Entwurfswerkzeuge geworden. Mit gestellten, digitalisierten, in Bildverarbeitungsprogrammen manipulierten Fotos lassen sich komplexe Sachverhalte schnell und überzeugend darstellen. Aufgrund ihrer Anschaulichkeit sind diese Darstellungen auch für Laien gut verständlich. Bilder werden digital als eine Kombination mathematischer Parameter gespeichert, die somit in Form von Einzeldaten vorliegen und einzeln verändert werden können:

„Man könnte die digitale Technik, bezogen auf Bilder, auch so verstehen: Wir sind sozusagen in die Atomphysik des Bildes vorgedrungen und können nun jedes Bild bis auf seine Atome aufspalten und zerlegen und die Atome, die Pixel, dann beliebig neu wieder zusammensetzen." (Wim Wenders, nach Maar 2004, S. 300)

Wie stark die heute üblichen, farbigen und fotorealistischen Entwurfsdarstellungen bereits unsere Sehgewohnheiten verändert haben, zeigt ein Blick zurück in die Zeit, als Architekturzeichnungen noch von Hand gefertigt wurden. Vergleicht man die atmosphärischen Perspektiven von Frank Lloyd Wright oder die bezaubernden Skizzen eines Aldo Rossi mit computergenerierten Renderings, dann haben die heutigen Darstellungen kaum noch einen persönlichen Ausdruck. Sie wollen objektiv und realistisch wirken und nicht mehr als subjektive künstlerische Vorstellungen wahrgenommen werden. Diese zumeist von neutralen Spezialisten erstellten fotorealistischen Simulationen einer zukünftigen Wirklichkeit wollen keine künstlerische Zeichnung mehr sein. Die besten davon lassen sich im Nachhinein kaum noch von Fotografien des Gebauten unterscheiden. Die Atmosphäre eines Raumes, die Ausstrahlung eines Gebäudes wird nicht mehr im Kontext relativ abstrakter Darstellungen durch eine individuelle Handschrift vermittelt, sondern wird immer präziser simulierbar. Diese Techniken ermöglichen es, das komplexe Zusammenwirken vieler Faktoren zum Gegenstand der Diskussion zu machen. Dadurch machen sie den individuellen Ausdruck tendenziell überflüssig und lenken die Aufmerksamkeit auf die konkrete Realisierung.

Vor allem aber werden durch die Digitalisierung die Grenzen von Perspektive, Fotografie, Film, Fernsehen und Video immer mehr aufgehoben. Diese Medien, die vor kurzem noch als sehr verschieden, um nicht zu sagen gegensätzlich galten, sind durch die Angleichung der technischen Qualitäten und der digitalen Übertragungsmöglichkeiten in eins verschmolzen. Um als Entwurfswerkzeug verwendet zu werden, war insbesondere der Film für Architekten technisch und finanziell viel zu aufwändig. Digitalisierte Videos können nun mit, im Vergleich zum Film, relativ geringem Aufwand aufgezeichnet, bearbeitet und vervielfältigt werden.

Obwohl wir die wesentlichen architektonischen Qualitäten eines Gebäudes erst wahrnehmen, wenn wir uns darin

bewegen, ist unsere Vorstellung von und unser Denken über Architektur bis heute geprägt von statischen Darstellungen wie Zeichnung, Perspektive, Modell und vor allem der Fotografie. Auch 100 Jahre nach Erfindung des Films und 50 Jahre nach Einführung des Fernsehens ist unsere Vorstellung der Welt, und speziell der Architektur, noch immer davon geprägt: Aus dem Fluss der Ereignisse herausgeschnittene Standbilder verdinglichen das Geschehen, „halten es fest" und reduzieren dessen komplexe Abläufe auf eine einzige Perspektive, ein einziges, zur Ikone verdichtetes Bild. Stehende Bilder bieten sich unserer Wahrnehmung dar, solange und so oft wir es wollen, und prägen sich damit natürlich auch besser ein. *„Memory is a still"*, Erinnerung sei ein Stilleben, konstatiert Susan Sontag. (nach Maar 2004, S. 10)

Architektur wird bis heute vor allem über Fotos in Zeitschriften, Büchern oder Dias kommuniziert. Vernachlässigt werden die Räume und Bewegungsabläufe, die diese generieren, ebenso wie die Prozesse, die ein architektonisches Objekt stimuliert oder behindert. Daran konnte auch Le Corbusiers Thematisierung der *promenade architecturale* wenig ändern. Rem Koolhaas beschreibt seine Architektur zwar als die eines Filmemachers, der seine Gebäude als eine Abfolge von Szenen und Schnitten denkt, die er entlang eines gewundenen Weges anordnet. Aber selbst Filme über Architektur arbeiten oft mit festen Kameraeinstellungen oder gar mit abgefilmten Fotos und verzichten auf Zooms, Schwenks oder Kamerafahrten. Zuschauer verlieren bei Kamerafahrten schnell die Orientierung, weil der Blickwinkel eines Kameraobjektivs viel enger ist als jener der Augen. Es fehlt nicht nur die Bewegungswahrnehmung an den Rändern des Blickfeldes, auch das körperliche Bewegungsgefühl und die akustische Raumwahrnehmung sind dabei ausgeschaltet.

Kameraschwenks mit Weitwinkelobjektiv sind auch aus optischen Gründen problematisch. Sie dehnen und verzerren das Abbild des architektonischen Raums so stark, dass

Bewegungsablauf beim Besuch des Schwimmbades von Leça de Palmeira, Àlvaro Siza, 1959-1973

Niederländischen Botschaft in Berlin,
promenade architecturale. OMA / Rem Koolhaas,
1999-2005

er nicht mehr wie eine festgefügte Konstruktion aussieht, sondern den Eindruck erweckt, als ob er aus einem elastischen, beliebig dehnbaren Material bestünde.

Seitdem das Aufzeichnen von Videosequenzen zu den Standardfunktionen der meisten Digitalkameras und vieler Mobiltelefone zählt und professionelle Videotechnik zu akzeptablen Kosten verfügbar ist, steht ein neues, technisch anspruchsvolles Entwurfswerkzeug bereit, das im Gegensatz zum Film unmittelbar und persönlich einsetzbar ist. Die Konsequenzen für das Entwerfen sind kaum absehbar. So lassen sich mit überschaubarem Aufwand Bewegungen durch digitale 3D-Modelle als Video darstellen. Seitdem die Digitalisierung das Herstellen und Verarbeiten, und besonders das Simulieren bewegter Bilder erheblich erleichtert, besteht eine neue Möglichkeit, die Vorstellung von Architektur vom Statischen hin zu Bewegung und Dynamik, zu Prozessen des Gebrauchs, zur räumlichen Erfahrung zu verschieben.

Kalkulation

Der Vogel ist ein Instrument, das nach einem mathematischen Gesetz arbeitet.
Leonardo da Vinci (Codice Atlantico, 434 recto)

Vom Entwerfen gibt es zwei grundlegend verschiedene Auffassungen. Architekten und Designer sprechen im Allgemeinen von „Entwerfen und Darstellen", Ingenieure vorwiegend von „Entwerfen und Berechnen". Aus mathematischen, physikalischen, ökonomischen Theorien lassen sich Formeln und Algorithmen ableiten, auf deren Grundlage sich Berechnungen erstellen lassen, die Voraussagen über das zukünftige physikalische und ökonomische Verhalten eines Entwurfs erlauben. Diese Formeln und Algorithmen und die aus ihnen abgeleiteten Aussagen zählen zu den verbalen Entwurfswerkzeugen, da es sich um (wenn auch sehr formalisierte) Texte handelt, die sich aus logischen Verknüpfungen verbaler Inhalte zusammensetzen. Entwerfende Architekten tendieren dazu, sich auf die visuellen Entwurfswerkzeuge zu konzentrieren, und vernachlässigen gerne, dass in der Regel erst statische und wirtschaftliche Berechnungen die Realisierung eines Entwurfs möglich machen und dass diese wesentlichen Einfluss auf die Gestaltung eines Gebäudes haben können. Schon Vitruv kritisierte eine solche Haltung und forderte von Architekten, dass sie

„mit mehr Sorgfalt bei der Berechnung und Abfassung der Baukostenanschläge verfahren, so dass die Bauherren ihre Gebäude mit dem dafür bereitgehaltenen Geld oder doch einem nur geringen Zuschuss dazu fertig bekämen", um zu vermeiden, dass diese *„nach Zerrüttung ihrer Vermögensverhältnisse und seelischem Zusammenbruch"* gezwungen seien, ihr Bauvorhaben aufzugeben. (Vitruv X, Vorrede, 2)

Die Tätigkeit des Entwerfens enthält immer einen Anteil des Vorausberechens und Kalkulierens. Als Entwurfswerkzeug erschließt die Kalkulation die kaufmännische und wissenschaftliche Sichtweise, den rationalen Bereich. Ingenieure und Wissenschaftler nutzen sie ebenso wie der Geschäftsmann, der oft das letzte Wort hat, wenn es um die Realisierung eines Projektes geht.

Rechnen und Zeichnen in der mittelalterlichen Bauhütte

Aber bereits zu Beginn einer Entwurfsarbeit, zum Beispiel bei einem Wettbewerb, hat das Nachrechnen des Raumprogramms eine wichtige Kontrollfunktion. Proportionen, Kennwerte wie die Geschossflächenzahl, Dimensionierungen der Statik, Bauphysik, Haustechnik etc. zu ermitteln ist ohne dieses Mittel nicht möglich. Während sich die Baukosten in der Anfangsphase eines Entwurfs über die Fläche oder das Bauvolumen mit wenig Aufwand schätzen lassen, gewinnt dieser Bereich im Laufe der Entwicklung eines Projektes mehr und mehr an Bedeutung. An ihm scheitern wahrscheinlich immer noch die meisten Projekte, mit dem lapidaren Argument: Das rechnet sich nicht.

Die Baukosten haben zwar direkten Einfluss auf Volumen und materielle Qualität eines Projekts, aber nur mittelbar auf dessen Form. Wie viel Spielraum für Gestaltung tatsächlich bleibt, wenn Gebäude nach rein ökonomischen und funktionalen Gesichtspunkten errichtet werden, zeigen die umfangreichen Dokumentationen von Industriebauten, die Bernd und Hilla Becher publizieren. (z. B. Becher 1999) Der Begriff selbst der Ökonomie, gebildet aus dem griechischen Wort *oikos,* das Haus bedeutet, ist auf ein zentrales Thema der Architektur bezogen. Sogar für den radikalen architektonischen Ansatz, den der Architekt Adolf Loos zu Beginn des 20. Jahrhunderts entwickelte, waren ökonomische Argumente tragend, wie Fedor Roth in seinem Buch *Adolf Loos und die Idee des Ökonomischen* (Roth 1995) zeigen konnte.

Die Kalkulation der Baukosten wird auch dann zum entscheidenden Faktor eines Entwurfsansatzes, wenn die zur Verfügung stehenden Ressourcen besonders knapp sind, wie es bei sozial engagierten Bauvorhaben oft der Fall ist. Das von dem ägyptischen Architekten Hassan Fathy entwickelte Kon-

Nachbau des ersten, 1938 von Konrad Zuse in Berlin konstruierten Computers Z1, Eingabetastatur

Rechenwerk

Speichereinheit

zept einer *Architecture for the Poor* (Fathy 1969) besteht in seinem Kern aus minutiösen Kostenberechnungen, die es erlauben, mit äußerst knapp bemessenem Budget wenig bemittelten Dorfbewohnern zu Wohnraum zu verhelfen.

Die Regel der Dominanz des Ökonomischen gilt bis hin zu städtebaulichen Paradigmen. Das entscheidende Argument, mit dem der Berliner Architekt Hardt-Waltherr Hämer sein Konzept der behutsamen Stadterneuerung gegen die in den 1970er-Jahren übliche, von Behörden wie Bauindustrie vehement vertretenen „Flächensanierung" (vollständiger Abbruch aller Altbauten und Neubau) durchsetzen konnte, waren Modellkalkulationen, die belegten, dass die Sanierung von Gründerzeit-Wohnhäusern ebenso kostengünstig und wirtschaftlich – und sozial viel verträglicher – sein konnte. (Rosemann, in Hämer 2002, S. 157-173)

BERECHNEN IST INTERPRETIEREN

Diese Beispiele zeigen, dass die Ermittlung von Baukosten alles andere als eine mechanische Tätigkeit ist. Sie verlangt die intelligente Interpretation gegebener Fakten, konzeptuelles architektonisches Denken und hohe Kreativität, um die Realisierung anspruchsvoller Entwürfe zu ermöglichen. Auch ist wenigen Entwerfenden bewusst, auf welch fundamentale Weise die im 18. und 19. Jahrhundert entwickelten statischen Berechnungsansätze den formalen Spielraum der Architektur erweitert haben. Mit der Entwicklung der neuzeitlichen Wissenschaften hatte man begonnen, die Eigenschaften der Materialien genauer zu erforschen und systematisch zu messen. Auf der Grundlage dieser Erkenntnisse entstanden ab der Mitte des 18. Jahrhunderts Entwurfs- und Berechnungsmethoden, aus denen sich die heutige Statik und Festigkeitslehre als Grundlage der modernen Ingenieurwissenschaft entwikkelt haben, welche umwälzenden Einfluss auf die Gestaltung von Bauwerken erlangten. (Straub 1949, S. 191 ff.) Ähnlich wie sich zu Beginn der Renaissance die zentrale Kompetenz der Entwerfenden von der handwerklichen Herstellung zur Darstellung des Entwurfs mittels Zeichnung, Perspektive und Modell verschoben hatte, wurden in jener Zeit die wissenschaftlichen Methoden und Erkenntnisse zur Grundlage einer neuen Art des Entwerfens, die konsequenterweise nicht mehr von Architekten ausgeübt, sondern von dem neu entstehenden Beruf des Ingenieurs vertreten wurde und wird. Das Tragverhalten eines Bauteils mit mathematischen Formeln darzustellen und dessen Form aufgrund von Berechnungen zu ermitteln, unterscheidet sich als Entwurfsmethode grundsätzlich von der Herangehensweise der Architekten, die von funktionalen und ästhetischen Prämissen ausgeht. Auch alle modernen Baumaterialien wie Gusseisen, Stahl, Glas, Stahlbeton, Aluminium, Kunststoffe, Farben und deren Gewinnung, Herstellung, Verarbeitung und Gestaltung sind seit der Entwicklung dieser Methoden Optimierungsprozessen unterworfen, die immer wieder neue Formen ermöglichen und neue technische wie ästhetische Möglichkeiten eröffnen. Die Materialien des Bauens sind heute ebenso erfunden, entworfen oder entwickelt wie die Gebäude selbst.

Die Ergebnisse von Kalkulationen werden oft als exakte Zahlen präsentiert und in der Diskussion als „harte Fakten" akzeptiert. Doch es handelt sich in der Regel nur scheinbar um unumstößliche Tatsachen, die keinesfalls absolut gesetzt werden dürfen, da sie nur beschränkte Sicherheit bieten. In der detaillierten Auseinandersetzung mit solchen Berechnungen finden Entwerfende oft genug Argumente, sie in Frage zu stellen. Dazu bedarf es einer kritischen Aufmerksamkeit für die unausgesprochenen Annahmen, die einer Kalkulation zugrunde liegen, und zwar gerade für jene Faktoren, die nicht in Zahlen fassbar und daher auch nicht in die Berechnungen eingeflossen sind. Überhöhte Sicherheitsfaktoren zählen beispielsweise ebenso dazu wie Theorien, die nur unter bestimmten Bedingungen gelten, und Kostenannahmen, welche die aktuelle Entwicklung eines spezifischen Marktes nicht berücksichtigen.

Kalkulationen verleiten, wie alle bloß rationalistischen Sichtweisen, zu eindimensionalem Denken. Gerade hier ist die Fähigkeit der Entwerfenden gefordert, das Ganze im Blick behalten, ethische, ästhetische und allgemeine Faktoren gegen technische, funktionale und partikulare Interessen abzuwägen.

Taschenrechner
Foto: Stephanie Meyer, 2002

Die Digitalisierung erleichtert durch die Automatisierung alles Berechnen ungemein. Vergessen wir nicht, dass die ersten Computer von einem Berliner Bauingenieur, Konrad Zuse, konstruiert wurden, der sich die stunden- und tagelange mühselige Rechenarbeit erleichtern wollte, die damals noch mit Papier und Rechenschieber zu leisten war. Seither haben sich die Möglichkeiten des Berechnens exponentiell erweitert. Berechnungen und die aus ihnen abgeleiteten Argumente nehmen in der Diskussion immer mehr Raum ein. Vorstrukturierte Tabellenkalkulationen, die sich teilweise unmittelbar mit den digitalen Entwurfszeichnungen verknüpfen lassen, ermöglichen skizzenhaft schnelle Berechnungen, die dennoch einen hohen Genauigkeitsgrad haben. Es genügt einige Parameter zu ändern, um eine neue Variante zu erzeugen und zugleich deren Konsequenzen zu berechnen. Akustik, Energieverbrauch, die Wirkung von Tages- und Kunstlicht, Brandverhalten, Besucherströme und vieles andere lassen sich vorab simulieren. Auch die Nachhaltigkeit von Entwurfsentscheidungen ist erst durch umfangreiche Berechnungen darstellbar geworden, wobei gerade die Anschaulichkeit grafischer Simulationen hilfreich sein kann.

Diese Vorgehensweisen machen das Entwerfen zugleich aber auch weniger durchschaubar. Die Herausforderung besteht darin, Tabellen, Programme und Simulationen so zu strukturieren – und zu benutzen –, dass nachvollzogen werden kann, wie die Ergebnisse zustande kommen. Denn nur so kann deren Bedeutung richtig eingeschätzt werden.

Computer, Programm, Simulation

Seit der Allgegenwart des Computers scheint eine Werkzeugkunde mehr denn je nötig.
Peter Jenny (1996, S. 229)

Schon der beschwörende Unterton des Satzes, der Computer sei auch nur ein Werkzeug, lässt ahnen, dass dies nicht die ganze Wahrheit ist. Genau genommen handelt es sich bei diesem Gerät weder um ein Werkzeug noch um eine Maschine im herkömmlichen Sinn, denn für das Bearbeiten materieller Gegenstände benötigt es immer externe Apparaturen. Offensichtlich stößt die Metapher des Werkzeugs beim Computer an ihre Grenzen. Beim genaueren Hinsehen stellt er sich auf verschiedenen Abstraktionsebenen betrachtet völlig anders dar. Im persönlichen Bereich zum modischen Accessoire geworden, repräsentiert er auf globaler Ebene ein Medium, das alle vorstellbaren Daten auf eine neue, universale Sprache zurückführt.

„Der Computer" war ursprünglich ein System aus miteinander verbundenen Apparaten, die zur Eingabe, Verarbeitung, Speicherung und Ausgabe elektronischer Informationen dienten. In der Anfangszeit sprach man daher auch nicht von Computern, sondern von Rechenmaschinen oder -automaten. Der erste frei programmierbare Computer, der 1938 von Konrad Zuse konstruierte Z1, war tatsächlich noch ein rein mechanisches, von einem Elektromotor angetriebenes Gerät, das Daten mittels einander kreuzender, ca. 2 cm breiter Blechstreifen darstellte und verarbeitete. (Zuse 1970)

Wenig später sprach man von Computersystemen oder von elektronischen Datenverarbeitungssystemen (EDV), die aus zahlreichen, damals noch raumgreifenden Komponenten zusammengesetzt waren. Jede einzelne dieser Komponenten war ein Apparat, dessen Funktionsweise sich in ihren Details der Kenntnis der Mehrzahl seiner Nutzer ebenso entzog wie Aufbau und Inhalt der Programme, die ihn steuerten.

Zum gesamthaften, identifizierbaren Objekt wurden Computer erst gegen Ende der 1970er Jahre durch die Einführung des Personal Computers. Der erste war 1975 der Altair 8800, der Apple II kam 1977 auf den Markt. Der von IBM am 12. August 1981 vorgestellte PC bestand noch aus drei Komponenten, dem Rechner (mit zwei eingebauten Diskettenlaufwerken), dem Bildschirm (der monochrom grün leuchtende Ziffern und Buchstaben anzeigte) und der Eingabetastatur. Die Wahrnehmung des Computers als

Nachbau des ersten, 1938 von Konrad Zuse in Berlin konstruierten Computers Z1, Speichereinheit

Programmleseeinheit

singuläres Objekt wurde bald darauf durch die Notebooks bestärkt, die Rechner, Bildschirm, Datenspeicher und Tastatur tatsächlich zu einem handlichen Gegenstand vereinen. Unsichtbar geworden sind Computer schließlich in miniaturisierter Form. Als solche finden sie sich in Geräten, die wir gar nicht mehr als Computer wahrnehmen, wie MP3-Player, Spielkonsolen, Navigationshilfen, Digitalkameras oder Mobiltelefone. Bei entsprechender Programmierung und Vernetzung wären all diese Geräte in der Lage die wesentlichen Funktionen eines Computers auszuführen. Insbesondere Mobiltelefone entwickeln sich in diese Richtung, manche Hersteller planen ihre Modelle mit Anschlüssen für größere Tastaturen und Bildschirme zu versehen.

ERST RECHENMASCHINE, DANN MASSENMEDIUM

Computer aufgrund ihrer Nützlichkeit und Objekthaftigkeit lediglich als Werkzeuge zu verstehen hieße jedoch, sie völlig zu unterschätzen. Der Computerpionier Alan Turing formulierte 1936 die Vorstellung einer *„universalen diskreten Maschine, die alle anderen Maschinen simulieren kann"*. (nach Kittler 2002, S. 109, 132) Computer realisieren diesen Gedanken in der Form universaler Geräte zur Verarbeitung elektronischer Daten. Sie tun dies auf Grundlage eines ebenfalls universalen Codes, in welchem die Daten dargestellt und nach beliebigen logischen Verknüpfungen verarbeitet werden. Diese

Verknüpfungen bilden ein System aufeinander aufbauender mathematischer Sprachen, in denen alle Programme geschrieben werden. Theoretisch sind sie in der Lage, alle anderen Werkzeuge, Maschinen, Apparate, Systeme – und auch alle Entwurfswerkzeuge – zu simulieren bzw. sie zu steuern. Über Programmiersprachen und Betriebssysteme wird jedes Programm in die jeweilige Maschinensprache übersetzt, die es wiederum in den binären Code überträgt. Dieser arbeitet auf der Basis der logischen Verknüpfungen der Ziffern Null und Eins, die durch positive oder negative elektrische Ladung dargestellt werden und sozusagen den kleinsten gemeinsamen Nenner bilden, die Reduzierung von Sprache auf ein einziges Symbol: Ein oder Aus.

Die Universalität dieser mathematischen Sprachen zeigt sich darin, dass alle Daten, alles Beschreib-, Bezeichen- und Bezifferbare, Zahlen, Texte, Zeichnungen, Bilder, Musik, Filme usw. in den binären Code übersetzt werden können. Dabei werden die Daten vom Analogen ins Digitale, aus der materiellen, atomaren Ebene in die immaterielle, elektronische Ebene transformiert. Umgekehrt können digitale Daten in gegenläufigen Prozessen wieder in analoge Daten transformiert werden. Friedrich Kittler definiert Computer daher treffend als *„allgemeine Schnittstelle zwischen [mathematischen] Gleichungssystemen und Sinneswahrnehmung"*. (Kittler 2002, S. 319)

Was verändert sich durch den Wechsel in die elektronische Ebene? Die grundlegende Veränderung besteht darin, dass die Dimensionen der materiellen Ebene in diesem Bereich keine Geltung mehr haben. Die elektronische Ebene, in der weder Raum noch Zeit den gleichen Gesetzen folgen wie im atomaren Bereich, kann in diesem Sinn als eine fünfte Dimension aufgefasst werden, die weitgehend der sinnlichen Wahrnehmung entzogen ist. Die Daten und ihre Verarbeitungsprozesse müssen deshalb durch *Interfaces* der Wahrnehmung zugänglich gemacht werden. Vor allem aber sind sie nun auf ganz andere, nach eigenen Regeln funktionierende Weise manipulierbar. Sie bieten den Entwerfenden keinen materiellen Widerstand mehr, dafür aber mathematischen: Sie sind begrenzt durch die in den jeweiligen Programmen nutzbaren Befehle und die Möglichkeiten von deren Verknüpfung und sie unterliegen den beschränkten Kapazitäten der jeweils verfügbaren Prozessoren, Speicher und Datenübertragungswege.

Eine Überwindung materieller und damit auch räumlicher Grenzen ermöglichten bereits die zum Ende des 19. Jahrhunderts entstandenen elektro-

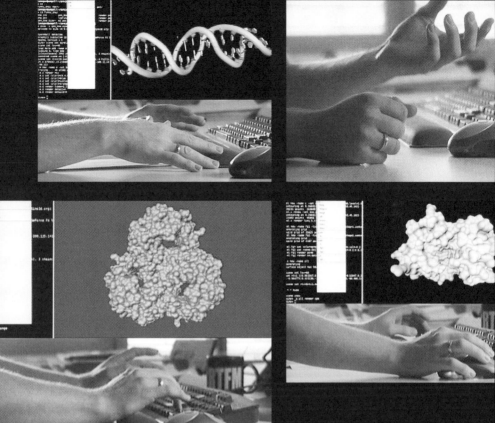

Designing Truth. Als Gast von Hinrich Sachs:
Dr. Ansgar Philippsen, Strukturbiologe.

mechanischen Medien Telegraf und Telefon, ebenso wie die elektronischen Medien, die in der ersten Hälfte des 20. Jahrhunderts entwickelt wurden, Radio und Fernsehen. Diese ersten elektronischen Massenmedien blieben jedoch an die von Sender und Empfänger gemeinsam erlebte Zeit gebunden und sie waren ihrerseits auf analoge Medien wie Schallplatte, Tonband oder Film angewiesen, um die zeitliche Dimension zu übertragen. Durch die Digitalisierung sind nun zugleich die räumliche und die zeitliche Dimension darstellbar und übertragbar, simulierbar und steuerbar geworden.

Die Defizite der ersten Computergenerationen haben lange den Umstand verdeckt, dass der Computer nicht nur ein Werkzeug, sondern tatsächlich ein neues Medium darstellt, dessen Eigenschaften und Möglichkeiten wir gerade erst auszuloten beginnen. Waren die ersten Geräte noch als reine Rechenmaschinen konzipiert, die sich langsam zu unbeholfenen Zeichen- und Schreibmaschinen entwickelten, so war es erst die massenhafte Verbreitung hochfrequenter Prozessoren in den 1990er Jahren, welche die Etablierung des Massenmediums Computer ermöglichten.

Was bedeutet es, den Computer als ein neues Medium zu betrachten? Welche Inhalte können durch dieses Hilfsmittel auf neue Weise zum Ausdruck gebracht werden? Nach Marshall McLuhan ist der „Inhalt" eines neuen Mediums das jeweils ältere Medium.

„Der Inhalt der Schrift ist die Sprache, genauso wie das geschriebene Wort Inhalt des Buchdrucks ist und der Druck wieder Inhalt des Telegrafen ist."
(McLuhan 1964, S. 22)

Der „Inhalt" des Mediums Computer wäre demzufolge das Fernsehen, das seinerseits auf die Medien Film und Radio zurückgreift. Doch auf den Computer bezogen, greift diese Analyse zu kurz. Tatsächlich realisiert der Computer zum ersten Mal eine unauflösliche Verbindung von visuellen und verbalen Medien, von den durch fotografische Belichtung erzeugten Liniennetzen der Schaltkreise auf den Silizium-Chips und den in Ziffern und Buchstaben geschriebenen Programmtexten. Noch in seiner reduziertesten Form ist diese Verbindung von visuellen und verbalen Elementen als Bildschirm und Tastatur präsent. Zum anderen aber ist der Computer das erste Medium, das Daten nicht nur speichern und darstellen, sondern nach beliebig programmierbaren Abläufen automatisch verarbeiten kann. Der eigentliche neue „Inhalt" dieses Mediums sind also Datensätze, Gleichungssysteme und Programme, durch die alle anderen Medien, die visuell-räumlichen ebenso wie die verbalen, auf ein universales System von Sprachen zurückgeführt werden und auf dieser Grundlage beliebig miteinander verbunden, verknüpft und gesteuert werden können.

DIGITALES ENTWERFEN

Welche Auswirkungen hat die Einführung des Computers auf das Entwerfen? Vor allem bedeutet die Einführung und allgemeine Verbreitung des Computers die Digitalisierung aller Entwurfswerkzeuge. Sie hat in den vergangenen Jahren das Entwerfen grundlegend verändert, hat Einfluss gezeigt bis hin zum Umgang mit Raum und Zeit. Bei der Digitalisierung handelt es sich um einen fortschreitenden Prozess, gekennzeichnet durch stetig wachsende Rechner-Kapazitäten, immer schnellere und umfassendere Vernetzung und immer mehr und ausgefeiltere Programme. Vergleichbar ist diese Umbruchsituation mit dem Medienwechsel zu Beginn der Renaissance. Damals führten maßstäblich verkleinerte Zeichnungen und Modelle, der Gebrauch der Zentralperspektive und das Aufkommen von Wettbewerben und öffentlicher Kritik das Entwerfen zu einer bis dahin unbekannten Dynamik. Heute sind es die neuen und ständig wachsenden Möglichkeiten der Datenverarbeitung, die bislang unbegangene Wege des Entwerfens und der Kommunikation erschließen, welche ihrerseits wiederum neue Formen der Öffentlichkeit hervorbringen.

Wenn wir Computer bzw. ein auf Computern basierendes Super-Medium als Entwurfswerkzeug betrachten, stellt sich dieses als ein Meta-Werkzeug dar, das alle anderen Entwurfswerkzeuge in sich vereint, die verbalen ebenso wie die visuell-räumlichen. Die Wirkungsweisen dieses Meta-Werkzeugs sind naturgemäß um einiges vielschichtiger als die einzelnen Werkzeuge des Entwerfens, die von den verschiedenen Programmen simuliert werden. Zu unterscheiden sind zwei Betrachtungsebenen: diejenige einzelner Werkzeuge des Entwerfens, die von verschiedenen spezialisierten Programmen simuliert werden, und die mediale Ebene, auf der die Kommunikation überaus komplexer, detailreicher und präziser Datensätze möglich ist.

Wie verändert die Digitalisierung die herkömmlichen Werkzeuge und die Kulturtechniken des Entwerfens? Durch die Digitalisierung etablieren Computer andere Wege der Materialisierung innerer Vorstellungen. Entwurfsvorstellungen werden nicht mehr nur in analoger, atomarer Form, sondern als Elektronen beziehungsweise als elektronische Spannungen materialisiert. Diese können nach völlig anderen – und nach den Vorstellungen der Entwerfenden veränderbaren – Regeln manipuliert werden als atomare Präsentationsformen. Die Effizienz der digitalen Synthese, ermöglicht von den heutigen hochfrequenten Prozessoren, die *„unsere Wahrnehmungszeit ebenso unterlaufen wie die Zeit, die viele Denkprozesse beanspruchen"*, (Kittler 2002, S. 319) führt zu qualitativen Veränderungen des Entwurfsprozesses. Dessen Grenzen werden durch die Digitalisierung neu definiert und kontinuierlich erweitert.

In einer Zeit, in der alle Entwurfswerkzeuge digital überformt werden, ist es daher notwendig, neu nach dem Wesen des Entwerfens zu fragen. In einer ersten Phase des Übergangs zu den digitalen Werkzeugen hat sich diese Frage noch nicht in aller Schärfe gestellt, da die Programme vor allem in Hinblick auf ein möglichst direktes Imitieren der analogen Entwurfswerkzeuge geschrieben wurden. Auf dieser Ebene war der Computer nichts anderes als eine komfortablere Schreibmaschine oder ein mühselige Arbeit erleichterndes Zeichenwerkzeug.

Der oben angesprochene spezifische Widerstand, den digitalisierte Entwurfswerkzeuge den Bemühungen ihrer Nutzer entgegensetzen, liegt nicht offen zutage, er zeigt sich erst in den Erfahrungen ihres Gebrauchs. Dieser Widerstand ist grundlegend anders strukturiert als jener der analogen Werkzeuge. Es entfällt der Widerstand des Materials, was in vielerlei Hinsicht eine enorme Befreiung und Beschleunigung ermöglicht. Allerdings geht damit auch die Sinnlichkeit und Unmittelbarkeit des Materiellen verloren – beides Faktoren, die in sensiblen Phasen des Entwurfsprozesses entscheidend sein können. Zum anderen aber impliziert jedes Programm eine mehr oder minder verdeckte „Ideologie":

„Sie [die Programme] enthalten verborgene Stile und Ideologien, die mit großer Macht jedes Objekt konditionieren, das mit ihnen konstruiert wird." (Eisenman 2003, S. 30)

Diese latente Ideologie muss weder den Verfassern noch den Nutzern der Programme bewusst werden, sie erschließt sich erst einer systematischen Analyse.

Die Digitalisierung aller Entwurfswerkzeuge bedeutet: Alle Inhalte werden in Zahlen, Algorithmen und mathematische Gleichungssysteme, kurz: in die Sprachen des Computers übersetzt. Es genügt einen Parameter dieser

Gleichungen zu ändern, um möglicherweise ein ganz anderes Resultat zu erhalten. Die Parametrisierung von Entwurfsvorgängen ermöglicht es, komplexe Datenstrukturen mit wenig Aufwand zu verändern – allerdings nur in dem Sinne, den die ihnen zugrunde liegenden Gleichungssysteme zulassen. Auf dieser Ebene sind die Programme durch Mathematisierbarkeit, Regelhaftigkeit und Wiederholung und, der technischen Entwicklung entsprechend, zunehmende Schnelligkeit und Komplexität kennzeichnet. Die unerbittliche Genauigkeit des Digitalen erlaubt von elektronischen Datensätzen Kopien zu erstellen, die sich von ihrem Original nicht mehr unterscheiden lassen. Daten sind viel leichter manipulierbar, sie können spurlos kopiert, verändert, verschoben oder gelöscht werden; sie sind nicht mehr „echt" und haben nicht mehr die „Aura" eines Originals. Bereits durch die Fotografie in Frage gestellt, verliert der Begriff des Originalen in der digitalen Sphäre gänzlich seine Bedeutung. Dies ändert unter anderem auch unser Verhältnis zu dem, was wir „Wirklichkeit" nennen.

Computerprogramme sind eine spezielle Form von Texten, die unmittelbar Realität erzeugen, indem sie „automatisch" Daten aufnehmen, verarbeiten und konkrete Prozesse in Gang setzen. Die digitale Vernetzung verbindet Entwurf und Produktion unmittelbar, wenn digitale Daten direkt zur Steuerung von Produktionsanlagen verwendet werden. Es werden keine Facharbeiter mehr benötigt, welche die Pläne lesen und in ihre praktische Ausführung übersetzen und dabei ihr Fachwissen und implizites Können einbringen. Diese Arbeitsschritte werden übersprungen, dafür muss das entsprechende Wissen und Können in Programme und Maschinen transferiert werden.

Der Umgang mit Komplexität wird einfacher. Es lassen sich schlichte, leicht zu lesende und einfach zu bedienende Oberflächen programmieren, die dennoch eine sehr große Informationstiefe haben. Die Nachvollziehbarkeit ihrer Struktur wird aufgrund der wachsenden Komplexität immer schwieriger, aber auch, wenn es gewollt ist, immer besser darstellbar. Dies erleichtert den Umgang mit komplexeren Entwurfswerkzeugen wie Perspektive, Kalkulation oder Film und Video bzw. ermöglicht „normal Bemittelten" überhaupt erst den Zugang zu diesen Werkzeugen.

In Form von Programmtexten stehen nun verbale Entwurfswerkzeuge zur Verfügung, die komplexe Abläufe Schritt für Schritt und detailreiche Räume Punkt für Punkt beschreiben können. Programme erlauben nicht nur, Objekte darzustellen, sondern auch zeitliche Abläufe zu simulieren. Die Bedeutung im Sinne einer zukünftigen Auswirkungen von Entwurfsentscheidungen ist damit darstellbar geworden und kann demzufolge auch überprüft und kontrolliert werden. Diese Werkzeuge erlauben es überhaupt erst, Nachhaltigkeit zu thematisieren. Simulationen des Trag- und Brandverhaltens, der Akustik, des aerodynamischen Strömungsverhaltens, der Sonneneinstrahlung und künstlichen Beleuchtung und des daraus resultierenden Energiehaushaltes, der winterlichen Wärmeverluste, des Nutzerverhaltens und der Besucherströme erlauben Optimierungen, wo man zuvor auf Erfahrung und Wissen von Spezialisten angewiesen war. Als Simulation bezeichnen Architekten auch digitalisierte, fotorealistische Perspektiven, die Farben, Oberflächenstrukturen und Licht mit all seinen Spiegelungen, Reflexen und Diffusionsgraden sehr viel realistischer darstellen, als eine handgezeichnete Perspektive es bei gleichem Arbeitsaufwand ermöglichen würde. Das Aussehen eines Raumes oder eines Gebäudes muss also nicht mehr „dargestellt" werden, vielmehr sind Programme denkbar geworden, durch die das Aussehen nach objektiven Maßstäben simulierbar wird. Tendenziell machen solche Simulationen das Künstlerische und Handgemachte einer Skizze oder einer perspektivischen Zeichnung überflüssig.

Können Computer entwerfen? Seit ihrer Erfindung beflügeln Computer die Fantasie von Entwerfenden. Schon der Computerpionier Konrad Zuse, dessen ursprünglicher Beruf Bauingenieur gewesen war, glaubte, die von ihm konstruierten Rechengeräte wären bald in der Lage, die komplette Ausführungsplanung für eine Brücke einschließlich aller Detailzeichnungen, der statischen Berechnungen und der Ausschreibungstexte automatisch zu erstellen. (Zuse 1970) Gerade am Beispiel des Computers stellt sich die Frage, was Entwerfen sei. Ist der *Prozessor* des Computers das ideale Werkzeug zur Durchführung von Entwurfs*prozessen*? Entwirft ein Computer, wenn er ein Programm ausführt, das Hunderte von Parametern abfragt und dann eine bestimmte Anzahl von Bausteinen so lange kombiniert und variiert, bis es eine optimale Lösung errechnet hat? Wo ist der Unterschied zum menschlichen Entwerfen?

Wenn wir die Werkzeuge des Entwerfens als im Verlauf der technischen Entwicklung immer perfekter werdende Darstellungen innerer Vorstellungen betrachten, dann wäre theoretisch zu erwarten, dass mit fortschreitender Entwicklung diese Werkzeuge unserem Gehirn immer ähnlicher werden. Doch versuchen wir den Computer und seine Programme als ein beinahe vollkommenes Abbild unseres Denkens oder gar des menschlichen Geistes aufzufassen, stellen wir fest, dass eher das Gegenteil der Fall ist. Auch wenn wir über unser Gehirn oft in Metaphern aus der Computerwelt sprechen, handelt es sich beim Computer um ein radikales Gegenbild zum menschlichen Gehirn, das zwar rechnen, das heißt logische Operationen in unvorstellbarer Geschwindigkeit und Präzision durchführen, speichern und reproduzieren kann, aber nicht fähig ist zu denken, sich zu erinnern oder etwas zu verstehen, und daher auch kein Bewusstsein entwickeln kann. Die Diskussion um künstliche Intelligenz hat unser Bewusstsein geschärft für das, was menschliche Intelligenz ausmacht: „Rechner" können zwar einen Schachweltmeister besiegen, verstehen aber keinen einzigen Satz aus dem Lesebuch eines Erstklässlers.

Doch die Digitalisierung ermöglicht die Vernetzung aller visuellen und verbalen Entwurfswerkzeuge. Die Möglichkeiten schneller Kommunikation, der besseren und automatisierten Verknüpfung der einzelnen Werkzeuge und der Automatisierung vieler Vorgänge machen es möglich, auf der Grundlage einer zu hoher Komplexität vernetzten Datenbasis zu entwerfen. Da letztlich alle Entwurfswerkzeuge auf einen gemeinsamen Code zurückgreifen, verwischen die Grenzen zwischen den Werkzeugen und werden durchlässig. Ob eine bestimmte Darstellung auf einem Film oder einem Video, auf Foto oder Perspektive, Zeichnung oder 3D-Modell basiert, ist nicht mehr sicher unterscheidbar. Damit werden auch die Grenzen zwischen den Berufen und Fachdisziplinen durchlässiger. Dies hat Auswirkungen bis hin zum Rollenverständnis von Architekten. Die hierarchische Vorstellung eines Orchesterdirigenten, der alle Projektbeteiligten anleitet, wird mehr und mehr obsolet. Sie wandle sich, schreibt Norman Foster, zum Bild einer *Jam Session*, eines spontanen und flexiblen Interagierens von Architekten, Fachingenieuren, Behörden und Baufirmen. (Jenkins 2000, S. 774)

Kritik

Erst das Training des steten Vergleichens führt zu einem hoch differenzierten Unterscheidungsvermögen. Jean-Christophe Ammann (1998, S. 21)

Eine klar formulierte Kritik bildet nicht selten den Ausgangspunkt für einen neuen Entwurfsansatz, und im Prozess des Entwerfens kommt der Kritik, sei es in Form von Selbstkritik oder als von anderen geäußerte Kritik, eine grundlegende Funktion zu. *„Eine ernste und gründliche Urteilskraft"* nennt Leon Battista Alberti als wichtigste Voraussetzung für die Arbeit eines Architekten, *„denn in der Baukunst gilt es als oberstes Lob, genau beurteilen zu können, was Not tut".* (Alberti 1485, S. 515) Kritik als das *„Hauptinstrument weiteren Fortschritts"* (Popper) und Urteilskraft als ihre Grundlage sind es, welche die Entwerfenden zu einer Entscheidung für oder gegen eine bestimmte Entwurfsidee bringen.

Kritik lässt sich beschreiben als „negatives Entwerfen", das subtraktiv arbeitet wie ein Bildhauer, der mit seinem Meißel alles entfernt, was nicht zu seiner Skulptur gehört. Kritik ist das „Nein" als notwendiger Gegenpol zu den zahllosen „Ja" unserer Einfälle: die Fähigkeit zu unterscheiden, zu gewichten, auszugleichen, Zusammenhänge herzustellen, das Ganze zu sehen. Unterscheidungsvermögen und Urteilskraft liegen als Fähigkeiten jeder Kritik zugrunde. Wenn Immanuel Kant den Titel *Kritik der Urteilskraft* wählt, macht er damit auch die unterschiedliche Bedeutung dieser beiden Begriffe deutlich. Kritik ist zunächst der sprachliche Ausdruck eines Urteils, so wie eine Skizze oder Zeichnung der Ausdruck einer Gestaltungsidee sind.

Der Begriff Kritik, vom Griechischen *kritike techne* abgeleitet, wörtlich übersetzt mit *„Kunst der Unterscheidung, Kunst der Beurteilung"*, impliziert jedoch mehr als diese erste Bedeutung. Seit Sokrates ist er verbunden mit der Idee von Aufklärung und Wissenschaft. Kritik ist nicht nur *„die Prüfung einer Leistung auf ihre Bedeutung und ihren Wert hin"*, wie Mies van der Rohe behauptet, (Neumeyer 1986, S. 371) sondern vielmehr *„das steigernde, befeuernde, emportreibende Prinzip, das Prinzip der Ungenügsamkeit"*, so Thomas Mann, (Reich-Ranicki 1994, S. 201) und damit *„die Grundlage neuzeitlichen, konkurrierenden Denkens"* (Popper).

Klug und im richtigen Moment eingesetzt wird sie zur *Goldenen Axt,* so eine Formulierung des Landschaftsarchitekten Hermann Pückler-Muskau, die reinigend den Wildwuchs der Einfälle ordnet. (Pückler-Muskau 1834, S. 71) Die

Schwierigkeit der für das Entwerfen so zentralen Selbstkritik besteht darin, in einer Person Entwerfer und Kritiker zu vereinigen, ohne sich dabei ständig selbst im Wege zu stehen. Der Psychologe und Denklehrer Edward de Bono hat auf die Gefahr hingewiesen, in der Phase der Ideenfindung von Kritik blockiert zu werden. Neue Ideen seien nur für ungefähr zehn Minuten in unserer Vorstellung präsent, werden sie in dieser Zeit nicht festgehalten, verschwinden sie wieder, ähnlich wie die Bilder eines Traumes. Im Moment ihrer Entstehung sind Ideen schutzlos wie neugeborene Kinder. Man darf sie nicht sofort kritisieren, sondern muss sie erst einmal pflegen und ernähren, freundlich und verständnisvoll behandeln, bevor man sie der kalten Luft der Kritik aussetzt. Eine zentrale Regel des Brainstorming lautet daher: Keine Kritik! Sie führt fast zwangsläufig zu Kreativitätsblockaden, wenn die gestalterischen Fähigkeiten und das Selbstwertgefühl eines Entwerfers den von ihm etablierten Kriterien noch nicht gewachsen sind. (De Bono 1970, S. 131 ff.)

Das Aussetzen, das Suspendieren von Kritik ist eine Möglichkeit, diese Blockaden zu umgehen.

Das kreative Moment der Kritik zeigt sich in der Tatsache, dass neue Entwurfsgedanken oft zuerst in Form von Kritik geäußert werden. Als Beispiel mag der von Ulrich Conrads herausgegebene Band 1 der Bauwelt-Fundamente dienen, die *Programme und Manifeste zur Architektur des 20. Jahrhunderts.* (Conrads 1964) Viele der in diesem Band veröffentlichten Texte sind harte und unverblümte Kritiken. Angefangen bei Adolf Loos' *„Ornament und Verbrechen"* über Walter Gropius' Klage über *„diese grauen, hohlen und geistlosen Attrappen, in denen wir leben und arbeiten"* bis zu Friedensreich Hundertwassers *„Verschimmelungsmanifest gegen den Rationalismus in der Architektur"* werden Kritiken und Analysen formuliert, die in der Folge zum Ausgangspunkt für die Entwicklung neuer Ideen wurden.

Ben Shahn: Portrait des Physikers J. Robert Oppenheimer, Tinte auf Papier, 1954

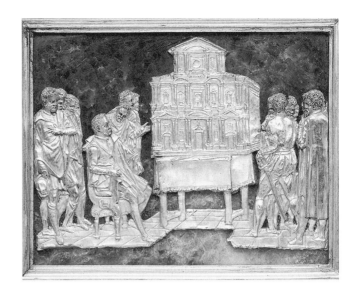

Giovanni da Bologna: Buontalenti präsentiert dem Großherzog Francesco de Medici ein Modell für die Fassade des Florentiner Doms.

Betrachten wir Kritik als ein Entwurfswerkzeug, gehen wir anders damit um und nehmen sie anders wahr. Wie alle verbalen Werkzeuge zerlegt sie die komplexe Simultaneität eines Entwurfs in einzelne, logisch aufeinander folgende Begriffe. Sie abstrahiert und reduziert Gleichzeitigkeit, um sie mit Hilfe der auf einer Zeitachse linear aufgereihten Begriffe zu beschreiben, ist also eher geeignet, Komplexität zu analysieren und aufzulösen als Komplexität zu erzeugen: *„Wenn man etwas sagt, tötet man es zugleich"*, erklärt der französische Designer Philippe Starck. (Vaske 2001, S. 253) Kritik ist ein sprachliches Werkzeug, aber Sprache allein scheitert an der Praxis des Entwerfens, die nicht nur der Theorie, sondern auch des persönlichen Könnens bedarf. Es gibt eine *„Schallmauer von der Theorie zur Praxis"* (Hinrich Sachs), die jeder Entwerfer nur alleine und nur mit seinen eigenen praktischen Fähigkeiten überwinden kann.

Aber eine Kritik muss sich nicht unbedingt sprachlich vermitteln. Verzichtet ein Kritiker auf das Ausdrucksmittel Sprache und bedient sich statt dessen eines bilderzeugenden, dann bleibt ihm nur, selbst in den Gestaltungsprozess einzugreifen. Die Distanz, die seine Position qualifiziert, geht ihm dadurch verloren, aber das kreative Moment von Kritik tritt in den

Vordergrund. Was hier dem publizierenden Kritiker verwehrt bleibt, ist dem Lehrenden eine hervorragende Möglichkeit, die Distanz zu den Studierenden zu überwinden.

WERKZEUG DER LEHRE

Das Entwerfen wird in aller Regel gelehrt, indem man Aufgaben stellt und dann den Studierenden versucht zu erklären, was sie falsch und, viel seltener, was sie richtig gemacht haben – ein für beide Seiten frustrierendes Vorgehen. Studienanfänger spüren oft sehr deutlich die entwurflichen Probleme, können diese auch klar benennen, verfügen aber noch nicht über die gestalterischen Mittel sie zu lösen. In einer solchen Situation wirkt eine harte Kritik von außen eher lähmend als motivierend. Kritik ist immer zweischneidig, an der goldenen Axt klebt immer auch ein wenig Blut. Sie ist zugleich Machtinstrument und Instrument der Förderung. Doch angesichts der zentralen Bedeutung der Kritik als Entwurfswerkzeug ist es unmöglich, ganz auf sie zu verzichten. Um mit Theodor Fontane zu reden:

„Schlecht ist schlecht, und es muss gesagt werden. Hinterher können dann andere mit den Erklärungen und Milderungen kommen." (Reich-Ranicki 1994, S. 124)

Das Dilemma lautet: Kritik ist notwendig und zugleich frustrierend. Ein bei Architekturdiskussionen immer wiederkehrender Topos ist daher das Fehlen, der Mangel an guter Kritik. *„Eine wirkliche Kritik ist so selten wie echte Kunst"*, sagt Mies van der Rohe. (nach Neumeyer 1986, S. 371) Der brasilianische Architekt Paulo Mendes da Rocha konstatiert:

„Es fehlt an einer echten Kritik der Architektur. […] Sie verliert sich in Fragen über den Kontext, über die Bedeutungen, über sehr architekturspezifische Fragen und zwingt damit zu einer Systematisierung, die im Grunde unsinnig ist. Sie verkennt, dass Architektur vielmehr ein Diskurs ist, der nicht unabhängig vom Wissen und Gewissen der Menschen stehen kann." (Spiro 2002, S. 250)

Wovon aber sollte Kritik sprechen? Was sind die wesentlichen Kriterien der Architektur? Kriterien empfinden wir zunächst als ausschließend, negativ, oft lediglich als einengendes Verbot. Im Verlauf der Entwurfsarbeit entwickeln sich daraus manchmal Regeln, die positiv, als Vorschrift formulierbar sind und für die weitere Entwicklung viel weniger offen lassen. Werden solche Regeln schließlich zum Allgemeingut und damit banal, wie die des Beaux-

Arts-Akademismus zu Beginn des 20. Jahrhunderts oder des Bauwirtschafts-Funktionalismus der 1960er und 1970er Jahre, engen sie nur noch ein und werden zum Hindernis für jede weitere Entwicklung.

Paradoxerweise können dagegen sehr eng gesetzte *contraintes*, selbst auferlegte Zwangsvorschriften, zu inspirierenden Auslösern von Kreativität werden. Die unter dem Titel *Dogma 95* bekannt gewordenen Kriterien, die Lars von Trier und Thomas Vinterberg für das Filmemachen formulierten, (Hallberg 2001) schreiben die Benutzung von Handkameras und das Filmen an Originalschauplätzen vor und verbieten unter anderem den Einsatz von Studiobauten und Requisiten, zeitlicher und geografischer Verfremdung, nachträglicher Vertonung, künstlicher Beleuchtung und optischer Tricks und Filter. Wesentliche Mechanismen der gängigen Filmproduktion, insbesondere deren schier grenzenlose Manipulationsmöglichkeiten und der daraus resultierende geringe Realitätsgehalt vieler Filme waren damit in Frage gestellt. Konnte man die Veröffentlichung der Thesen von *Dogma 95* noch als Werbegag junger dänischer Regisseure auffassen, so zeigte 1998 der erste nach diesen Kriterien gedrehte Film *Festen (Das Fest)*, wie gründlich damit Voraussetzungen für eigenständige Arbeit geschaffen waren. In einem Gespräch vergleicht Vinterberg diese Kritierien mit *„Wänden, gegen die man spielt"*, die eine sportliche Herausforderung darstellen und befreiend wirken, im Unterschied zu anderen, die einengen wie *„ein großes schweres Federbett, das man nicht abwerfen kann"*. (Hallberg 2001, S. 104)

Die Fähigkeit, die Welt als Ganzes zu denken und den zu bewertenden Entwurf zu diesem – in seiner Gesamtheit nie vollständig erfassbaren – Ganzen in Beziehung zu setzen, ist von Kritisierenden noch mehr verlangt als von Entwerfenden. Das Unterscheiden und Beurteilen ist eng verbunden mit den Fragen der Wahrnehmungsfähigkeit, des Bewusstseins und des Erfahrungshorizonts, auf den sich ein Urteil bezieht. Wer sich eine Kritik zu Herzen nimmt, tut gut daran, den Standpunkt des Kritisierenden zu bedenken. Der Vergleich mehrerer Kritiken zum gleichen Entwurf relativiert die verschiedenen Standpunkte und macht die Sichtweise der einzelnen Autoren deutlich. In dieser Relativierung erst kann sich die aufklärerische Funktion von Kritik voll entfalten.

Student bei der Präsentation eines Entwurfs

Kriterien und Wertesysteme

Was ist das Gute an guter Architektur? Hanno Rauterberg (2003)

Der Titel der berühmten Zeichnung von Francisco de Goya ist ein Wortspiel, das mit der Doppeldeutigkeit des Wortes *sono* spielt, das im Spanischen sowohl Schlaf als auch Traum bedeutet: *„El sueño de la razon produce monstruos."* Im Deutschen wird der Titel in der Regel lediglich mit *„Der Schlaf der Vernunft erzeugt Monster"* übersetzt, ohne die zweite Lesart zu erwähnen. Angesichts der von kalter Rationalität geprägten Katastrophen der Moderne – architektonische, städtebauliche und andere – scheint indessen die zweite Möglichkeit, vom *„Traum der Vernunft"* zu sprechen, der ebenfalls Monster hervorbringt, ebenso bedeutsam zu sein. Die meisten Entwerfenden sind überzeugt, die Welt wäre besser, würde sie nur nach ihren Ideen und Vorstellungen eingerichtet. Sie wundern sich, wenn ihre Vorschläge auf Widerstand stoßen, nicht selten gar erbitterte Auseinandersetzungen hervorrufen.

Was sind die wesentlichen Kriterien für „gute" Architektur? Nur selten werden die Wertesysteme, die der Arbeit von Architekten wie Architekturkritikern zugrunde liegen, explizit dargestellt. Der journalistischen Kritik fehlt in der Regel der Raum dafür und eine qualifizierte akademische Kritik, wie sie beispielsweise in der Literaturwissenschaft von Edward Said (Said 1983) oder in der Filmwissenschaft von André Bazin (Bazin 1958) praktiziert wurde, existiert an den Hochschulen kaum.

FIRMITAS, UTILITAS, VENUSTAS

Die grundlegenden Kriterien der Architektur sind, *„dass es funktioniert, und dass es mir gefällt"* – so die lakonische Formulierung eines Kollegen. Mies von der Rohe hat zwei Klassen von Kriterien benannt: Er sprach von *„good reasons"*, zu denen er die technischen, rational erklärbaren Aspekte des Bauens zählte, und von *„real reasons"*, worunter er die kulturellen und künstlerischen Aspekte der Architektur verstand. Seit Vitruv gelten als die drei klassischen Kriterien der Architektur *firmitas*, *utilitas* und *venustas*, auf deutsch: Festigkeit, Nützlichkeit und Anmut. Sie sind indes ebenso allgemein-richtig wie unbrauchbar, wenn es um konkrete Fragen geht. Die Unmöglichkeit, verbindliche Kriterien zu formulieren, versuchen Architekten wie Kritiker gerne durch vehement geäußerte Postulate zu kaschieren. Keiner dieser drei Begriffe lässt sich klar bestimmen, und doch sind diese Kriterien nicht obsolet. Vielmehr gilt es, die Struktur der Unmöglichkeit zu beleuchten, sie verbindlich zu definieren. Wenn wir von diesen drei Kriterien ausgehend über Architektur nachdenken, werden *firmitas*, *utilitas* und *venustas* zu Kategorien, die jeweils einen zentralen Themenbereich der Architektur umfassen.

Firmitas, die „Festigkeit" des Bauwerks, ist heute kaum noch ein architektonisches Problem, sondern eher eines der Bautechnik, in der Regel den Fachingenieuren überlassen. Als Kategorie verstanden, wird *firmitas* zu einer Frage der Baubarkeit, zur Frage von richtig und falsch. Autoren wie Theodor Fontane und Otl Aicher haben sich dafür ausgesprochen, im Zweifelsfall auf die Kategorie des „Richtigen" zurückzugehen. (Reich-Ranicki 1994, S. 122) Eine Konstruktion hält oder hält nicht, ist dicht oder nicht. Die Fragen der *firmitas* scheinen, weil objektivierbar, am einfachsten zu entscheiden. Doch die wissenschaftlichen und technischen Erkenntnisse, auf deren Grundlage sie

Beurteilungskriterien für Archtekturentwürfe, nach Jürgen Joedicke u.a. Die drei senkrechten Spalten könnten auch mit Vitruvs Begriffen utilitas, firmitas und venustas überschrieben werden.

	FUNKTIONELLES KONZEPT	KONSTRUKTIVES KONZEPT	GESTALTERISCHES KONZEPT
STÄDTE-BAULICHE EBENE	1. ERSCHLIESSUNG (VERKEHR) - ANBINDUNG ÖFF. WEGENETZ - ANLIEFERUNGSMÖGLICHKEIT (LKW) - ERSCHLIEßUNG/ZUFAHRT/PARKEN - FUßGÄNGERERSCHLIEßUNG - SCHUTZ VOR VERKEHRSLÄRM - GEBÄUDE UND FREIFLÄCHEN ANORDNUNG (ORIENTIERBARKEIT, VERSCHATTUNG, EINSICHT)	1. KONSTRUKTIV U. INSTALLATIONS-TECHNISCHES GRUNDKONZEPT : SYSTEM, STÜTZENWEITEN, DEK-KENARTEN, HEIZUNG, LÜFTUNG 2. SONNENSCHUTZMAßNAHMEN	1. ERSCHLIESSUNG: ORIENTIERBARKEIT 2. FREIFLÄCHEN: - GLIEDERUNG UND AUSNUTZUNG - BEZUG ZUR VORH. BEBAUUNG 3. UMGEBUNG: - GESTALTERISCHE EINFÜGUNG (MASSENVERTEILUNG, MASSTAB, FORM, SILHOUETTE, SICHT-BEZIEHUNGEN)
OBJEKT-EBENE	1. INTERNES VERKEHRSSYSTEM - FÜR PERSONAL/BESUCHER (ORIENTIERBARKEIT) - ÜBERSICHTLICHKEIT (HORIZONTAL UND VERTIKAL) 2. BEREICHSGLIEDERUNG UND BEREICHSZUORDNUNG 3. BERÜCKSICHTIGUNG DER VOR-HANDENEN VERKEHRSSUBSTANZ	3. PLANUNGSWERTE a) FLÄCHENVERHÄLTNIS - GFZ, GRZ, VERKEHRSFLÄCHE/ NUTZFLÄCHE, FASSADENFLÄCHE/ NUTZFLÄCHE b) VARIABILITÄT - MÖGLICHKEIT D. NUTZUNGSÄND. DURCH BAULICHEN AUFWAND c) FLEXIBILITÄT - MÖGLICHKEIT D. NUTZUNGSÄND. OHNE BAULICHEN AUFWAND	1. GLIEDERUNG, VERTEILUNG UND HÖHENENTWICKLUNG DER BAU-MASSEN 2. ARCHITEKTON. GESTALTUNG UND KONSTRUKTIONSPRINZIP 3. IMAGE DES GEBÄUDES (GESTALT-ERSCHEINUNG/GESTALTWIRKUNG) 4. ABLESBARKEIT D. FUNKTIONSBER. UND IHRER VERBINDUNGEN 5. KLARHEIT UND AUSBILDUNG DER INNEREN WEGEFÜHRUNG 6. ORIENTIERUNGSMÖGLICHKEIT: BESUCHER UND PERSONAL
BEREICHS-EBENE	1. WEGEFÜHRUNG INNENBEREICHE (ZU- UND ANORDNUNG, DIMENSIO-NIERUNG) 2. BEREICHS- UND RAUMZUORDNUNG 3. BEWERTUNG DER NUTZUNGSMÖG-LICHKEITEN - ART UND GRÖßE VON NUTZUNGS-FLÄCHEN - DIFFERENZIERUNG VON NUTZUNGS-FLÄCHEN - ZUORDNUNG VON NUTZUNGS-FLÄCHEN (KOMBINIERBARKEIT, ERWEITERBARKEIT)	1. ERWEITERBARKEIT (MIKRO) 2. BEZIEHUNG ZWISCHEN PRIMÄR-, SEKUNDÄRKONSTRUKTION UND AUSBAUELEMENTEN 3. FLEXIBILITÄT UND VARIABILITÄT AUFGRUND TECHNISCHER UND SANITÄRER INSTALLATIONEN	1. RAUMBILDENDE ELEMENTE: FORM, ART, ANZAHL UND BEZIE-HUNG ZUEINANDER 2. RÄUML. GESAMTWIRKUNG, INNEN-RAUM, CHARAKTERISTIKA, FUNKTIONALITÄT 3. GLIEDERUNG DES RAUMES - RÄUML. VERBIND. (HOR./VERT.) - BELICHTUNG, LICHTFÜHRUNG 4. MATERIAL, FARBWAHL
INNOVA-TION	Z. B. RICHTUNGSWEISENDE NEUERUNGEN, KONZEPTIONELL NEUE IMPULSE ODER PLANUNGSIDEEN, ANREGUNGEN ZU KÜNFTIGEN ENTWICKLUNGEN		

entschieden werden, sind in ständigem Fluss. Es handelt sich nur scheinbar um „harte Fakten", da sie in der Regel nur unter bestimmten Voraussetzungen gelten.

Utilitas, als Kategorie verstanden, fragt nach dem Funktionalen, dem Gebrauch, nach dem Bezug zum Menschen: Ist das Gebäude gut oder schlecht? Gut oder schlecht für wen, oder zu was? Ein Gebäude berührt die Interessen aller an seiner Herstellung und Nutzung beteiligen Parteien: den Bauherrn und seine Frau, die Nachbarn und deren Kinder, die Architekten, Bauarbeiter, Sachbearbeiter bei den Genehmigungsbehörden und bei der Bank, Hausverwalter, Bewohner, Benutzer und Besucher, zu denen gelegentlich auch Feuerwehrleute, Fotografen und schließlich auch Architekturkritiker zählen. Die Frage Nützlichkeit ist letzten Endes eine ethische, deren Antworten aus dem Bereich der Politik kommen. Konkret geht es um die räumliche Organisation eines Gebäudes, um die Größe und Qualitäten der geschaffenen Räume, deren Bezüge untereinander und nach außen.

Der Begriff „*gute Architektur*" klingt nach *political correctness*, meist bezeichnet er eine biedere, konsensfähige Mainstream-Architektur. Doch „*das Gute lässt sich nicht definieren*" (Aristoteles, Nikomachische Ethik) und die Frage nach dem Verhältnis von „Gebrauchswert" und „Kunstwert" ist immer wieder neu zu beantworten. Im Alltag jedoch steht der Gebrauch oft auf eindimensionale Weise in Vordergrund und das Gebrauchen wird nur trivial aufgefasst. Der betriebswirtschaftliche Begriff der Rendite ist ein Versuch, die Nützlichkeit eines Gebäudes in Zahlen zu fassen, eine Kalkulation, die allerdings oft auf Faktoren beruht, die mit den funktionalen Qualitäten eines Gebäudes wenig zu tun haben. Das Ergebnis dieser Rechnung stellt eine Abstraktion dar, welche über die tatsächliche Nützlichkeit eines Gebäudes nur wenig sagt – sie reduziert diese auf die Perspektive des Finanziellen.

Die Anforderung, dass ein Gebäude gewissen Funktionen zu dienen habe, ist letzten Endes zu trivial, als dass sie noch als Kriterium relevant sein könnte. Die Frage lautet nicht „ob", sondern „wie": Wie schafft der Entwurf einen Ausgleich der vielen unterschiedlichen Anforderungen, die an ihn gestellt werden? Wie, mit welchem Witz, mit welchem Charme, mit welcher Eleganz erfüllt er diese, und was leistet er darüber hinaus?

Venustas schließlich, die Kategorie des Schönen, der Ästhetik, des subjektiven Empfindens umfasst den gesamten Bereich der Kunst. Erich Mendelsohn begründet die Unmöglichkeit, sie verbindlich zu definieren, wie folgt:

*„Unsere ästhetische Wertung – Wertung auf Schönheit – steht nur auf Vorurteilen,
die durch die hergebrachte und kategorische Erziehung scheinbar Gesetz geworden
sind. Weil solche Begriffe sich je nach dem Stand der menschlichen Kultur, je nach
dem Moment kulturgeschichtlicher Entwicklung der Menschheit bestimmen, somit
variabel sind, lassen sie sich nicht als Wertmesser aufstellen."* (Mendelsohn 1961, S. 22)

Daraus jedoch den Ruf nach einem „Geschmacksdiktator" abzuleiten, wäre
eine politische Geschmacklosigkeit. Ästhetik erweist sich vielfach als soziale
Konvention, als ein Mittel der Abgrenzung, und als Tabuisierung von
Werturteilen. Etwas als „schön" zu proklamieren heißt sehr oft, es eigentlich
nur „gut" zu finden, aber keine Diskussion über diese Wertung zulassen zu
wollen. Die Frage „Findest Du das nicht schön?" impliziert oft genug, dass
der Gefragte keinen „guten" Geschmack habe, wenn er dies verneint, und
demzufolge „nicht dazugehöre". Die enge Verbindung von Ethik und Ästhetik, von Politik und Kunst erklärt das große, in allen historischen Epochen
zu beobachtende Interesse politischer Gruppen, ihre Anschauungen auch
ästhetisch zu manifestieren.

Vitruvs Kriterien sind zwar relevant, aber, absolut gesehen, nicht zu erfüllen. Letzten Endes geht es auch nicht um ihre Erfüllung, sondern auf einer
höheren Betrachtungsebene um die Ausgewogenheit, mit welcher diese
Anforderungen wahrgenommen werden, um die Stimmigkeit der auf den
verschiedenen Ebenen getroffenen Entscheidungen. Albertis Schlüssel-
kriterium der *concinnitas*, der Harmonie der Teile mit dem Ganzen, (Grafton
2000, S. 28) basiert auf einer Definition der Schönheit, die eine *„bestimmte
gesetzmäßige Übereinstimmung aller Teile, was immer für einer Sache"* fordert,

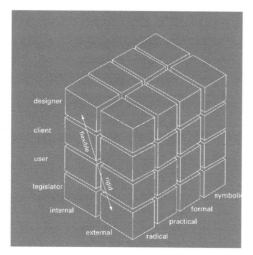

darin bestehend, *„dass man weder etwas hin-
zufügen noch hinwegnehmen oder verändern
könnte, ohne sie weniger gefällig zu machen".*
(Alberti 1485, S. 293) Deutlich abgemildert findet sich dieses Kriterium auch bei Vitruv,
der verlangt, *„dass, wenn von der Symmetrie
etwas weggenommen oder ihr hinzugefügt wird,
dies gehörig gestaltet zu sein scheint und beim
Anblick nichts vermisst wird".* (Vitruv, VI, 2, 1)

Was Vitruv und Alberti als ein ästhetisches Kriterium präsentieren, das als solches

*Das vervollständigte Modell der Entwurfsprobleme,
Brian Lawson, 1997*

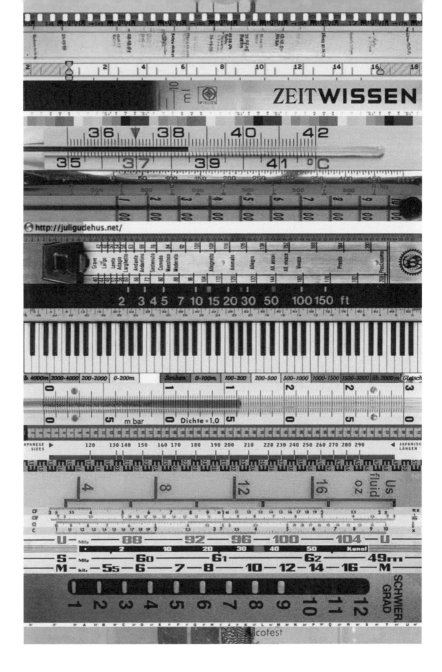

Nach welchen Maßstäben bewerten wir? Juli Gudehus: *Maßarbeit*. Poster für das Wissenschafts-magazin *ZEIT Wissen*, 2005.
Fotografien: Annette Schuler

von additiven wie dekonstruktivistischen Formensprachen längst widerlegt ist, geht indessen zurück auf eine allgemein ethische Maxime, die bereits Aristoteles formulierte:

„So meidet denn jeder Kundige das Übermaß und den Mangel und sucht und wählt die Mitte, nicht die Mitte der Sache nach, sondern die Mitte für uns. [...] deswegen pflegt man ja von gut ausgeführten Werken zu sagen, es lasse sich nichts davon und nichts dazu tun, in der Überzeugung, dass Übermaß und Mangel die Güte aufhebt, die Mitte aber sie erhält." (Nikomachische Ethik II, 5, 1106 b)

In einem Entwurf verschmelzen technische, ethische und ästhetische Fragen zu einer Einheit, die, wenn sie gelungen ist, dem Bereich der Kunst, und nicht dem der Wissenschaft zugehört. Wissenschaft ist, wenn sie gut ist, „klar und deutlich", ein guter Entwurf dagegen ist *„komplex und widersprüchlich"* (Venturi), er entzieht sich wissenschaftlicher Eindeutigkeit ebenso wie der Allgemeingültigkeit, die wissenschaftliche Aussagen beanspruchen.

Die komplexen, widersprüchlichen, paradoxen Anforderungen, die an einen Entwurf gestellt werden, lassen sich zwar auflisten, aber sie helfen wenig bei seiner Beurteilung. Es gibt unter ihnen viel zu viele gegenseitige Abhängigkeiten, „Wenn-dann-", „Sowohl-als-auch-" und „Entweder-oder-" Beziehungen, als dass sich eine Kriterienliste in einen schlüssigen Algorithmus fassen ließe. Charles Eames hat mit einem Diagramm, das die Überlagerung und schwer fassbare Form von Entwurfskriterien darstellt, (Demetrios 2001, S. 177) das treffendste Bild dieser Problematik gezeichnet.

Die Überlagerung dreier Felder von Entwurfskriterien markiert einen Bereich, in dem sich die Interessen von Klient, Büro und Gesellschaft überlappen, Charles Eames, 1969

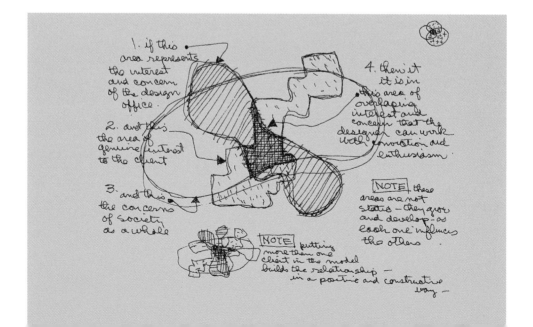

207

Nun gibt es zwei für das Wertesystem unserer Kultur wesentliche Kriterien, die nicht unter die von Vitruv und Alberti postulierten Kategorien fallen: die Forderungen nach Neuigkeit und Rätselhaftigkeit eines Kunstwerks. Mit Regeln lassen sich nur die rational zugänglichen Aspekte eines Entwurfs fassen, lässt sich nur fassen, wovon genug bekannt ist, um in Regeln gefasst zu werden. Das Neue, das Originelle, das Innovative an einem Entwurf schafft seine eigenen Regeln. Und gerade dies ist seit Beginn der Neuzeit wesentliches Kriterium eines Entwurfs: die *inventio* über die *imitatio*, die Erfindung über die Nachahmung zu stellen. (Groys 1992, S. 10) Mit dem Kriterium des Neuen kommt zugleich das Moment des Utopischen in das Entwerfen. Etwas Neues zu entwerfen bedeutet etwas zu entwerfen, das es noch nicht gibt und von dem zum Zeitpunkt des Entwurfs durchaus fraglich ist, ob es jemals verwirklicht werden wird. Der oft gehörte Vorwurf, eine Entwurfsidee sei „utopisch", erweist sich vor diesem Hintergrund als Missverständnis: Entwürfe sind immer, und so lange, utopisch, bis sie realisiert sind.

Das Kriterium des Rätselhaften schließt die Frage nach der Bedeutung eines Werkes ein. Sie hat großen Anteil an der Faszination, die ein Kunstwerk ausmacht. Theodor Adorno (auch Vilém Flusser) spricht vom „*Rätselcharakter*" der Kunst: *„Alle Kunstwerke, und Kunst insgesamt, sind Rätsel"*, (Adorno 1970, S. 182) und er stellt kategorisch fest:

„Als konstitutiv aber ist der Rätselcharakter dort zu erkennen, wo er fehlt: Kunstwerke, die der Betrachtung und dem Gedanken ohne Rest aufgehen, sind keine." (Adorno 1970, S. 184)

An dieser Stelle kommen wir über Wittgensteins Bestimmung der Architektur als Geste (siehe S. 108) zurück zu Flussers Analyse der – auch allem Entwerfen zugrunde liegenden – Gesten als Rätsel, deren Entzifferung es ermögliche, *„immer tiefer in sie einzudringen, um sie immer reicher erfahren zu können"*. (Flusser 1991, S. 90 f.)

Nur die einfachen, regelhaften Dinge lassen sich rational fassen. Die komplexen, vielschichtigen, ganzheitlichen Aspekte eines Entwurfs, die, auf welche es letzten Endes ankommt, erschließen sich nur dem Empfinden, dem Gespür, der Sensibilität des Einzelnen: *„liebe und hass lassen sich nicht berechnen, ebensowenig zweckmäßigkeit oder ästhetische qualität."* (Aicher 1991/I, S. 182)

Das ist der eigentliche Grund, warum es *„mit Prinzipien und einem Para-graphen-Codex nicht geht".* (Theodor Fontane, nach Reich-Ranicki 1994, S. 122) Die Aufgabe der Kritik ist es, diese Aspekte zu verbalisieren, sie zu vermitteln und dadurch der Rationalität zugänglich zu machen. Das Kritisieren von Gebäuden und Entwürfen als eine Kunst zu betrachten ist sicherlich eine Provokation für alle, die glauben (oder vorgeben) zu wissen, was „gute" Architektur sei. Die Relativität aller Kriterien und Paradigmen, die Tatsache des *anything goes* steht in frappantem Gegensatz zur Gleichförmigkeit und Ideenlosigkeit der großen Menge des heute Entworfenen und Gebauten. Offensichtlich ist es gerade diese Freiheit, die Angst macht. Eine Angst, die dazu führt, dass leider auch heute das Prinzip der *imitatio* sich als stärker erweist als das der *inventio*.

Eine kontinuierliche Auseinandersetzung um Kriterien und Werte ist in einer offenen Gesellschaft wichtiger als deren Festlegung. Die Frage, welche Faktoren für die heute anstehenden Aufgaben entscheidend sind, muss immer wieder neu gestellt und beantwortet werden. In diesem Punkt ent-scheidet sich die Lernfähigkeit des Einzelnen ebenso wie die der gesamten Gesellschaft. In der Entwurfslehre ist die Kritikfähigkeit der Studierenden zu trainieren, statt diese nur der Kritik zu unterziehen. Das Entwerfen wird zur Moderation von Interessenkonflikten, die durch Kritik vermittelt werden. Eine aufgeklärte Entwurfslehre beschränkt sich nicht darauf, Paradigmen zu postulieren, sondern vermittelt das Vermögen, Kriterien und ihre Bedeutung zu reflektieren. Dafür gibt es weder Regeln noch Rezepte. Was wahr, gut und schön ist, entzieht sich der Fixierbarkeit, ist von jeder Generation und von jedem Entwerfenden neu zu definieren.

Themenpark *„Wissen, Information, Kommunikation"* auf der Expo Hannover 2000, Zentrum für Kunst und Medientechnologie Karlsruhe

Theorie

Τηεορια ist nicht so sehr der einzelne augenblickliche Akt als eine Haltung, ein Stand und Zustand, in dem man sich hält. Hans-Georg Gadamer (1983, S. 44)

Eine Theorie des Entwerfens wäre eine möglichst systematische, widerspruchsfreie Konstruktion von Aussagen, die das Zustandekommen von Entwürfen weitgehend erklärt. Je nach dem Abstraktionsgrad einer Theorie und nach dem Geltungsbereich, den sie beansprucht, wären *allgemeine* von *speziellen* Theorien des Entwerfens zu unterscheiden. Die letzteren gelten nur für begrenzte Mengen von Entwürfen, beispielsweise für Entwürfe einer bestimmten Person, Schule oder Richtung, oder auch nur für eine bestimmte Entwurfsphase oder einen einzigen Entwurf. Der Realitätsgehalt solcher Theorien – für praktizierende Entwerfer die zentrale Frage – wäre zu messen an ihrer Anwendbarkeit sowie an der Qualität und der kulturellen Relevanz der Entwürfe, die unter ihrer Anwendung entstehen. Ihre Mängel zeigen sich in den Widersprüchen, die sich zwischen Theorie und Praxis des Entwerfens auftun, wie auch in den nicht erklärbaren Aspekten der Entwurfsarbeit und der entstandenen Entwürfe.

Eine zufriedenstellende Theorie des Entwerfens, oder auch nur ein Weg dorthin, ist für den Bereich Architektur und Design derzeit nicht in Sicht.

Die bestehenden Ansätze weisen wesentliche Mängel, Lücken, logische Widersprüche und Unvereinbarkeiten mit der Praxis auf. Angesichts der Komplexität des Themas ist das durchaus zu erwarten. Wenn aber die Theoriebildung Fortschritte machen soll, dann werden gerade die Mängel bestehender Theorien interessant. Aus ihrer Analyse lassen sich Hinweise darauf ableiten, wie ein theoretischer Ansatz zu verbessern und weiter zu entwickeln wäre.

Jedem entwurflichen Handeln liegen willkürliche Gesten zugrunde. Für sie gibt es keine kausale Erklärungen, denn sie sind *„Ausdruck einer menschlichen Freiheit"* (Flusser). Dennoch gibt es viel über das Entwerfen zu

Otl Aicher im Mai 1990.

wissen, gibt es mehr oder weniger erhellende Möglichkeiten, über das Entwerfen zu sprechen. Unter ihnen zeichnet sich der Ansatz des deutschen Designers und Theoretikers Otl Aicher (1922–1991) sowohl durch die Breite der in Betracht gezogenen Themen als auch durch die Radikalität der von ihm beschriebenen Position aus. Seine Schriften wurden von Architekten und Designern als wichtiger Beitrag zur Theorie des Entwerfens aufgenommen. (Kuhnert 1989, Foster 2000, De Bruyn 2003, Rathgeb 2006) Worin dieser Beitrag besteht und was seine Bedeutung ausmacht, ist indes nicht leicht zu bestimmen. Aicher hat seine Überlegungen nicht als Theorie systematisch ausformuliert, sondern lediglich in Form einer Sammlung thematisch eigenständiger Aufsätze veröffentlicht. Die meisten seiner Texte entstanden in den 1980er Jahren; der erste erschien 1978, die jüngsten 1991, dem Todesjahr Aichers. Sie wurden 1991 in zwei Bänden *„analog und digital"* (1991/1) und *„die welt als entwurf"* (1991/2) zusammengefasst, ergänzt um den Band *„schreiben und widersprechen"*, den seine Frau Inge Aicher-Scholl posthum 1993 herausgab. Aichers Texte sind zunächst einmal Statements eines Entwerfenden, die seinen persönlichen Standpunkt darlegen und ihn in Beziehung zu seinem philosophischen wie politischen Denken begründen. Im selben Zeitraum veröffentlichte Aicher verschiedene andere Bücher, die weitere Hinweise zu seinem entwurflichen Denken enthalten, so *„gehen in der wüste"* und *„Die Küche zum Kochen"* mit dem anspruchsvollen Untertitel „Das Ende einer Architekturdoktrin" (beide 1982; die von ihm bevorzugte Kleinschreibung konnte Aicher nicht immer durchsetzen), *„kritik am auto"* (1984), *„innenseiten des krieges"* (1985), *„Wilhelm von Ockham: Das Risiko modern zu denken"* (zusammen mit Gabriele Greindl und Willhelm Vossenkuhl, 1986) und das umfangreiche Grundlagenwerk *„typographie"* (1988).

Aufgewachsen in einer katholischen Handwerkerfamilie im schwäbischen Ulm, hat Otl Aicher den größten Teil seines Lebens in Ulm, in München und im Allgäu verbracht. Seine Jugendjahre fallen in die Zeit des Nationalsozialismus, er war mit den Geschwistern Scholl befreundet, ohne aber in die Aktionen der Weißen Rose einbezogen zu sein. 1941-45 war er Soldat, nach dem Krieg studierte er kurz Bildhauerei in München, um dann als Grafiker tätig zu werden. 1952 heiratete er Inge Scholl, und zusammen mit Max Bill gründen die beiden die Ulmer hochschule für gestaltung. Mit Gestaltungen wie des Erscheinungsbildes der Lufthansa oder der Münchner Olympiade 1972 wurde Aicher zu einem der wichtigsten Designer Nachkriegs-

deutschlands. In einer alten Allgäuer Mühle richtete er sich Wohnung und Büro ein und erklärte das Anwesen zur *„autonomen republik rotis"*, benannt nach der keltischen Ortsbezeichnung. Trotz seiner Reisen, seiner Freundschaft mit Norman Foster und auch trotz seines philosophischen Denkens blieb Aicher letztlich bodenständig und regional und bewegte sich weitgehend in den Grenzen des deutschen Sprachraumes. Die wichtigsten seiner Schriften wurden ins Englische übersetzt, zuletzt erschien in London eine umfassende Monografie zu seinem Werk. (Rathgeb 2006)

AICHER: THEORIE VON UNTEN

Sein Denken entwickelte Aicher aus der Opposition zu den großen Ideen, den allgemein gültigen Wahrheiten, den abstrakten, übergeordneten Theorien. Nicht ohne selbst ins Prinzipielle zu fallen, fordert Aicher dazu auf, die Welt als *„welt von unten"* zu denken, die Erziehung von den Kindern her, den Staat von den Bürgern her, die Wirtschaft von den Arbeitern und Konsumenten her zu entwickeln. *„geist"*, folgt für Aicher daraus, *„ist geist von unten, vom machen her"*. (Aicher 1991/1, S. 147) Aus dieser Perspektive wurde für Aicher das Machen zum zentralen Thema, denn *„die welt, in der wir leben, ist die von uns gemachte welt"*. (Aicher 1991/2, S. 185) Durch das Machen, durch die Leistungen von Naturwissenschaft und Technik, Industrie und Ökonomie sei unsere Lebenswelt nicht mehr die in den Kosmos eingebettete Natur, sondern sie sei zu einem Entwurf geworden, zu einem *„gemachten modell, das sogar die natur mit einschließt"*. (a.a.O., S. 188)

Doch auch das Machen selbst sieht Aicher in Gefahr. Unsere Zivilisation, vor allem deren industrielle Ökonomie, habe die Tendenz, uns zugunsten einer automatisierten Produktion aus jeder Art von Arbeit zu vertreiben. Damit verlören wir nicht nur die Beziehung zu den Dingen, das Verständnis von Ursache und Wirkung, von Entwurf und Folge, sondern auch unsere Selbstbestimmung, die auf das Treffen von Konsumentscheidungen reduziert wird. In der Konsequenz verlören wir an Vertrauen zu uns selbst, an Sicherheit im Verhalten, Machen und Sagen, und würden zunehmend autoritätsgläubig. Das Machen, von Aicher definiert als

„ein selbst zu verantwortendes tun, an dem jemand mit konzept, entwurf, ausführung und überprüfung beteiligt ist" und aus dem *„erkenntnisse gewonnen werden für die korrektur von konzept und entwurf"*, (a.a.O., S. 190 f.)

sei die Voraussetzung von Freiheit, die Aicher versteht als einen *„aggregatzustand, der durch das machen entsteht".* (a.a.O., S. 154)

Entwerfen im Sinne von kreativer, schöpferischer Arbeit versteht Aicher nicht als die Materialisierung vorgegebener Ideen, sondern als deren aktive Entwicklung in einem Regelkreis von Experiment, Auswertung und Modifikation, in einer Folge von *„praktischen Modellversuchen".* Dieser Entwicklungsprozess basiere nicht auf vorbestimmter Planungslogik, sondern auf der Arbeit mit Modellen:

„es werden modellsituationen entworfen, es werden modelle gebaut, und am modell zeigt sich, ob der ansatz stimmt, ob neue fragestellungen auftauchen, die durch neue modelle zu beantworten sind." (Aicher 1991/1, S. 148)

Aicher geht hier allerdings nicht von einem architektonischen, sondern von einem wissenschaftlichen Modellbegriff aus, der beispielsweise auch Skizzen und Zeichnungen als „grafische Modelle" umfasst. Modelle definiert er als *„konstruktionen von aussagen, begriffen und begriffsoperationen".* (Aicher 1991/2, S. 195)

Im Prozess des Entwerfens misst Aicher dem Vergleichen von Alternativen und deren Bewertung einen so hohen Stellenwert zu, dass er dies mit dem Entwerfen gleichsetzt: *„die tätigkeit des designers besteht darin, ordnung in einem konfliktfeld heterogener faktoren zu schaffen, zu werten."* (a.a.O., S. 67) Die Schwierigkeit dieses Wertens liegt in der Widersprüchlichkeit der Kriterien. Der zu entwerfende Gegenstand soll technisch funktionieren, formal ansprechen, sich im Gebrauch bewähren, ökonomisch sein und Funktion, Bedeutung und Herkunft ablesbar machen. Dies sind Qualitäten, die weder einander bedingen noch kausal voneinander abhängen, sie stehen vielmehr in Spannung zueinander und erzeugen Differenzen und Konflikte, die der Entwerfende auszutragen habe. Damit dies gelingen kann, seien umfassende Arbeitshypothesen und Programme, sei eine ganze Philosophie zu entwickeln, die es erlaubt, Entscheidungen nicht mehr nur als eine Frage des Geschmacks oder in Anlehnung an einen Trend zu fällen, sondern mit präzise hergeleiteten Argumenten zu begründen: *„der designer ist der philosoph des unternehmens."* (a.a.O., S. 160 ff.) Der *„logischen ableitung mit ihrem anspruch auf totale wahr-*

Beispiele für analoge und digitale Zeitanzeige

heit" stellt Aicher die *„vernunft des handelns und des machens"* gegenüber, plä-
diert für ein *„analoges denken"*, das visuell und vergleichend ist im Gegensatz
zum *„digitalen denken"*, das verbal, streng logisch und an exakten Zahlen-
werten orientiert ist. (Aicher 1991/2, S. 198 f.) Den Unterschied verdeutlicht er
am Beispiel des Zifferblatts einer Uhr, deren Zeiger ein unmittelbar anschauliches Ablesen der Uhrzeit erlauben, während die Zahlenanzeige einer
Digitaluhr erst gelesen und dann in eine Uhrzeit übersetzt werden muss.

Plakate für Veranstaltungen der von Inge Scholl 1946 gegründeten Volkshochschule Ulm

Diese Position ist sowohl eine philosophische als auch eine politische; *„ana-
loges denken"* bedeutet für Aicher nicht nur die Bevorzugung des konkreten
Phänomens, des einzelnen Falls, sondern auch den Verzicht auf zwingende
Systeme der Welterklärung. Anstelle einer allgemeinen, von einer abstrakten
Logik determinierten Ordnung, die immer auch zu Unterordnung und Herr-
schaft führe, und deren Kultur nichts weiter sei als Ablenkung durch die
Illusion des Schönen, Wahren und Guten, setzt Aicher seine Vorstellung der
„welt als entwurf". (a.a.O., S. 191)

Das hier anklingende anarchische Moment verdichtet sich bei Aicher zu einer Kritik des Staates. Das mit den abstrakten Begriffen Recht und Freiheit Bezeichnete sei immer nur erlebbar als das konkrete Recht und die konkrete Freiheit. Das Konkrete sei in den meisten Fällen das Alltägliche und Gewöhnliche. Gerade hier sieht Aicher die wichtigste Aufgabe der Entwerfer:

„das anstrengende ist das ganz gewöhnliche. und im ganz gewöhnlichen zahlt sich das leben aus. im gewöhnlichen entfaltet sich kultur. als form, die man seinem leben gibt." (Aicher 1991/1, S. 171)

Plakat für die Sportart Ringkampf, entworfen für die Olympischen Spiele München 1972

Münchеn ⑧⑧⑧ 1972

Aus dieser hohen Wertschätzung des Alltäglichen folgt für Aicher der Vorrang der Kriterien des Gebrauchs, des Herstellens und der Zweckmäßigkeit. Damit sind keine abstrakten Ideale wie Vitruvs *firmitas* oder *utilitas* gemeint; das Gebrauchen ist auch nicht im technischen Sinne wertfrei zu verstehen wie der Begriff der Funktion, sondern geht von der konkreten Erfahrung des persönlichen Umgangs mit einem bestimmten Gegenstand oder Gebäude aus. Das Prinzip der Zweckmäßigkeit sei daher auch nicht ausschließend; vielmehr führe es zu einer Dezentralisierung des Wahrheitsanspruchs, denn: *„vieles ist zweckmäßig, und vieles ist auf verschiedene weise zweckmäßig."* (Aicher 1991/2, S. 191) Anstelle der allgemeinen Kategorie der Wahrheit setzt Aicher das Richtige als das dem Menschen mögliche Wahre: *„es ist konkret. es hat umstände, es ist überschaubar, es ist dinglich, anschaulich, lässt sich überprüfen und diskutieren."* (Aicher 1985, S. 251) Vom bloß Opportunen unterscheide sich das Richtige, wenn es einem Kriterium entspricht, das *„außerhalb des falles liegt"*, (a.a.O., S. 252) wenn beispielsweise eine technische Lösung auch Kriterien entspricht, die nicht aus dem Bereich der Technik kommen. Letztlich sei jedoch ein umgreifendes System von Voraussetzungen und Folgen des einzelnen Falls in dessen Bewertung mit einzubeziehen.

Auch die Ästhetik ordnet Aicher diesen Kriterien unter. Zwar sei es wichtig, ästhetische Kategorien wie Proportion, Volumen, Reihung, Durchdringung oder Kontraste zu benennen und experimentell zu erfassen, um daraus eine Grammatik, eine Syntax des Entwerfens abzuleiten und eine begriffliche Kontrolle ästhetischer Phänomene zu erreichen. (Aicher 1991/2, S. 92) Doch in der Ästhetik gebe es keine allgemeingültigen Regeln, jede ästhetische Setzung sei zunächst aus sich heraus legitim. In der Folge werde jedoch Freiheit in unserer Gesellschaft oft reduziert auf das Ästhetische, das dann als Vorwand und zur Verschleierung wirklicher Macht benutzt werde. (a.a.O., S. 35, S. 88) Seine Skepsis gegenüber der Instrumentalisierung des Ästhetischen radikalisiert Aicher zur völligen Ablehnung von Kunst. Kunst sei untauglich für zweckgerichtete Entwurfsarbeit. (a.a.O., S. 23) Sie sei ebenfalls eine Flucht, eine Verschleierung des Alltags, die auf der Trennung in Geist und Materie beruhe. (a.a.O., S. 88) Aichers Ablehnung von Kunst bezieht sich indes auf einen Kunstbegriff, der auf *„das „ästhetische experiment"* reduziert ist, auf das *„nicht verstehbare"*, (a.a.O., S. 31) das *„außerhalb der leistung stehen"* möchte. (a.a.O., S. 24) Verständlich wird solch eine Haltung aus der Zeit ihrer Entstehung in den Notjahren während und nach dem Zweiten Weltkrieg.

Aicher begann 1946 ein Studium der Bildhauerei an der Akademie der Bildenden Künste in München, brach dies ein Jahr später jedoch wieder ab. Er war zur Auffassung gelangt, dass jede Beschäftigung mit Kunst die Vernachlässigung des Alltags bedeute. Die Vehemenz seiner Ablehnung lässt erahnen, welchen Widerstand er zu überwinden hatte, um seine ursprüngliche Motivation aufzugeben. In dieser Situation entstand sein Postulat der *„kultur als alltäglichkeit"*, (Aicher 1993, S. 15 ff.) das grundlegend wurde für seine weitere Arbeit:

„die wirkliche kultur wäre alltagskultur und die hochkultur nur eine ihrer ausformungen. so zu denken, wäre eine umkehrung aller werte [...] künstlerische kreativität müsste den dingen des alltags zugute kommen, dem leben, wie es gelebt wird."
(a.a.O., S. 17 f.)

Aichers Sport-Pictogamme, entworfen für die Olympischen Spiele München 1972, wurden auch 1976 in Montreal verwendet. Allen Pictogrammen liegt dasselbe Raster zugrunde. © 1976 by ERCO Leuchten GmbH

Raster als Grundlage für die Sport-Pictogramme

Die Entwurfsmethoden hervorragender Entwerfer reflektiert Aicher ebenso, wie er sein theoretisches Denken auf philosophische Positionen bezieht. Seine erste Begeisterung galt dem Architekten Le Corbusier, dessen im Nationalsozialismus verbotene Werke ihm damals als ein *„manifest der verhaltensfreiheit"* erschienen, bei dem der freie Grundriss und die freie Fassade *„zwangsläufiger ausdruck einer befreiten art des wohnens"* seien. (Aicher 1985, S. 206 f.) Die politische Dimension des Entwerfens wurde hier offensichtlich.

Bestimmte Architekturbüros begreift Aicher als „Erkenntniswerkstätten", die ihre Erkenntnisse aus dem Machen, dem Herstellen und Vergleichen von Konzepten, Entwürfen und Modellen schöpfen. (1991/1, S. 106 f.) So beschreibt er die Entwurfsmethode des Büros von Norman Foster (mit dem er mehrfach zusammen arbeitete und auch persönlich befreundet war), deren Besonderheit darin bestehe, alternative Entwürfe konstruktiv, organisatorisch und haustechnisch so perfekt durchzuarbeiten, dass die Resultate vergleichbar würden. Der aufwändigste Teil eines Entwurfsvorgangs bestehe darin,

„in versuchen, experimenten und studien, in zahllosen regelkreisen von überprüfungen und neuansätzen anhand von modellen und prototypen mit hilfe von eigenleistungen und konsultationen anderer das destillat einer optimalen lösung zu gewinnen."
(Aicher 1991/1, S. 101)

Zu den Entwerfern, mit deren Arbeitsweise Aicher sich auseinander setzt, zählt auch der Architekt und Designer Charles Eames, den er den *„ersten nicht ideologischen designer der moderne"* nennt. (Aicher 1991/2, S. 54) Eames entwickle seine Produkte wie ein Verfahrenstechniker denkend, ohne stilistische Vorgaben, doch mit hohem ästhetischen Anspruch, aus ihrem Zweck, aus Material und Fertigungsmethode und aus dem Gebrauch. (a.a.O., S. 54, S. 63 f., S. 92) Ähnliche Qualitäten sieht er bei dem Designer Hans Gugelot, der im Stil den *„beginn der korruption des designs"* sah, (a.a.O., S. 71) und Johannes Potente, der als anonymer Fabrikarbeiter in den 1950er Jahren Türgriffe entwarf. (a.a.O., S. 130) Aichers Aufmerksamkeit gilt auch dem Flugingenieur Paul McCready, der mit von Muskelkraft beziehungsweise von Solarzellen betriebenen Flugzeugen um 1980 mehrere Weltrekorde aufstellte und sich mit den dabei gewonnenen Erkenntnissen anschließend Fragen des Denkens, der Kultur und Politik widmet. (a.a.O., S. 79 ff.)

In der Philosophie bezieht Aicher sich insbesondere auf Wilhelm von Ockham und Ludwig Wittgenstein, beschäftigt sich neben anderen aber auch mit Platon und Aristoteles, Descartes, Kant, Buridan und Peirce. Bei Wittgenstein, insbesondere in dessen Sprachphilosophie, findet Aicher ein Denken, das sich mit dem Alltäglichen und Gewöhnlichen auseinandersetzt, und dessen höchstes Kriterium der Gebrauch sei. Dieser werde allerdings nicht nur als Prüfstein verstanden, der das Wahre vom Falschen scheide, sondern als eine Aktivität, die das Richtige herstelle – wie in einem Spiel, in dem Regeln gesetzt werden, auf deren Grundlage sich eine neue Wirklichkeit entfaltet. Sprache werde von Wittgenstein als Handlung verstanden, als Machen, das eine Lebensform bildet. (vgl. 1991/I, S. 121)

OFFENE FRAGEN

Wie lässt sich nun die eingangs gestellte Frage nach Aichers Beitrag zu einer Entwurfstheorie beantworten? Im Unterschied zum bloßen Denken, das keines wäre, wenn es sich nicht *zwischen* Widersprüchen bewegen würde, erwarten wir von einer Theorie möglichst systematische, widerspruchsfreie Aussagen von prüfbarem Realitätsgehalt. Als Aichers Entwurfstheorie können wir bezeichnen, was sich aus seinen Texten als schlüssige Konstruktion von Aussagen ableiten lässt. In der Zusammenfassung wird deutlich, dass sein theoretischer Ansatz durchaus einem logischen Aufbau folgt: Ausgehend vom Postulat, die Welt sei als *„welt von unten"* zu denken, entwickelt sich Aichers Theorie vom Alltäglichen, vom Konkreten, vom Machen her, das mit wachsender Komplexität zum Entwerfen wird. Als dessen oberste Kriterien

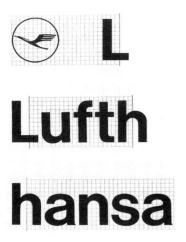

Schriftzug für das Erscheinungsbild der Lufthansa

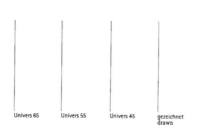

Univers 65   Univers 55   Univers 45   gezeichnet
drawn

Logogramm für das Erscheinungsbild der Firma ERCO

Lastwagen mit dem Logogramm der Firma ERCO

sieht er wiederum Gebrauch und Zweckmäßigkeit, auch die Ästhetik ist eine des Gebrauchens, Kunst wird als Verschleierung des Alltags abgelehnt. Wahrnehmung ist auf das Analoge gerichtet, Erkenntnis entsteht aus dem Machen.

Setzt man wie Aicher Gebrauch und Zweckmäßigkeit als oberste Kriterien, müssten diese deutlich von eindimensionalem Nützlichkeitsdenken unterschieden werden. Immerhin wurden die architektonischen Wüsteneien einer banalisierten Moderne mit diesem Argument begründet. Eine entsprechend differenzierte Definition dieser Begriffe fehlt bei ihm jedoch. In seiner Praxis indes lief Aicher nie Gefahr, die Grenzen des Menschlichen zu überschreiten. Er wusste sehr wohl, dass jeder Entwurf, auch der schlechteste, für einige an seiner Realisierung Beteiligte „zweckmäßig" sein würde. Die Frage lautet vielmehr, ob der Entwurf für alle von seinen Auswirkungen Betroffenen akzeptabel ist. Dies vermittelt auch Aichers Hinweis, dass Entwerfer die Differenzen und Konflikte auszutragen haben, die ein Entwurf mit sich bringt. (Aicher 1991/2, S. 68 f.)

Während sich Aichers Entwurfstheorie aus seinen Schriften durchaus erschließt, erhalten wir Rückschlüsse auf sein Denken insgesamt nur, indem wir seine vielfältigen Texte, gestalterischen Tätigkeiten und seine Biografie kritisch aufeinander beziehen. Aus dieser Distanz gesehen werden naturgemäß zahlreiche Widersprüche sichtbar, die er selbst stark empfunden haben muss. In ihnen spiegeln sich die Konflikte, aus denen er seine Position entwickelt hat. So beschreibt der unaufgelöste Widerspruch zwischen Aichers Ablehnung übergeordneter Theorien und dem theoretischen Gehalt seiner schulmeisterlich strengen Texte, zwischen seinem persönlichen Anarchismus und dem Absolutheitsanspruch einer „welt als entwurf", zwischen dem Gebrauch als oberstem Kriterium und einer durchaus gewinnenden Ästhetik, zwischen anfänglicher Begeisterung für und darauf folgender Ablehnung von Kunst das Spannungsfeld, in dem Aicher agierte. Seine theoretischen Äußerungen stellen den Versuch dar, in diesem Feld eine radikale Position zu artikulieren und argumentativ abzusichern. Dabei geht es Aicher letztlich nicht um eine differenzierte Theoriebildung, sondern um die Klarheit und Behauptbarkeit einer Position als Voraussetzung seiner Handlungsfähigkeit als Gestalter und Entwerfer. Seine Texte sind nicht als unumstößliches Dogma zu lesen, was ihr Tonfall durchaus suggeriert, sondern als argumentative Selbstvergewisserung eines Entwerfers. Aicher gelangt dabei zu einer

Die Schriftenfamilie Rotis besteht aus vier Schriften: einer Antiqua, einer Semiantiqua, einer Semigrotesk und einer serifenlosen Grotesk, die jeweils in vier Stärken, von mager bis fett, ausgebildet sind, mit Ausnahme der Antiqua der Semi-Serif, die es jeweils nur in normal und fett gibt.

Haltung, die zwar gekennzeichnet ist von ideologischen Verkürzungen und Vereinfachungen, doch erwächst sie aus einem Denken und Handeln, das die jeweilige Gegenposition durchaus als Option begreift und in die Überlegung mit einbezieht. Das Verhältnis von Theorie und Praxis bleibt für ihn ambivalent. Sobald anspruchsvollere Aufgaben zu lösen sind, das macht Aicher in seinen Schriften wie in seinem Werk deutlich, wird ein theoretischer Horizont erforderlich, den allerdings nur wenige Entwerfer explizit darzustellen vermögen. Die entwurfliche Praxis hingegen schafft Erkenntnis in einer Weise, die jeder Theorie oft weit voraus ist.

Trotz aller offenen Fragen impliziert Aichers entwurfstheoretisches Denken neue Maßstäbe für das, was eine Entwurfstheorie zu leisten hätte. Weniger in seiner persönlichen Positionierung als in der Breite seines Denkens verweist Aicher auf eine Theorie des Entwerfens, die das Spektrum der zu beantwortenden Fragen neu bestimmt. Seine Texte zeigen, dass eine Theorie des Entwerfens nicht auf Probleme der Methodik oder die Definition von Begriffen reduziert werden kann. Fragen der Wahrnehmung, des kreativen und kritischen Denkens, des Herstellens und der Bewertung müssten in einen schlüssigen Zusammenhang gebracht werden und wären auf praktische Beispiele ebenso zu beziehen wie auf politische und philosophische Positionen. Eine Theorie des Entwerfens hätte eine Meta-Ebene zu beschreiben, die auf das konkrete Handeln zielt:

„der entwurf übersteigt theorie und praxis und eröffnet nicht nur eine neue wirklichkeit, sondern auch neue einsichten." (a.a.O., S. 196)

Ausgehend von Aichers Feststellung, das Werten sei wesentlicher Bestandteil des Entwerfens, wäre der Frage nachzugehen, welches überhaupt die wesentlichen Elemente des Entwurfsprozesses sind, was ihre Bedeutung ausmacht und in welcher Beziehung sie zueinander stehen. Die wichtigsten Werkzeuge des Entwerfens wären zu identifizieren und es wäre zu klären, in welchem Sinn sie als Entwurfswerkzeuge zu verstehen sind. Dazu wäre ihre historische Entstehung zu beschreiben, ihre Wirkungsweise zu analysieren und schließlich wären sie in Bezug auf die von Aicher aufgeworfenen Fragen der Wahrnehmung, des Denkens, des Herstellens und der Bewertung zu diskutieren. Weiter wäre die Problematik des Bewertens von Entwürfen darzulegen und das Feld der möglichen Entwurfskriterien mit ihren gegenseitigen Beziehungen, Abhängigkeiten und Hierarchien zu untersuchen.

Den Philosophen Ludwig Wittgenstein zitiert Aicher einmal mit den Worten: *„wir dürfen keine theorie aufstellen. alle erklärung muss fort und nur die beschreibung an ihre stelle treten."* (Aicher 1991/I, S. 125) Eine allgemeine Theorie des Entwerfens müsste jenseits von Ideologie und Dogmatik das gesamte Feld der Möglichkeiten und Bedingungen entwurflichen Handelns beschreiben. Eine solche Theorie, die ja auch eine Theorie des Denkens und der Wahrnehmung beinhalten müsste, wäre allerdings auf keine griffige Formel mehr zu bringen. Sie wäre wohl kaum als einigermaßen kompakte Theorie

Die „*autonome republik rotis*" liegt im Allgäu, sie besteht aus einer alten Mühlenanlage und modernen, von Aicher entworfenen Ateliergebäuden. (Foto: Otl Aicher)

vorstellbar, sondern müsste aus umfangreichen, detaillierten Beschreibungen bestehen. Die Aufgabe einer *speziellen* Theorie wäre dann, bestimmte Positionen in diesem Feld zu definieren und zu begründen, indem sie entsprechende Elemente einer allgemeinen Theorie auswählt und in schlüssige Beziehung setzt. Damit schafft sie letztlich die Voraussetzungen für die Handlungsfähigkeit eines Entwerfers.

Plädoyer für eine nicht-totalitäre Ästhetik

Die Welt ist alles, was der Fall ist, schreibt Wittgenstein: Aber was genau ist eigentlich der Fall? Vieles von dem, was wir sehen und erleben, scheint tatsächlich Zufall zu sein, und zwar zunächst einmal im negativen Sinn, wie Vorfall, Abfall, Unfall, Überfall, Hinfallen, Verfall, Zerfall. Hasard, das französische Wort für Zufall, kann auch Unglück bedeuten, und der deutsche Begriff wiederum ist eine Lehnübersetzung des lateinischen accidens, was in vielen europäischen Sprachen Unfall heißt. Seiner Definition nach bezeichnet das Wort Zufall *„diejenigen Ereignisse, die sich weder als gesetzmäßige Folge eines objektiven Kausalzusammenhangs noch als intendierte Folge subjektiv-rationaler Planung erklären lassen"*. (Jörg Hardy, in Prechtl et al. 1999, S. 682) Subjektiv-rationale Planung, das Entwerfen also, und Zufall werden in dieser Definition als Gegensätze vorgestellt.

Stimmt das? Auf den ersten Blick scheinen Zufall und Architektur tatsächlich Widersprüche zu sein. Das Zufällige gilt als das Formlose, Ungeformte. Es steht im Gegensatz zur kunstvollen, unter großem Aufwand erarbeiteten und hergestellten architektonischen Form. Vergleicht man indessen die Ergebnisse eines Architekturwettbewerbs, stellt sich nicht selten die Frage, welche Zufälle wohl zu den höchst unterschiedlichen Entwürfen geführt haben mögen. Ist das glückliche Entwerfen letzten Endes etwa doch Zufall?

Eingang in die Architektur fand der Zufall sozusagen an höchster Stelle, durch den griechischen Architekten Kallimachos, der, wie Vitruv berichtet, im Vorübergehen auf dem Grab eines Mädchens einen mit einem Ziegelstein abgedeckten Korb bemerkte, der zufällig über eine Bärenklauwurzel gesetzt war, *„und, bezaubert von der Art und Neuigkeit der Form, schuf er nach diesem Vorbild die Säulen bei den Korinthern..."* (Vitruv IV, 1, 9-10, Abb. siehe S. 44) Dieser Bericht kann als eine Parabel über das architektonische Entwerfen gelesen werden. Vitruv vermittelt hier eine Auffassung des Entwerfens als eine Tätigkeit in zwei Schritten: erstens das Erkennen und zweitens das schöpferische Übertragen von strukturellen Zusammenhängen aus dem Bereich des Todes (Grab, Korb mit Grabbeigaben) in das Leben (Akanthusblätter, Architektur). Voraussetzung sind die hohe gestalterische Kompetenz, die Vitruv Kallimachos zuschreibt, und dessen Fähigkeit, sich von einer zufällig vorgefundenen Situation bezaubern zu lassen. Doch statt sich die

Entwurfsstrategie des schöpferischen Übertragens zu eigen zu machen, hat die Nachwelt das von Kallimachos entworfene Kapitell zum Symbol erhoben und endlos wiederholt.

Alle Versuche, das Entwerfen in Methoden zu fassen, sind daran gescheitert, dass der Moment des glücklichen Einfalls, der oft zum entscheidenden Qualitätssprung in einem Entwurfsprozess führt, sich nicht herbeizwingen lässt. Einfälle sind weder vorherseh- noch berechenbar, und doch sind Entwerfende bestens darin geübt, sie zu haben. Einfälle sind in gewissem Sinn auf den Zufall angewiesen, aber der Zufall kann ja auch ein Glücksfall sein. Er hat eine Nähe zur ästhetischen Erfahrung – vom Auffallen zum Gefallen ist es nicht weit – und zum Entwerfen: Fallweise machen wir einen Ausfall, um uns von auferlegten Zwängen zu befreien, oder wir haben eben den rettenden Einfall. Eines ist klar: Der Zufall spielt beim Entwerfen wie auch sonst im Leben eine nicht zu unterschätzende Rolle.

Man könnte demzufolge das Entwerfen als eine fortwährende Auseinandersetzung mit dem Zufall betrachten, als eine nie endende Tätigkeit, deren Ziel es ist, aus dem zufällig Vorhandenen eine lebenswerte Umwelt zu erzeugen. Die eine, mehr oder weniger vom Zufall bestimmte Grenze bilden dabei die Gegebenheiten. Die andere, ebenfalls zufällige Grenze bilden die jeweils verfügbaren entwurflichen Fähigkeiten: Wahrnehmungs- und Urteilsfähigkeit, die Beweglichkeit des Denkens, die Vorstellungskraft, die Ausdrucksfähigkeit und die Verfügbarkeit und spezifischen Eigenschaften der dazu verwendeten Entwurfswerkzeuge.

In diesem Kampf mit dem Zufall sind zwei konträre Ansätze zu beobachten. Der erste, den ich den klassizistisch-deterministischen nennen möchte, versucht, den Zufall soweit wie möglich auszuschalten. Dieser Ansatz setzt auf die kommunikative Stärke einer Form, die aus ihrer unwahrscheinlichen Regelmäßigkeit entsteht. Klassizistisch verstehe ich hier nicht als Baustil, wie er die westliche Architektur seit der Frührenaissance geprägt hat, sondern als eine entwurfliche Haltung, die auf einfache geometrische Formen („formale Strenge"), schlichte Wiederholung („Konsequenz") und Neutralität („Objektivität") des Ausdrucks setzt. Man kann diese Haltung als ein Minimieren des entwurflichen Aufwandes verstehen, die zugunsten medien- wie arbeitsökonomischer Vorteile jeden Einzelfall, alles Eigenartige, Besondere oder Spezifische ignoriert. Entsprach dies vor einiger Zeit noch der Logik der industriellen Produktionstechnik, mag heute eine solche Haltung die verständliche Reaktion auf ein ökonomisches Umfeld sein, das die eigentliche Entwurfsarbeit nur selten finanziert. Gerade die entscheidenden Entwurfsphasen werden in der Regel als Vor- und Akquiseleistung erbracht, und oft genug vergeblich. Ob ein Wettbewerbssystem, bei dem bisweilen Hunderte von Architekturbüros umsonst arbeiten, qualitätsvolles Entwerfen wirklich auf Dauer fördert, darf bezweifelt werden. Belohnt wird in diesem System, wer eine Architektursprache kultiviert, die im Grunde genommen wenig entwurfliche Intelligenz erfordert. Es genügt die entsprechende Beharrlichkeit – und ausreichend Macht, sei es politische oder ökonomische, die es ermöglicht, einfache Formen ad infinitum zu wiederholen und im großen Maßstab zu realisieren. Als staatstragende Machtdemonstration, als machohafte Law-and-order-Architektur wirkt dies dann vor allem in ästhetischer Hinsicht, auch wenn ihre Autoren ihre Ideologie als Idealismus und ihre gestalterische Einfallslosigkeit als Askese zu verkaufen versuchen. Bestenfalls entsteht so eine Art neutraler Hintergrund, der dem menschlichen Bedürfnis nach Ruhe und Stabilität entgegenkommt, und vor dem das Leben sich in all seiner Buntheit entfalten kann.

Der andere Ansatz, den man romantisch-progressiv nennen könnte, macht sich den Zufall als ein in definierten Grenzen zugelassenes Gestaltungsprinzip zu eigen. In diesem Fall werden bestimmte Aspekte einer Form von zufällig gegebenen (aber in definierten Grenzen ausgewählten) Daten generiert oder als Reaktion auf diese entworfen. Zufall wird hier als Synonym für das Gegebene, das Konkrete des jeweiligen Einzelfalls aufgefasst, für die Bereitschaft, sich einzulassen auf die Welt, wie sie eben der Fall ist.

Ebenso wie zuvor klassizistisch beziehe ich hier auch den Begriff romantisch nicht auf einen historischen Baustil. Es geht um eine entwurfliche Haltung, die auf der Bereitschaft basiert, sich einzulassen auf die Welt, wie wir sie vorfinden, und die all ihre entwurflichen Fähigkeiten einsetzt, um im Bezug auf das bereits Vorhandene eine lebenswerte Umwelt zu schaffen. Dieses Buch ist als ein Plädoyer für diese Art des Entwerfens geschrieben. Sie nutzt vorurteilslos alle Möglichkeiten der Geometrie und Formgebung, ohne Ziele wie Einfachheit, Klarheit und Prägnanz aus den Augen zu verlieren. Anstelle schlichter Wiederholung verwendet sie offene Ordnungen, die Varianz, Anpassung und Überraschung zulassen, ohne unübersichtlich zu werden. Anstelle eines Einheits- und Systemdenkens setzt sie auf das Besondere, Eigenartige, Spezifische, Differenzierte, ohne jedoch laut oder

aufdringlich zu sein. Wohl wissend, dass die Qualität eines Gebäudes
wesentlich von seiner Umgebung abhängt, nimmt sie das zufällig Vorhandene zum Anlass, um daraus Funken für ihren Entwurf zu schlagen. Leicht
und lebendig, spielerisch und humorvoll zu sein ist ihr ästhetisches Ziel.

Diese entwurfliche Haltung war für die Meisterwerke der klassischen
Moderne ebenso charakteristisch wie für einige der besten Bauten der
Nachkriegszeit. Sie wird von Scharouns Berliner Philharmonie verkörpert,
aber auch von Mies van der Rohes Neuer Nationalgalerie oder von
Le Corbusiers Wallfahrtskirche bei Ronchamp. Sicherlich war sie prägend für
das Werk von Alvar Aalto und Charles und Ray Eames. Die Stärke dieses
Ansatzes ist seine Flexibilität, seine Fähigkeit, funktionalen wie ästhetischen
Ansprüchen gleichermaßen gerecht zu werden, und dazu alle Möglichkeiten
des Entwerfens auszuschöpfen. Seine Schwäche liegt im Verzicht auf
„strenge" Formen und „unwiderlegbar logische" Argumente, was zu Vor-
würfen wie Subjektivität und Willkürlichkeit führt. Eine „objektive", sich auf
Allgemeingültigkeit berufende Ordnung wird gefordert. Aber werden
Gebäude nicht immer nur von einzelnen Subjekten wahrgenommen und
genutzt? Und sollten die in ihnen nicht etwas von dem wiederfinden, das
allen Menschen in ihrem jeweiligen subjektiven Empfinden gemeinsam ist?

Hier stellt sich die Frage, wie Entwerfende ihre Entscheidungen begründen und welche Begründungen gesellschaftlich akzeptiert werden: persönliche Willkür sicherlich nicht. Bemerkenswerterweise wird aber das Gegebene,
das zufällig Vorhandene, oft als eine legitime, weil der menschlichen Willkür
entzogene Begründung anerkannt. Beide Ansätze, der klassizistische wie der
romantische, versuchen, willkürliche Entwurfsentscheidungen eines individuellen Autors zu vermeiden beziehungsweise durch höhere Instanzen zu
legitimieren. Der klassizistische Ansatz legitimiert sich durch eine demons-
trative formale Logik, denn: In der Logik ist alles geordnet und nichts zufällig oder willkürlich. Der romantische Ansatz hingegen beruft sich gerade
auf das konkret Gegebene, schon Vorhandene: den Zufall eben.

Kreativitätstechniken, die darin bestehen, die Vorstellungskraft vom Zufall
beflügeln zu lassen, hat schon Leonardo da Vinci beschrieben. Er habe in
den Wolken und an Mauern schon Flecken gesehen, die ihn „zu schönen
Erfindungen verschiedenster Dinge" anregten. Die Drip-paintings von
Jackson Pollock nutzen den Zufall ebenso wie Kompositionen von John
Cage, die partizipative Architektur der 1970er Jahre hat sich ihm ausgeliefert,

während James Sterling ihn mit den symmetrisch herausgefallenen Steinen der Stuttgarter Staatsgalerie ironisiert. Es hängt letztlich davon ab, wie gut die angewandten Gestaltungsparameter für einen Betrachter nachvollziehbar sind. Zufällig sieht etwas nur dann aus, wenn das Formprinzip für Dritte nicht nachvollziehbar ist, wie etwa das Schwanken der Stelen von Peter Eisenmans Denkmal für die ermordeten Juden Europas. Das Glasfenster von Gerhard Richter im Kölner Dom hingegen wirkt weder zufällig noch willkürlich. Es erweckt vielmehr den Anschein, als habe ein Zufallsgenerator die Farbe der einzelnen Quadrate nach genau vorgegebenen Parametern bestimmt.

Natürlich ist auch der Zufall kein gestalterisches Allheilmittel, auch er kann totalitär wirken. Ob eine Gestaltung zufällig, willkürlich, logisch oder überdeterminiert erscheint, ist eine ästhetische Frage, eine Frage des Maßstabs und der Form. Einer Ästhetik des beherrschten Zufalls folgt beispielsweise auch die Struktur des Pekinger Olympiastadion von Herzog & de Meuron. Dieses Bauwerk lässt aber zugleich erkennen, wie groß auf anderer Ebene der planerische und bauliche Aufwand gewesen sein muss, eine solche zufällig erscheinenden Form zu realisieren. Je größer die maßstäbliche wie technische Distanz von zufälliger und realisierter Form sind, desto beeindruckender ist das Resultat. Es wirkt in diesem Fall letztlich doch als Machtdemonstration, die auf etwas beängstigende Weise zeigt, dass selbst in diesem Riesenmaßstab noch mit dem Zufall gespielt werden kann.

Es gibt ein Paradoxon, das in der Ästhetik ebenso wie in der Politik wirksam ist: Die Bedeutung jeder Aussage kann sich, ob gewollt oder nicht, auf der nächsten oder übernächsten Maßstabs- oder Betrachtungsebene in ihr Gegenteil verkehren. Jede Entwurfshaltung kann, wenn sie zum herrschenden Dogma wird, unfrei und bedrückend werden. Es gibt in der Kunst keine einfachen, objektiven, immer gültigen Regeln, wenn auch viele, die vom Status Quo profitieren, uns das glauben machen wollen. Was beim ersten und zweiten Mal funktioniert hat, kann beim dritten Versuch scheitern. Was hilft, ist lebendig zu bleiben, und aufmerksam.

Anhang

BIBLIOGRAFIE

Die in Klammer gesetzte Jahreszahl gibt das Jahr der Erstauflage an, zitiert wird nach der jeweils zuletzt genannten Ausgabe.

Verwendete Abkürzungen:

DiskAB 4 (1984): *Diskussionen zur archäologischen Bauforschung 4: Bauplanung und Bautheorie der Antike.* (Tagungsband) Berlin: Deutsches Archäologisches Institut, 1984

IstMitt 30 (1980): *Istanbuler Mitteilungen, Band 30, 1980.* Deutsches Archäologisches Institut, Abteilung Istanbul. Tübingen: Wasmuth, 1980

LasCasas (1997): *Las Casas del Alma. Maquetas arquitectónicas de la Antigüedad (5500 a.C. / 300 d.C.)* (Ausstellungskatalog), Barcelona: Centre de Cultura Contemporània, 1997

Teil A: Entwerfen (bis S. 80)

ABEL, GÜNTER (Hg.) (2005): *Kreativität. XX. Deutscher Kongress für Philosophie.* Berlin: Universitätsverlag der TU Berlin, 2005

ACKERMANN, KURT, et al. (1985): *Industriebau.* Stuttgart: DVA, 1985, 4. Aufl. 1994

ACKERMANN, KURT, et al. (1988): *Tragwerke in der konstruktiven Architektur.* Stuttgart: DVA, 1988

ACKERMANN, KURT, et al. (1993): *Geschossbauten für Gewerbe und Industrie.* Stuttgart: DVA, 1993

ADAMCZYK, GRAZYNA (Hg.) (1998): *Rezeptfreies Entwerfen. Auf der Suche nach persönlichen Gesichtspunkten im Entwurfsprozess.* Herausgegeben vom Städtebaulichen Institut der Universität Stuttgart, Stuttgart, 1998

ADLER, DAVID A. (1986, 1999): *Metric Handbook Planning and Desing Data.* Architectural Press, 1986, 1999

ADORNO, THEODOR W. (1970): *Ästhetische Theorie.* Herausgegeben von Gretel Adorno und Rolf Tiedemann. Frankfurt am Main: Suhrkamp, 1970, 9. Aufl. 1989

ADORNO, THEODOR W. (1971): *Erziehung zur Mündigkeit.* Vorträge und Gespräche mit Helmut Becker 1959–69. Herausgegeben von Gerd Kadelbach. Frankfurt a. M.: Suhrkamp, 1971, zitiert nach der 16. Aufl. 1999

AICHER, OTL (1989): *„Entwurf der Moderne"*, in: Arch[+] 98, Aachen: Arch[+], 1989

AICHER, OTL (1991/1): *analog und digital.* Berlin: Ernst & Sohn, 1991

AICHER, OTL (1991/2): *die welt als entwurf.* Berlin: Ernst & Sohn, 1991

AICHER, OTL (1993): *schreiben und widersprechen.* Berlin: Janus, 1993

AICHER, OTL; GREINDL, GABRIELE; VOSSENKUHL, WILHELM (1986): *Wilhelm von Ockham: Das Risiko modern zu denken.* München: Callwey, 1986

ALBERTI, LEON BATTISTA (Manuskript ca. 1443–1452) (1485): *De re aedificatoria libri decem.* Florenz: Alamanus, 1485, deutsch: *Zehn Bücher über die Baukunst.* Ins Deutsche übertragen, eingeleitet und mit Anmerkungen und Zeichnungen versehen durch Max Theurer. Wien, Leipzig: Heller, 1912, Nachdruck Darmstadt: Wiss. Buchges., 1975, 1991

ALEXANDER, CHRISTOPHER; ISHIKAWA, SARA; SIVERSTEIN, MURRAY (1977): *A Pattern Language. Towns, Buildings, Construction.* New York: Oxford University Press, 1977, deutsch: *Eine Muster-Sprache. Städte, Gebäude, Konstruktion.* Wien: Löcker Verlag, 1995

ALTSCHULLER, GENRICH SAULOWITSCH (1979): *Tvorcestvo kak tocna ja nauka.* Moskau, 1979, deutsch: *Erfinden – Wege zur Lösung technischer Probleme.* Ohne Ort, 1984, Nachdruck der 2. Aufl., ohne Ort: Verlag Technik, 1986, Cottbus: PI, 1998

AMMANN, JEAN-CHRISTOPHE (1998): *Das Glück zu sehen. Kunst beginnt dort, wo der Geschmack aufhört.* Statement-Reihe S 26. Regensburg: Lindinger & Schmid, 1998

ANDREAS VESALIUS (1543): *De Humani Corporis Fabrica.* Basel, 1543

ARASSE, DANIEL (1997): *Leonardo da Vinci. Le rythme du monde.* Paris, 1997, deutsch: *Leonardo da Vinci.* Köln: DuMont, 1999

ARISTOTELES (1962): *Werke. Problemata physica.* Herausgegeben von Ernst Grumach, übersetzt von Hellmut Flashar. Darmstadt, 1962, Bd. 19

ARISTOTELES (1998): *Nikomachische Ethik IV.* Herausgegeben und übersetzt von Hans-Georg Gadamer. Frankfurt am Main: Klostermann, 1998

ARNHEIM, RUDOLF (1969): *Visual thinking.* Berkeley: University of California Press 1969, deutsch: *Anschauliches Denken: Zur Einheit von Bild und Begriff.* Köln: DuMont Schauberg, 1972, 7. Aufl. 1996

ARNHEIM, RUDOLF (1986): *New Essays on the Psychology of Art*; Berkeley: University of California Press 1986, deutsch: *Neue Beiträge.* Aus dem Amerikanischen von Gerhard Ammelburger und Brigitte Wünnenberg, Köln: Dumont, 1991

ARNHEIM, RUDOLF (1996): Vorwort zur neuen deutschen Ausgabe: *Anschauliches Denken: Zur Einheit von Bild und Begriff.* Köln: DuMont Schauberg, 1996

BACHMANN, WOLFGANG (2006): „Der Kampf der Baukulturen", in: Baumeister, Heft 5/2006, S. 1

BALMOND, CECIL; SMITH, JANNUZZI (2002): *informal.* München: Prestel, 2002

BATESON, GREGORY (1972): *Steps to an Ecology of Mind.* San Francisco: Chandler, New York: Ballantine, 1972, deutsch: *Ökologie des Geistes.* Frankfurt am Main: Suhrkamp, 1981, 7. Aufl. 1999

BATESON, GREGORY (1979): *Mind and Nature. A Necessary Unity.* New York: Dutton 1979, deutsch: *Geist und Natur. Eine notwendige Einheit.* Frankfurt am Main: Suhrkamp, 1987, 5. Aufl. 1997

BECHER, BERND & HILLA (2003): *Typologien industrieller Bauten.* München: Schirmer/Mosel, 2003

BEHNISCH & PARTNER, Architekten (1987): *Arbeiten aus den Jahren 1952–1987.* (Ausstellungskatalog) Stuttgart: Cantz, 1987

BEHNISCH & PARTNER, Architekten (1996): *Bauten und Projekte 1987–1997.* Ostfildern-Ruit: Hatje, 1996

BEHNISCH, GÜNTER; DURTH, WERNER (2005): *Berlin – Pariser Platz. Neubau der Akademie der Künste.* Berlin: Jovis, 2005

BENSE, MAX (1998): *Ausgewählte Schriften in vier Bänden*, Bd. 3: *Ästhetik und Texttheorie.* Weimar: Metzler, 1998

BINDING, GÜNTHER (1993): *Baubetrieb im Mittelalter.* Darmstadt: Wiss. Buchges., 1993

BLASER, WERNER (1977): *Mies van der Rohe. Lehre und Schule/Principles and School.* Basel, Stuttgart: Birkhäuser, 1977

BONO, EDWARD DE (1970): *Lateral Thinking. A Textbook of Creativity.* London, 1970, zitiert nach: London: Penguin, 1990

BOURDIEU, PIERRE (1984): *Homo academicus.* Paris, 1984. Deutsch: *Homo academicus.* Frankfurt am Main: Suhrkamp, 1988

BOURDIEU, PIERRE (1992): *Les règles de l'art. Genèse et structure du champ littéraire.* Paris: Éditions du Seuil, 1992. Deutsch: *Die Regeln der Kunst. Genese und Struktur des literarischen Feldes.* Frankfurt am Main: Suhrkamp, 1999

BROADBENT, GEOFFREY (1973): *Design in Architecture. Architecture and the Human Sciences.* London, New York: John Wiley, 1973, Reprint 1975, 1981, 1988

BRUYN, GERD DE; TRÜBY, STEPHAN (Hg.) (2003): *architekturtheorie.doc – texte seit 1960.* Mitarbeit: Henrik Mauler, Ulrich Pantle. Basel, Boston, Berlin: Birkhäuser, 2003

BURCKHARDT, LUCIUS (2004): *Wer plant die Planung? Architektur, Politik und Mensch.*
Herausgegeben von Jesko Fezer und Martin Schmitz. Kassel: Schmitz, 2004

CAFEE, RICHARD (1977): *„The Teaching of Architecture at the Ecole des Beaux-Arts"*, in:
Drexler 1977, S. 61–109

CALVINO, ITALO (1988): *Lezioni americane. Sei proposte per il prossimo millenio.* Milano: Garzanti,
1988, deutsch: *Sechs Vorschläge für das nächste Jahrtausend.* München, Wien: Hanser, 1991

CHASTEL, ANDRÉ (Hg.) (1987, 1990): *Leonardo da Vinci (1651): Trattato della pittura.*
(Manuskripte bis 1519). Herausgegeben von Francesco Melzi, Paris: Fresne, 1651,
deutsch: *Nürnberg, 1724, zitiert nach: Sämtliche Gemälde und die Schriften zur Malerei.*
kommentiert und eingeleitet von André Chastel. Paris, 1987, München, 1990

CHING, FRANCIS D.K. (1979): *Architecture: Form Space & Order.* New York, 1979

CHING, FRANCIS D.K. (1989): *Drawing: A Creative Process.* New York, 1989

CHING, FRANCIS D.K. (1998): *Design Drawing. A comprehensive introduction to drawing and more.*
New York, 1998

CHING, FRANCIS D.K. (2002): *Architectural Graphics:* 4. Aufl., New York, 2002

CLAIR, JEAN (Hg.) (2005): *Melancholie. Genie und Wahnsinn in der Kunst.*
(Ausstellungskatalog). Ostfildern-Ruit: Hatje Cantz, 2005

CONRADS, ULRICH (Hg.) (1964): *Programme und Manifeste zur Architektur des 20. Jahrhunderts.*
Zusammengestellt und kommentiert von Ulrich Conrads. Bauwelt-Fundamente
Band 1, Frankfurt am Main/Berlin: Ullstein, 1964, zitiert nach dem unveränderten
Nachdruck der 2. Aufl. 1981, Basel, Boston, Berlin: Birkhäuser, 2001

CROSET, PIERRE-ALAIN (1987): *„Occi che vedono"*, in: Casabella Nr. 531–532, Milano 1987,
S. 4–8 (Le Corbusier, Carnet T 70, Nr. 1038, 18.8.63)

DAMASIO, ANTONIO R. (1994): *Descartes' Error. Emotion, Reason and the Human Brain.*
New York: Putnam, 1994, deutsch: *Descartes' Irrtum. Fühlen, Denken und das menschliche
Gehirn.* München: List, 1995, zitiert nach München: DTV, 1997, 4. Aufl. 1999

DAMASIO, ANTONIO R. (1999): *The Feeling of What Happens. Body and Emotion in the Making of
Consciousness.* New York: Harcourt Brace, 1999, deutsch: *Ich fühle, also bin ich.
Die Entschlüsselung des Bewusstseins.* München: List, 2000, 3. Aufl. 2001

DEMETRIOS, EAMES (2001): *An Eames Primer.* London: Thames & Hudson, 2001

DOMINICK, PETER G.; DEMEL, JOHN T., u.a (2000): *Tools and Tactics of Design.*
London: Wiley, 2000

DÖRNER, DIETRICH (1989): *Die Logik des Misslingens. Strategisches Denken in komplexen
Situationen.* Reinbek bei Hamburg: Rowohlt, 1989, 13. Aufl. 2000

DORST, KEES (2003): *Understanding Design. 150 Reflections on Being a Designer.*
Amsterdam: BIS, 2003

DREXLER, ARTHUR (Hg.) (1977): *The Architecture of the École des Beaux-Arts.*
London: Secker & Warburg, 1977

DURAND, JEAN-NICOLAS-LOUIS (1802): *Précis des Leçons d'Architecture données à l'École
Polytechnique.* Paris, 1802

EBERT, THEODOR (1995): *„Phronêsis. Anmerkungen zu einem Begriff der Aristotelischen Ethik
(VI 5, 8–13)"*, in: Höffe 1995

ECCLES, JOHN C. (1973): *The Understanding of the Brain.* New York, 1973, deutsch: *Das
Gehirn des Menschen.* München: Piper, 1975, 6. Aufl. der durchgesehenen
Neuausgabe, München: Piper, 1990

ECCLES, JOHN C. (Hg.) (1966): *Brain and Conscious Experience.* New York: Springer, 1966

EDWARDS, BETTY (1979): *Drawing on the Right Side of the Brain. A Course in Enhancing Creativity and Artistic Confidence.* Los Angeles, 1979, deutsch: *Garantiert zeichnen lernen. Die rechte Gehirnhälfte aktivieren – Gestaltungskräfte freisetzen.* Reinbeck bei Hamburg: Rowohlt, 1982, Augsburg: Bechtermünz, 2000

EIERMANN, EGON (1994): *Briefe des Architekten: 1946–1970.* Herausgegeben vom Institut für Baugeschichte der Universität Karlsruhe. Stuttgart: DVA, 1994

EISENMAN, PETER (1995): *Aura und Exzess. Zur Überwindung der Metaphysik der Architektur.* Herausgegeben von Ullrich Schwarz. Wien: Passagen, 1995

EISENMAN, PETER (2005): *Ins Leere geschrieben. Schriften & Interviews 2.* Wien: Passagen, 2005

ENGEL, HEINO (2003): *Methodik der Architektur-Planung.* Berlin: Bauwerk, 2003

ERMEL, HORST; BECK, CHRISTIAN, u. a. (2004): *Grundlagen des Entwerfens.* Band 1: *Gestaltungsmethodik.* Fachbereich Architektur, Raum- und Umweltplanung, Bauingenieurwesen der Universität Kaiserslautern. Darmstadt: Das Beispiel, 2004

ERMEL, HORST; BRAUNECK, PER, u. a. (2004): *Grundlagen des Entwerfens.* Band 2: *Funktion.* Fachbereich Architektur, Raum- und Umweltplanung, Bauingenieurwesen der Universität Kaiserslautern. Darmstadt: Das Beispiel, 2004

EVERS, BERND; THOENES, CHRISTOF (Hg.) (2003): *Architekturtheorie von der Renaissance bis zur Gegenwart. 89 Beiträge zu 117 Traktaten.* Köln: Taschen, 2003

FERGUSON, EUGENE S. (1992): *Engineering and the Mind's Eye.* Cambridge, Mass.: MIT Press, 1992, zitiert nach der deutschen Ausgabe: *Das innere Auge. Von der Kunst des Ingenieurs.* Basel/Boston/Berlin: Birkhäuser, 1993

FIEDERLING, OTTO (1975): *Theorie des Entwerfens.* Hannover, 1975

FISCHER, VOLKER; HAMILTON, ANNE (Hg.) (1999): *Theorien der Gestaltung. Grundlagentexte zum Design,* Band 1. Frankfurt am Main: Form, 1999

FLUSSER, VILÉM (1989): *„Vom Unterworfenen zum Entwerfer von Gewohntem",* in: *Intelligent Building.* Symposium an der Fakultät für Architektur der Universität Karlsruhe, Institut für Baugestaltung, Prof. Fritz Haller, Karlsruhe 1989, Kap. 11, S. 1–9

FLUSSER, VILÉM (1991): *Gesten. Versuch einer Phänomenologie.* Bensheim und Düsseldorf: Bollmann, 1991, 2. Aufl. 1993

FLUSSER, VILÉM (1992/2): *„Virtuelle Räume – Simultane Welten",* in: Arch⁺ 111, Aachen: Arch⁺, 1992, S. 17–81

FLUSSER, VILÉM (1994): *Schriften.* Herausgegeben von Stefan Bollmann und Edith Flusser, Band 3: *Vom Subjekt zum Projekt. Menschwerdung.* Bensheim und Düsseldorf: Bollmann 1994

FLUSSER, VILÉM (1998): *Standpunkte. Texte zur Fotografie.* Herausgegeben von Andreas Müller-Pohle. Göttingen: European Photography, 1998 (Edition Flusser Bd. 8)

FONATTI, FRANCO (1982): *Elementare Gestaltungsprinzipien in der Architektur.* Wien: Tusch, 1982

FOSTER, NORMAN (2000): *Rebuilding the Reichstag.* Weidenfeld & Nicolson, 2000, deutsch: *Der neue Reichstag.* Herausgegeben von David Jenkins. Leipzig, Mannheim: Brockhaus, 2000

FRÉART, ROLAND (1650): *Parallèle de l'architecture antique avec la moderne.* Paris, 1650, zitiert nach Laugier 1753, S. 83

FUHRMANN, PETER (1998): *Bauplanung und Bauentwurf. Grundlagen und Methoden der Gebäudelehre.* Stuttgart: Kohlhammer, 1998

GADAMER, HANS-GEORG (1983): *Lob der Theorie. Reden und Aufsätze.* Frankfurt am Main: Suhrkamp, 1983, 3. Aufl. 1991

GADAMER, HANS-GEORG (Hg.) (1998): *Aristoteles' Nikomachische Ethik IV.* Frankfurt am Main: Klostermann, 1998

235

GÄNSHIRT, CHRISTIAN (2000): „Entwerfen und Forschen. Architektur und die Idee der Universität",
in: Wolkenkuckucksheim – Internationale Zeitschrift für Theorie und Wissenschaft der
Architektur, Nr. 2/2000

GARDNER, HOWARD (1993): Creating Minds. An anatomy of creativity seen through the lives of
Freud, Einstein, Picasso, Stravinsky, Eliot, Graham and Gandhi. New York: Basic Books, 1993,
deutsch: So genial wie Einstein. Schlüssel zum kreativen Denken. Stuttgart: Klett-Cotta, 1996

GAST, KLAUS-PETER (1998): Louis I. Kahn, Die Ordnung der Ideen. Basel, Boston,
Berlin: Birkhäuser, 1998

GAST, KLAUS-PETER (2000): Le Corbusier: Paris-Chandigarh. Basel, Boston,
Berlin: Birkhäuser, 2000

GERKAN, MEINHARD VON (1995): Architektur im Dialog. Texte zur Architekturpraxis.
Mit Beiträgen von Werner Strodthoff, Klaus-Dieter Weiß, Jan Esche und
Bernd Pastuschka. Berlin: Ernst & Sohn, 1995

GROAT, LINDA; WANG, DAVID (2002): Architectural Research Methods. New York: Wiley, 2002

HÖFER, CANDIDA (2003): Monographie. Mit einem Text von/Avec un texte de
Michael Krüger. München: Schirmer/Mosel, 2003

HÖFFE, OTFRIED (Hg.) (1995): Aristoteles. Die Nikomachische Ethik. Berlin, Akademie, 1995

HOFMANN, WERNER (2003): Goya. Vom Himmel durch die Welt zur Hölle. München: Beck, 2003

JANSEN, JÜRG, u. a. (1989): Architektur lehren. Bernhard Hoesli an der Architekturabteilung
der ETH Zürich. Zürich: gta, 1989

JASPERS, KARL (1946): Die Idee der Universität, Berlin, 1923, Neufassung Berlin/Heidelberg
1946, Reprint: Heidelberg/Berlin/New York: Springer, 1980

JENCKS, CHARLES, KROPF, KARL (Hg.) (1997): Theories and Manifestoes of Contemporary
Architecture. Chichester: Academy, 1997, 5. Aufl. 2003

JENKINS, DAVID (Hg.) (2000): On Foster … Foster on. Introduction by Deyan Sudjic. München,
London, New York: Prestel, 2000

JENNY, PETER (1996): Das Wort, das Spiel, das Bild: Unterrichtsmethoden für die Gestaltung von
Wahrnehmungsprozessen. Zürich: vdf, 1996

JOAS, HANS (1996): Die Kreativität des Handelns. Frankfurt am Main: Suhrkamp, 1996

JOEDICKE, JÜRGEN (1976): Angewandte Entwurfsmethodik für Architekten. Stuttgart: Krämer, 1976

JOEDICKE, JÜRGEN (Hg.) (1970): Entwurfsmethoden in der Bauplanung. Arbeitsberichte zur
Planungsmethodik, Band 4. Stuttgart/Bern: Krämer, 1970

KALAY, YEHUDA E. (2004): Architecture's New Media. Principles, Theories, and Methods of
Computer-Aided Design. Cambridge, Mass.: MIT Press, 2004

KEMP, WOLFGANG (1974): Disegno. Beiträge zur Geschichte des Begriffs zwischen 1547 und 1607.
Marburger Jahrbuch für Kunstwissenschaft, Bd. 19, Marburg, 1974, S. 219–240

KLEINE, HOLGER; PASSE, ULRIKE (Hg.) (1997): Nach dem Bauhaus – 13 Positionen zur Entwurfsgrundlehre. Vorwort: Matthias Sauerbruch. Berlin: Technische Universität, 1997

KNAUER, ROLAND (1991, 2002): Entwerfen und Darstellen. Die Zeichnung als Mittel des
architektonischen Entwurfs. Berlin: Ernst & Sohn, 1991, 2002

KOELBL, HERLINDE (1998): Im Schreiben zu Haus. Wie Schriftsteller zu Werke gehen.
Fotografien und Gespräche. München: Knesebeck, 1998

KRÄMER, SYBILLE; BREDEKAMP, HORST (Hg.) (2003): Bild – Schrift – Zahl. (Reihe
Kulturtechnik) München: Wilhelm Fink, 2003

KRAUSSE, JOACHIM; LICHTENSTEIN, CLAUDE (Hg.) (2001): Your Private Sky: R. Buckminster Fuller.
Diskurs. Baden: Lars Müller, 2001

KRUFT, HANNO-WALTER (1986): Geschichte der Architekturtheorie. Von der Antike bis zur Gegenwart.
München: Beck, 1985, 4. Aufl. 1995

Kücker, Wilhelm (1989): *Die verlorene Unschuld der Architektur. Aufsätze und Reden 1980 bis 1987*. Bauwelt-Fundamente, Band 84. Braunschweig: Vieweg, 1989

Lampugnani, V. Magnago; Hanisch, Ruth; Schumann, U. Maximilian; Sonne, Wolfgang; (Hg.) (2004): *Architekturtheorie 20. Jahrhundert – Positionen, Programme, Manifeste*. Ostfildern-Ruit: Hatje Cantz, 2004

Lapuerta, Jose Maria de (1997): *El Croquis – Projecto y Arquitectura (Scintilla Divinitatis)*. Madrid: Celeste, 1997

Laugier, Marc-Antoine (1753): *Essai sur l'architecture*. Paris: Duchesne, 1753

Laurel, Brenda (Hg.) (2003): *Design Research: Methods and Perspectives*. Cambridge, Mass.: MIT Press, 2003

Lawson, Bryan (1980, 1990, 1997, 2006): *How Designers Think. The Design Process Demystified*. Oxford: Architectural Press, 1980, 1990, 3rd ed. 1997, 4th ed. 2006

Lawson, Bryan (1994): *Design in Mind*. Oxford: Butterworth-Heinemann, 1994

Lawson, Bryan (2004): *What Designers Know*. Oxford: Architectural Press, 2004

Lenk, Hans (2000): *Kreative Aufstiege. Zur Philosophie und Psychologie der Kreativität*. Frankfurt am Main: Suhrkamp, 2000

Lepik, Andreas (1995): „*Das Architekturmodell der frühen Renaissance. Die Erfindung eines Mediums*", in: Evers 1995, S. 10–20

Lindinger, Herbert (Hg.) (1987): *Hochschule für Gestaltung Ulm – Die Moral der Gegenstände*. Berlin: Ernst & Sohn, 1987

Linke, Detlef (1999): *Das Gehirn*. München: Beck, 1999

Loidl, Hans; Bernard, Stefan (2003): *Freiräume(n). Entwerfen als Landschaftsarchitektur*. Basel, Boston, Berlin: Birkhäuser, 2003

Lorenz, Peter (2004): *Entwerfen. 25 Architekten, 25 Standpunkte*. München: DVA, 2004

Mattenklott, Gundel; Weltzien, Friedrich (Hg.) (2003): *Entwerfen und Entwurf. Praxis und Theorie des künstlerischen Schaffensprozesses*. Berlin: Dietrich Reimer, 2003

McLuhan, Marshall (1964): *Understanding Media*. Toronto, 1964, deutsch: *Die magischen Kanäle. Understanding Media*. Düsseldorf, Wien: Econ, 1968, zitiert nach: Dresden, Basel: Verlag der Kunst, 2. Aufl. 1995

Meiss, Pierre von (1984): *De la Forme au Lieu. Une introduction à l'étude de l'architecture*. Lausanne: 1984, 1993, deutsch: *Vom Objekt zum Raum zum Ort. Dimensionen der Architektur*. Basel, Boston, Berlin: Birkhäuser, 1994

Michels, Karen (1989): *Der Sinn der Unordnung. Arbeitsformen im Atelier Le Corbusiers*. Braunschweig/Wiesbaden: Vieweg, 1989

Mittelstrass, Jürgen (1994): *Die unzeitgemäße Universität*. Frankfurt a. M.: Suhrkamp, 1994

Moon, Karen (2005): *Modeling Messages. The Architect and the Model*. New York: Monacelli, 2005

Moravansky, Ákos; Gyöngy Katalion M. (Hg.) (2003): *Architekturtheorie im 20. Jahrhundert. Eine kritische Anthologie*. Wien, New York: Springer, 2003

Musso, Arne; Lafrenz, Christian; Wilker, Wolfgang (1981): *Zur Anwendung von Bewertungssystemen im Bauwesen*. Berlin, 1981

Nägeli, Walter; Vallebuona, Renzo (1993): *Eine Fabrik in Melsungen. A Factory in Melsungen*. Berlin: Wasmuth, 1993

Nesbitt, Kate (Hg.) (1996): *Theorizing a New Agenda for Architecture. An Anthology of Architectural Theory 1965–1995*. New York: Princeton Architectural Press, 1996

Neufert, Ernst (1936, 1979, 1992): *Bauentwurfslehre. Grundlagen, Normen, Vorschriften*. Berlin: Bauwelt-Verlag, 1936, weitergeführt von Peter Neufert, 33. Aufl. Braunschweig, Wiesbaden: Vieweg, 1992

Neumeyer, Fritz; Cepl, Jaspar (Hg.) (2002): *Quellentexte zur Architekturtheorie*. München: Prestel, 2002

OSTENDORF, FRIEDRICH (1913): *Sechs Bücher vom Bauen. Enthaltend eine Theorie des Architektonischen Entwerfens.* Bd. 1: *Einführung.* Berlin: Ernst & Sohn, 1913, 2. Aufl. 1914

PACIOLI, FRA LUCA (1509): *De Divina Proportione.* Florenz: Paganius, 1509

PANOFSKY, ERWIN (1924): *Idea. Ein Beitrag zur Begriffsgeschichte der älteren Kunsttheorie.* Hamburg, 1924, zitiert nach Berlin: Spiess, 1989

PESSOA, FERNANDO (Manuskript bis 1933) (1990–91): *Livro do desassosego. Volume 1+2.* Por Vicente Guedes, Bernardo Soares. Leitura, fixação de inéditos, organização e notas Teresa Sobral Cunha, Lisboa: Preceça, 1990–91

PFAMMATTER, ULRICH (1997): *Die Erfindung des modernen Architekten. Ursprung und Entwicklung seiner wissenschaftlich-industriellen Ausbildung.* Basel / Boston / Berlin: Birkhäuser, 1997

PIANO, RENZO (2001): *La responsabilità dell'architetto. Conversatione con Renzo Cassigoli.* Firenze-Antella: Passigli, 2001

POPPER, KARL R. (1974): *Unended Quest. An Intellectual Autobiography.* London, Glasgow: Fontana, Collins, 1974, deutsche Ausgabe: *Ausgangspunkte: Meine intellektuelle Entwicklung.* Hamburg: Hoffmann und Campe, 1979, 3. Aufl. 1984

PORTER, TOM; GREENSTREET, BOB; GOODMAN, SUE (1980): *Manual of graphic techniques for architects, graphic designers and artists.* Ohne Ort, 1980. Deutsch: *Handbuch der grafischen Techniken für Architekten und Designer.* Band 1–4, Köln: Rudolf Müller, 1984

PRECHTL, PETER (1999): *„Ideenlehre",* in: Prechtl, Burkard 1999, S. 248–250

PRECHTL, PETER UND BURKARD, FRANZ-PETER (Hg.) (1999): *Metzler Philosophie Lexikon,* Stuttgart, Weimar: Metzler, 2. Aufl. 1999

PROMINSKI, MARTIN (2003): *Komplexes Landschaftsentwerfen.* (Diss.) Berlin: Technische Universität, 2003

PROUVÉ, JEAN (2001): *Jean Prouvé par lui-même. Propos recueillis par Armelle Lavalou.* Paris: Linteau, 2001

RAMBOW, RIKLEF (2000): *Experten-Laien-Kommunikation in der Architektur.* Münster, New York, München, Berlin: Waxmann, 2000

RICE, PETER (1994): *An Engineer Imagines.* London: Artemis, 1994

RITTEL, HORST W. (1992): *Planen, Entwerfen, Design. Ausgewählte Schriften zu Theorie und Methodik.* Herausgegeben von Wolf D. Reuter. Stuttgart, Berlin, Köln: Kohlhammer, 1992

ROBBINS, EDWARD (1994): *Why Architects Draw.* Interwiews mit Edward Cullivan, Spencer de Grey, Jorge Silvetti, Renzo Piano, Álvaro Siza u. a. Cambridge, Mass.: MIT Press, 1994, pb 1997

RODRIGUES, ANA LEONOR M. MADEIRA (2000): *O Desenho. Ordem do Pensamento Arquitectónico.* (Diss.) Lisboa: Estampa, 2000

RODRIGUES, JACINTO (1992): *Álvaro Siza, obra e méthodo.* Porto: Civilização, 1992

RYFF (ODER RIVIUS), WALTHER HERMANN (1547): *Der furnembsten/notwendigsten der gantzen Architectur angehörigen Mathematischen vnd Mechanischen kuenst/eygentlicher Bericht [...] Durch Gualtherum H. Riuium Medi. & Math.,* Nürnberg: Johan Petreius, 1547, Nachdruck: Hildesheim und New York: Olms, 1981

RYFF (ODER RIVIUS), WALTHER HERMANN (1548): *Vitruvius Teutsch, erstmals verteutscht und in Truck verordnet durch D. Gualtherum H. Rivium Medi. & Math.* Nürnberg: 1548, Nachdruck mit Einführung von Erik Forssman: Hildesheim und New York: Olms, 1973

SANER, HANS (1970): *Karl Jaspers.* Reinbek bei Hamburg: Rowohlt, 1970, 10. Aufl. 1996

SANOFF, HENRY (1970): *Techniques of Evaluation for Designers.* Raleigh, 1970

SATTLER, BARBARA JOHANNA (1998): *Der umgeschulte Linkshänder oder Der Knoten im Gehirn.* Donauwörth: Auer, 1998, 5. Aufl. 1999

SCHILDT, GÖRAN (Hg.) (1998): *Alvar Aalto in his own words.* New York: Rizzoli, 1998

SCHNEIDER, BEAT (2005): *Design – Eine Einführung. Entwurf im sozialen, kulturellen und wirtschaftlichen Kontext.* Basel, Boston, Berlin: Birkhäuser, 2005

SCHNEIDER, FRIEDERIKE: (1994, 2004): *Grundrissatlas Wohnungsbau / Floor Plan Manual Housing.* Basel, Boston, Berlin: Birkhäuser, 1994, 3. Aufl. 2004

SCHÖN, DONALD A. (1983): *The Reflective Practitioner. How Professionals Think in Action.* New York: Basic Books, 1983, 1991, reprint: Adlershot: Ashgate, 1995, 1996, 2003

SCHÖN, DONALD A. (1987): *Educating the Reflective Practitioner.* San Francisco: Jossey-Bass, 1987

SCHÖNWANDT, WALTER (1986): *Denkfallen beim Planen.* Bauwelt-Fundamente, Band 74. Braunschweig: Vieweg, 1986

SCHRICKER, RUDOLF (1986): *Darstellungsmethoden.* Stuttgart: DVA, 1986

SCHRICKER, RUDOLF (1999): *Raumzauber. Entwerfen oder „…wie die Dinge entstehen".* *Gestalten von Räumen und Produkten.* Stuttgart: DVA, 1999

SCHUMACHER, JOACHIM (1974): *Leonardo da Vinci. Maler und Forscher in anarchischer Gesellschaft.* Ohne Ort, 1974, überarbeitete Fassung, Berlin: Wagenbach, 1981

SCHUSTER, KLAUS-PETER (1991): *Melencholia 1 – Dürers Denkbild.* 2 Bde. (Diss.) Berlin: Mann, 1991

SCHUSTER, KLAUS-PETER (2005): *„Melencholia 1 – Dürer und seine Nachfolger",* in: Clair 2005, S. 90–103

SEYLER, AXEL (2003): *Wahrnehmen und Falschnehmen. Praxis der Gestaltpsychologie. Formkriterien für Architekten, Designer und Kunstpädagogen. Hilfen für den Umgang mit Kunst.* Frankfurt am Main: Anabas, 2003

SILVER, NATHAN (1994): *The Making of Beaubourg. A Building Biography of the Centre Pompidou.* Paris. Cambridge, Mass.: MIT Press, 1994

SIMONS, KATRIN (1993): *El Lissitzky Proun 23 N oder Der Umstieg von der Malerei zur Gestaltung.* Frankfurt am Main und Leipzig: Insel, 1993

SIZA, ÁLVARO (1990): *„Freibad in Leça de Palmeira",* in: Bauwelt Nr. 29/30, Berlin: 1990

SIZA, ÁLVARO (1997): *Writings on Architecture.* Herausgegeben von Antonio Angelillo. Milano: Skira, 1997

SMITH, ALBERT (2004): *Architectural Model as Machine: A new view of models from antiquity to the present day.* Architectular Press, 2004

SPENGEMANN, KARL-LUDWIG (1993): *Architektur wahrnehmen. Experimente und Untersuchungen.* Bielefeld: Kerber, 1993

SPERRY, ROGER W. (1968): *„Hemisphere Disconnection and Unitiy in Concious Awareness"* In: American Psychologist 23, 1968, S. 723–733

SPERRY, ROGER W. (1973): *„Lateral Specialisation of Cerebral Function in the Surgically Separted Hemispheres",* in: The Psychophysiology of Thinking. Herausgegeben von F.J. McGuigan und R.A. Schoonover. New York: Academic Press, 1973, S. 209–229

SPITZ, RENE (2002): *hfg ulm, der Blick hinter den Vordergrund. Die Politische Geschichte der Hochschule für Gestaltung 1953–1968. / Hfg Ulm: The View Behind the Foreground. The Political History of the Ulm School of Design. 1953–1968.* Stuttgart: Menges, 2002

TAUT, BRUNO (1936, 1977): *Kenchiku Geijutsu-Ron.* Tokyo: Iwanami Shoten, 1936, deutsch: *Architekturlehre. Grundlagen, Theorie und Kritik aus der Sicht eines sozialistischen Architekten.* Herausgegeben von Tilman Heinisch und Goerd Peschken. Hamburg, Westberlin: VSA, 1977

THACKARA, JOHN (2005): *In the Bubble. Designing in a complex world.* Cambridge, Mass.: MIT Press, 2005

TRAUFETTER, GERALD (2006): *„Stimme aus dem Nichts. Hirnforscher entdecken die Macht der Intuition"*, in: Der Spiegel, Nr. 15/2006, Hamburg: Spiegel, 2006, S. 158–171

UHL, OTTOKAR (2003): *Gegen-Sätze. Architektur als Dialog. Ausgewählte Texte aus vier Jahrzehnten.* Vorwort: Kathinka Schreiber. Hg. Elke Krasny und Claudia Mazanek. Wien: Picus, 2003

VASKE, HERMANN (2001): *Standing on the Shoulders of Giants. Gespräche mit den Besten der Werbung.* Berlin, 2001

VESTER, FREDERIC (1999): *Die Kunst vernetzt zu denken – Ideen und Werkzeuge für einen neuen Umgang mit Komplexität.* Stuttgart: DVA, 1999, zitiert nach der 4. Aufl. 2000

VITRUV [Vitruvius Pollio, Marcus] (Manuskript ca. 33–22 v. Chr.) (1487): *De architectura libri decem.* o.O.: Veroli, 1487, deutsch: *Zehn Bücher über Architektur.* Basel 1514, zitiert nach der Übersetzung von Carl Fensterbusch, Darmstadt: Wiss. Buchges., 1964, 3. Aufl. 1981

WACHSMANN, KONRAD (1959): *Wendepunkt im Bauen.* Wiesbaden: Krausskopf, 1959; 2. Aufl. Stuttgart: DVA, 1989

WAHRIG, GERHARD (1986): *Deutsches Wörterbuch.* Völlig überarbeitete Neuausgabe. München: Mosaik, 1986

WATSON, DONALD; MICHAEL J. CROSBIE; CALLENDER, JOHN HANCOCK et al. (Hg.) (1997): *Time Saver Standards for Architectural Design: Technical Data for Professional Practice,* McGraw-Hill, 7th ed. 1997, 8th ed. 2004

WEISS, L. (1975): *Bewertung im Bauwesen.* Zürich, ETH: Institut für Hochbauforschung HBF, 1975

WELSCH, WOLFGANG (Hg.) (1988): *Wege aus der Moderne. Schlüsseltexte der Postmoderne-Diskussion.* Weinheim, 1988, 2. Aufl. Berlin, 1994

WICK, RAINER K. (1982): *Bauhaus-Pädagogik.* Köln: Dumont, 1982, 4. Aufl. 1994

WIESING, LAMBERT (Hg.) (2002): *Philosophie der Wahrnehmung. Modelle und Reflexionen.* Frankfurt am Main: Suhrkamp, 2002

WILSON, EDWARD O. (1998): *Consilience. The Unity of Knowledge.* New York: Knopf, 1998, deutsch: *Die Einheit des Wissens.* Berlin: Siedler, 1998, 2. Aufl. 1998

Teil B: Werkzeuge des Entwerfens (ab S. 81, nach Kapiteln geordnet)
Titel, die in mehreren Kapiteln zitiert werden, sind im allgemeinen Teil der Bibliografie aufgeführt.

ARNHEIM, RUDOLF (1979): *„The Tools of Art – Old and New"*, in: Technikum. University of Michigan, 1979, zitiert nach Arnheim 1986, S. 166 ff.

BREDEKAMP, HORST (2003): *„Kulturtechniken zwischen Mutter und Stiefmutter Natur"*, in: Krämer, Bredekamp 2003, S. 117–142

DIDEROT, DENIS; D'ALEMBERT, JEAN-BAPTISTE LE ROND (Hg.) (1751–72): *Encyclopédie, ou dictionnaire raisonné des sciences, des arts et des métiers.* Paris, 1751–72

FEHRENBACH, FRANK (Hg.) (2002): *Leonardo da Vinci. Natur im Übergang. Beiträge zu Wissenschaft, Kunst und Technik.* München: Fink, 2002

FULLER, R. BUCKMINSTER (1969): *Operating Manual for Spaceship Earth.* Simon & Schuster/Southern Illinois University, 1969, deutsch: *Bedienungsanleitung für das Raumschiff Erde und andere Schriften.* Reinbek, 1973. Neu herausgegeben von Joachim Krausse. Dresden: Verlag der Kunst, 1998

GÄNSHIRT, CHRISTIAN (1999): *„Sechs Werkzeuge des Entwerfens"*, in: Wolkenkuckucksheim –
Internationale Zeitschrift für Theorie und Wissenschaft der Architektur, Nr. 1/1999

GROTE, ANDREAS (1966): *der vollkommen Architektus. Baumeister und Baubetrieb bis zum Anfang
der Neuzeit.* 2. Aufl. München: Prestel, 1966

HAMBLY, MAYA (1988): *Drawing Instruments 1580–1980.* London: Sotheby's, 1988

HANSMANN, WILFRIED (1999): *Balthasar Neumann.* Mit Fotografien von Florian Monheim.
Köln: DuMont, 1999

HERMANN-FIORE, KRISTINA (2002): *„Leonardos Gewitterlandschaft und Dürers Nemesis.
Zur kosmischen Vision der Landschaft um 1500"*, in: Fehrenbach 2002

MAU, BRUCE (2000): *Life Style.* Herausgegeben von Kyo Maclear mit Bart Testa. London:
Phaidon, 2000

MÜLLER, KARL (1905): *Kunststeinbau. Stummer Lehrmeister für die gesamte Kunststeinbranche.*
Gommern, 1905, 2. Reprintauflage Holzminden: Hennig, o.J.

RÖTTINGER, HEINRICH (1914): *Die Holzschnitte zur Architektur und zum Vitruvius Teutsch des
Walther Rivius.* Studien zur deutschen Kunstgeschichte 167, Straßburg, 1914

ZIMMER, GERHARD (1984): *„Maßstäbe römischer Architekten"*, in: DiskAB 4, 1984, S. 265–276

Geste

FLUSSER, VILÉM (1991): *Gesten. Versuch einer Phänomenologie.* Bensheim und Düsseldorf:
Bollmann, 1991, 2. Aufl. 1993

GÄNSHIRT, CHRISTIAN (2003): *„Geste und Sprache als grundlegende Entwurfswerkzeuge"*,
in: Architekturjahrbuch des Instituts für Entwerfen, BTU Cottbus, 2003, S. 34–39

STURM, HERMANN (Hg.) (1998): *Geste & Gewissen im Design.* Köln: DuMont, 1998

VERSCHAFFEL, BART (2001): *Architektur als Geste.* Mit einem Vorwort von Ákos Moravánsky.
Luzern: Quart, 2001

WITTGENSTEIN, LUDWIG (Manuskripte 1914–1951) (1977): *Vermischte Bemerkungen.* Zitiert
nach: Werkausgabe Band 8, Frankfurt am Main: Suhrkamp, 1984, 6. Aufl. 1994

Skizze

BERGEIJK, HERMAN VAN; HAUPTMANN, DEBORAH (1998): *Notations of Herman Hertzberger.*
Rotterdam: NAI Publishers, 1998

EDWARDS, BETTY (1999): *The New Drawing on the Right Side of the Brain. A Course in Enhancing
Creativity and Artistic Confidence.* New York: Tarcher/Putnam 1999, deutsch: *Das neue
Garantiert zeichnen lernen. Die Befreiung unserer schöpferischen Gestaltungskräfte.* Reinbek bei
Hamburg: Rowohlt, 2000

FOSTER, NORMAN (1993): *Sketch Book.* Herausgegeben von Werner Blaser. Basel, Boston,
Berlin: Birkhäuser, 1993

HAHNLOSER, HANS ROBERT (1935): *Villard de Honnecourt.* Kritische Gesamtausgabe des
Bauhüttenbuchs ms.fr 19093 der Pariser Nationalbibliothek. Wien: Schroll, 1935,
2., revidierte Aufl. Graz: 1972

HOLLANDA, FRANCESCO DE (ca. 1550): *Dialogos em Roma,* deutsch: *Vier Gespräche über die
Malerei zu Rom 1538.* Originaltext mit Übersetzung, Einleitung, Beilagen und
Erläuterungen von Joaquim de Vasconcellos, Wien 1899

KOSCHATZKY, WALTER (1977): *Die Kunst der Zeichnung. Technik, Geschichte, Meisterwerke.*
Salzburg: Residenz, 1977, München: DTV, 1981, 7. Aufl. 1991

MENDELSOHN, ERICH (1930): *Das Gesamtschaffen des Architekten. Skizzen, Entwürfe, Bauten.*
Berlin: Mosse, 1930, Braunschweig: Vieweg, 1989

POSENER, JULIUS (engl. Manuskript 1957) (2004): *Heimliche Erinnerungen. In Deutschland 1904 bis 1933.* Aus dem Englischen von Ruth Keen. Hg. Alan Posener. München: Siedler, 2004

SIZA, ÁLVARO (1994): *Stadtskizzen / City Sketches / Desenhos urbanos.* Hg. Brigitte Fleck, Vorwort: Norman Foster, Texte von Brigitte Fleck, Álvaro Siza und Wilfried Wang. Basel, Boston, Berlin: Birkhäuser, 1994

WISNIEWSKI, EDGAR (1993) *Die Berliner Philharmonie und ihr Kammerkonzertsaal. Der Konzertsaal als Zentralraum.* Berlin: Mann, 1993

Sprache

BIRNBACHER, DIETER; KROHN, DIETER (Hg.) (2002): *Das sokratische Gespräch.* Stuttgart: Reclam jun., 2002

FULLER, R. BUCKMINSTER (1944): „Dymaxion Comprehensive System. Introducing Energetic Geometry", unveröffentlichtes Manuskript 1944, S. 1–15, zitiert nach Krausse 2001, S. 169–181

GUDEHUS, JULI (1992): *Genesis.* Baden: Lars Müller, 1992

KRAUSSE, JOACHIM; LICHTENSTEIN, CLAUDE (Hg.) (1999): *Your Private Sky: R. Buckminster Fuller. Design als Kunst einer Wissenschaft.* Baden: Lars Müller, 1999

LOOS, ADOLF (1924): *„Von der Sparsamkeit",* in: Wohnungskultur (Journal) Heft 2/3, Wien, 1924, zitiert nach Loos 1983

LOOS, ADOLF (1983): *Die Potemkinsche Stadt.* Verschollene Schriften 1897–1933, herausgegeben von Adolf Opel. Wien, Prachner, 1983

MACCORMAC EARL (1985): *A Cognitive Theory of Metaphor.* Cambridge, MA, 1985

NIEMEYER, OSCAR (1993): *Conversa de arquitecto.* Rio de Janeiro: Revan, 1993. Porto: Campo das Letras, 1997, 1999

STEINGRUBER, JOHANN DAVID (1773): *Architectonisches Alphabet,* Schwabach, 1773

VALÉRY, PAUL (1921): *„Eupalinos ou l'Architecte – Dialogue des Morts",* in: La Nouvelle Revue Française 90, Paris 1921, S. 237–285. Deutsch: *Eupalinos oder die Architektur.* Übertragen von Rainer Maria Rilke. Leipzig: Insel, 1927, Frankfurt am Main: Suhrkamp, 1973, 3. Aufl. 1993

WITTGENSTEIN, LUDWIG (1921): *„Tractatus logico-philosophicus. Logisch-philosophische Abhandlung",* in: Annalen der Naturphilosophie. Ohne Ort: Ostwald, 1921, zitiert nach: Frankfurt am Main: Suhrkamp, 1963, 22. Aufl. 1989

Zeichnung

HESBERG, HENNER VON (1984): *„Römische Grundrisspläne auf Marmor",* in: IstMitt 30, 1980, S. 120–136

LE CORBUSIER (1923): *Vers une Architecture.* Paris, 1923, zitiert nach der Ausgabe der Librairie Arthaud, Paris 1984, S. 1–253, und nach der deutschen Übersetzung von Hans Hildebrandt: *Kommende Baukunst.* Stuttgart, Berlin und Leipzig: Deutsche Verlags-Anstalt, 1926

NERDINGER, WINFRID (Hg.) (2005): *Frei Otto – Das Gesamtwerk. Leicht bauen, natürlich gestalten.* Hg. Winfrid Nerdinger, Irene Meissner, Eberhard Möller und Mirjana Grdanjski. (Ausstellungskatalog) Basel, Boston, Berlin: Birkhäuser, 2005

PEVSNER, NIKOLAUS; HONOUR, HUGH; FLEMING, JOHN (1966): *Penguin Dictionary of Architecture.* Harmondsworth: Penguin, 1966, deutsch: *Lexikon der Weltarchitektur.* München: Prestel, 1971, 2., erw. Aufl. 1987

RAUTERBERG, HANNO (2005): „Barock aus dem Rechner", in: Die Zeit Nr. 45/2005,
vom 3.11.2005, S. 54

VIEIRA, JOAQUIM (1995): O Desenho e o Projecto São o Mesmo? Outros Textos de Desenho.
Porto: FAUP, 1995

Modell

EVERS, BERND (Hg.) (1995): Architekturmodelle der Renaissance. Die Harmonie des Bauens von
Alberti bis Michelangelo. (Ausstellungskatalog) München, New York: Prestel, 1995

GRAEFE, RAINER (Hg.) (1989): Zur Geschichte des Konstruierens. Stuttgart: DVA, 1989

LEPIK, ANDREAS (1995): „Das Architekturmodell der frühen Renaissance. Die Erfindung
eines Mediums", in: Evers 1995, S. 10–20

OECHSLIN, WERNER (1995): „Das Architekturmodell zwischen Theorie und Praxis", in: Evers 1995,
S. 40–49

OTTO, FREI (1989): „Was könnten die alten Steinbaumeister gewusst haben, um entwerfen und bauen
zu können?", in: Graefe 1989, S. 196–210

SCHAERF, ERAN (2002): Blue Key. Journal for Demographic Design. (Ausstellungskatalog)
Köln: Walther König, 2002

STACHOWIAK, HERBERT (1973): Allgemeine Modelltheorie. Wien, New York: Springer, 1973

Perspektive

ALBERTI, LEON BATTISTA (Manuskript 1435) (1540): De Pictura. Basel: Bartholomaeus
Westheimer, 1540, deutsch: Della Pittura. Über die Malkunst. Hg. Oskar Bätschmann,
Sandra Gianfreda, Darmstadt, Wiss. Buchges., 2002

EDGERTON, SAMUEL Y. (1975): The Renaissance Rediscovery of Linear Perspective. New York: Basic
Books, 1975, deutsch: Die Entdeckung der Perspektive. München: Fink, 2002

FOURNIER, DANIEL (1761): A Treatise on the Theory of Perspective, 1761

GOSZTONYI, ALEXANDER (1976): Der Raum. Geschichte seiner Probleme in Philosophie und
Wissenschaften. 2 Bde, Freiburg, München: Alber, 1976

KLOTZ, HEINRICH (1997): Der Stil des Neuen. Die europäische Renaissance. Stuttgart: Klett-Cotta,
1997, 2. Aufl. 1997

LINDBERG, DAVID C. (1976): Theories of Vision from Alkindi to Kepler, Chicago and London:
The University of Chicago Press, 1976 deutsch: Augen und Licht im Mittelalter. Die
Entwicklung der Optik von Alkindi bis Kepler. Frankfurt am Main: 1987

PANOFSKY, ERWIN (1927): „Die Perspektive als symbolische Form", in: Vorträge der Bibliothek
Warburg 1924–25, Leipzig: 1927, S. 258–330

RICHARDSON, JOHN (1996): A Life of Picasso. New York: Random, 1996, deutsch: Picasso.
Leben und Werk, Bd. 2, 1907–1917. München: Kindler, 1997

Foto, Film, Video

DECHAU, WILFRIED (1995): Architektur abbilden. Stuttgart: DVA, 1995

FLUSSER, VILÉM (1983): Für eine Philosophie der Fotografie. Göttingen: European Photography,
1983, zitiert nach der 8. durchges. Aufl. 1997

MAAR, CHRISTA; BURDA, HUBERT (2004): Iconic Turn. Die neue Macht der Bilder.
Köln: DuMont, 2004, 3. Aufl. 2005

SACHSSE, ROLF (1997): Bild und Bau. Zur Nutzung technischer Medien beim Entwerfen von
Architektur. Bauwelt-Fundamente Band 114. Braunschweig, Wiesbaden: Vieweg, 1997

SCHAAF, LARRY J. (2000): The Photographic Art of William Henry Fox Talbot. Princeton:
Princeton University Press, 2000

Kalkulation

FATHY, HASSAN (1969): *Gourna: A Tale of Two Villages*. Cairo: Ministry of Culture, 1969, zitiert nach der Ausgabe: *Architecture of the Poor*. Cairo: The American University in Cairo Press, 1989, 3rd printing 2000

HÄMER, HARDT-WALTHERR (2002): *Stadt im Kopf*. Hg. Manfred Sack. Berlin: Jovis, 2002

ROTH, FEDOR (1995): *Adolf Loos und die Idee des Ökonomischen*. Wien: Deuticke, 1995

STRAUB, HANS (1949): *Geschichte der Bauingenieurkunst. Ein Überblick von der Antike bis in die Neuzeit*. Ohne Ort, 1949, 4. erw. Aufl., Hg. Peter Zimmermann, Nikolaus Schnitter und Hans Straub Jun. Basel, Boston, Berlin: Birkhäuser, 1992, 4. Aufl., 1996

Computer, Programm, Simulation

BARZON, FURIO (2003): *La carta di Zurigo*. Turino: Testo & Immagine, 2003, englisch: *The Charter of Zurich*. Basel, Boston, Berlin: Birkhäuser, 2003

EISENMAN, PETER (2003): *„A Matrix in the Jungle"*, in: Barzon 2003, p. 28–37

FOSTER, NORMAN (2000): *„Design in a Digital Age"*, in: Jenkins 2000, S. 773–785

KITTLER, FRIEDRICH (2002): *Short Cuts*. Band 6 der von Peter Gente und Martin Weinmann herausgegebenen Reihe Short Cuts, Frankfurt am Main: Zweitausendeins, 2002

ZUSE, KONRAD (1970): *Der Computer mein Lebenswerk*. München, 1970

Kritik, Kriterien und Wertesysteme

BAZIN, ANDRÉ (1958–1962): *Qu'est-ce que le cinéma?* Band I–IV, Paris: Éditions du Cerf, 1958–1962. Deutsch: *Was ist Kino. Bausteine zur Theorie des Films*. Köln: Dumont, 1975, zitiert nach: *Was ist Film?* Herausgegeben von Robert Fischer. Vorwort: Tom Tykwer, Einleitung: François Truffaut. Berlin: Alexander, 2004

CONRADS, ULRICH; FÜHR, EDUARD; GÄNSHIRT, CHRISTIAN (Hg.) (2003): *Zur Sprache bringen. Kritik der Architekturkritik*. Münster, New York: Waxmann, 2003

GÄNSHIRT, CHRISTIAN (2003): *„Goldene Axt und intelligentes Gefühl. Kritik als Werkzeug des Entwerfens"*, in: Wolkenkuckucksheim – Internationale Zeitschrift für Theorie und Wissenschaft der Architektur, Nr. 2/2002

GRAFTON, ANTHONY (2000): *Leon Battista Alberti: Master Builder of the Italian Renaissance*. New York: Hill and Wang, 2000, deutsch: *Leon Battista Alberti:* Berlin: Berlin-Verlag, 2000

GROYS, BORIS (1992): *Über das Neue. Versuch einer Kulturökonomie*. München, Wien: Hanser, 1992, zitiert nach Frankfurt am Main: Fischer, 1999, 3. Aufl. 2003

HALLBERG, JANA; WEWERKA, ALEXANDER (Hg.) (2001): *Dogma 95. Zwischen Kontrolle und Chaos*. Berlin: Alexander, 2001

KANT, IMMANUEL (1790): *Kritik der Urteilskraft*. Berlin, Libau: Lagarde und Friedrich, 1790, Frankfurt am Main: Suhrkamp, 1974

MENDELSOHN, ERICH (1961): *Briefe eines Architekten*. München: Prestel, 1961, zit. nach Basel, Boston, Berlin: Birkhäuser, 1991

NEUMEYER, FRITZ (1986): *Mies van der Rohe: Das kunstlose Wort*. Berlin: Siedler 1986

PÜCKLER-MUSKAU, HERMANN FÜRST VON (1834): *Andeutungen über Landschaftsgärtnerei, verbunden mit der Beschreibung ihrer praktischen Anwendung in Muskau*. Stuttgart: Hallberger'sche, 1834, zitiert nach: Stuttgart: DVA, 1977

RAUTERBERG, HANNO (2003): *„Raus aus den alten Rastern! Zeitgenössisch bauen, was heißt das?"*, in: Die Zeit Nr. 26/2003, 21.6.2003

REICH-RANICKI, MARCEL (1994): *Die Anwälte der Literatur*. Stuttgart: DVA, 1994, München: DTV, 1996, 2. Aufl. 1999

SAID, EDWARD W. (1983): *The World, the Text and the Critic*. Cambridge,
    Mass.: Harvard, 1983, deutsch: *Die Welt, der Text und der Kritiker*.
    Übers. von Brigitte Flickinger. Frankfurt am Main: Fischer, 1997
SPIRO, ANNETTE (2002): *Paulo Mendes da Rocha. Bauten und Projekte*. Sulgen: Niggli, 2002

Theorie
ADLER, KATHARINA; AICHER, OTL (1981): *das Allgäu (bei Isny)*. Isny: o.V., 1981
AICHER, OTL (1980): *zeichensysteme*. München: Koch, 1980
AICHER, OTL (1982): *Die Küche zum Kochen – Das Ende einer Architekturdoktrin*.
    München: Callwey, 1982
AICHER, OTL (1982): *gehen in der wüste*. Frankfurt am Main: Fischer, 1982
AICHER, OTL (1984): *kritik am auto*. München: Callwey, 1984
AICHER, OTL (1985): *innenseiten des krieges*. Frankfurt am Main: Fischer, 1985
AICHER, OTL (1988): *typografie*. Mit einem Beitrag von Josef Rommen.
    Berlin: Ernst & Sohn / Maak, 1988, 3., durchgesehene Aufl. 1992
FOSTER, NORMAN (2000): „*Otl Aicher, 1991*", in: Jenkins 2000, S. 592–595
GÄNSHIRT, CHRISTIAN (2005): „*Eine Theorie des Entwerfens? Zu den Schriften von Otl Aicher /
    A Theory of design? On the Writings of Otl Aicher*", in: GAM Graz Architektur Magazin
    Nr. 02, Wien, New York: Springer, 2005, S. 174–191
KUHNERT, NIKOLAUS: „*Otl Aicher / Entwurf der Moderne*", in: Arch⁺ 98, Aachen: Arch⁺, 1989,
    S. 20 f.
RATHGEB, MARKUS (2006): *Otl Aicher*. London: Phaidon, 2006

Teil C: Neue Beiträge (aus den Jahren 2007 bis 2010)
AGKATHIDIS, ASTERIOS; HUDERT, MARKUS; SCHILLIG, GABI (Hg.) (2008): *Form Defining
    Strategies: experimental architectural design*. Tübingen, Berlin: Wasmuth, 2008, 2. Aufl. 2009
AGOTAI, DORIS (2007): *Architekturen in Zelluloid. Der filmische Blick auf den Raum*.(Dissertation)
    Bielefeld: Transcript, 2007
AMBROSE, GAVIN; HARRIS, PAUL (2010): *Design Thinking*. Lausanne: AVA, 2010, deutsch:
    Design Thinking. München: Stiebner, 2010
ANGÉLIL, MARC; HEBEL, DIRK (Hg.) (2008): *Deviations - Architektur Entwerfen: Ein Handbuch*.
    Basel, Boston, Berlin: Birkhäuser, 2008
ARCHITEKTURZENTRUM WIEN (Hg.) (2008): *Die Welt im Modell*. Hintergrund Nr. 40
    (Zeitschrift), Wien, Oktober 2008
BADIOU, ALAIN (1969, 2007): *Le concept de modèle*. 1969, Paris: Fayard, 2007, deutsch:
    Das Konzept des Modells. Einführung in eine materialistische Epistemologie der Mathematik.
    (Neuausgabe) Wien: Turia + Kant, 2009
BERZBACH, FRANK (2010): *Kreativität aushalten. Psychologie für Designer*.
    Mainz: Hermann Schmidt, 2010
BIELEFELD, BERT; EL KHOULI, SEBASTIAN (2007): *Basics Entwurfsidee*. Basel, Boston, Berlin:
    Birkhäuser, 2007
BOHNACKER, HARTMUT; GROSS, BENEDIKT; LAUB, JULIA; LAZZERONI, CLAUDIUS (Hg.) (2009):
    Generative Gestaltung: Entwerfen. Programmieren. Visualisieren. Mainz: Hermann Schmidt,
    2009
BONSIEPE, GUI (2009): *Entwurfskultur und Gesellschaft*. Schriften zur Gestaltung, Zürcher
    Hochschule der Künste, Basel, Boston, Berlin: Birkhäuser, 2009

BRANDES, UTA; ERLHOFF, MICHAEL; SCHEMMANN, NADINE (2009): *Designtheorie und Designforschung.* UTB, Reihe Design studieren, München: Fink, 2009

BREDELLA, NATHALIE (2009): *Architekturen des Zuschauens. Imaginäre und reale Räume im Film.* Bielefeld: Transcript, 2009

BÜHLMANN, VERA; WIEDMER, MARTIN (Hg.) (2008): *pre-specifics. Komparatistische Beiträge zur Forschung in Kunst und Design.* Zürich: jrp-Ringier, 2008

BUETHER, AXEL (2010): *Die Bildung der räumlich-visuellen Kompetenz.* (Dissertation) Halle: Burg Giebichenstein, 2010

CROSS, NIGEL (2007): *Designerly ways of Knowing.* Basel, Boston, Berlin: Birkhäuser, 2007

EDELMANN, KLAUS THOMAS; TERSTIEGE, GERRIT (Hg.) (2010): *Gestaltung denken. Ein Reader für Designer und Architekten.* (Anthologie) Basel, Boston, Berlin: Birkhäuser, 2010

EIDNER, FRANZISKA; HEINICH, NADIN; JERCHAU, NADINE (Hg.) (2007): *überfunktion. Zur Konstruktion von Wirklichkeit(en) in der Architektur.* (Ausstellungskatalog) Berlin: Aedes, 2007

FACHBEREICH ARCHITEKTUR DER TU DARMSTADT (2008): *vom Entwerfen / on Designing.* Generalist – Magazin für Architektur Nr. 0/2008, Berlin: Nicolai, 2008

GARCIA, MARK (Ed.) (2010): *The Diagrams of Architecture.* AD Reader, London, New York: John Wiley, 2010

GEISER, RETO; SCHWEIZER BUNDESAMT FÜR KULTUR (Hg.) (2008): *Explorations in Architecture. Teaching, Design, Research.* Basel, Boston, Berlin: Birkhäuser, 2008

GERMER, HELMUT; NEESER, THOMAS (2010): *1D – Die erste Dimension. Zeichnen und Wahrnehmen – Ein Arbeitsbuch für Gestalter.* Basel: Birkhäuser, 2010

GERSTNER, KARL (1964, 2007): *Programme entwerfen: fünf Essays und eine Einführung.* Teufen: Niggli, 1964, Neuaufl. hg. von H. Geisler und J. Pabst, Baden: Lars Müller, 2007

GETHMANN, DANIEL; HAUSER, SUSANNE (Hg.) (2009): *Kulturtechnik Entwerfen. Praktiken, Konzepte und Medien in Architektur und Design Science.* (Tagungsband) Bielefeld: Transcript, 2007

GIROT, CHRISTOPHE; WOLF, SABINE (Hg.) (2010): *Blicklandschaften. Landschaft in Bewegung / Landscape Video. Landscape in Movement.* (mit DVD) Cadrages II, Zürich: gta, 2010

GLEINIGER, ANDREA; VRACHLIOTIS, GEORG (Hg.) (2008): *Komplexität. Entwurfsstrategie und Weltbild.* Basel, Boston, Berlin: Birkhäuser, 2008

GLEINIGER, ANDREA; VRACHLIOTIS, GEORG (Hg.) (2008): *Simulation: Präsentationstechnik und Erkenntnisinstrument.* Basel, Boston, Berlin: Birkhäuser, 2008

GUDEHUS, JULI (Hg.) *Das Lesikon der visuellen Kommunikation.* Mainz: Hermann Schmidt, 2010

HAHN, ACHIM (2008): *Architekturtheorie. Wohnen, Entwerfen, Bauen.* UTB, Konstanz: UVK, 2008

HEALY, PATRICK (2008): *The Model and its Architecture.* Delft School of Design Series on Architecture and Urbanism, Rotterdam: 010, 2008

HEINRICH, MICHAEL (2009): *Basics Architekturfotografie.* Basel, Boston, Berlin: Birkhäuser, 2009

HOFMANN, MARTIN LUDWIG (Hg.) (2010): *Design im Zeitalter der Geschwindigkeit.* München: Fink, 2010

JÄGER, DAGMAR (2008): *Schnittmuster-Strategie: Eine dialogische Entwurfslehre für Architektur, Design und Kunst.* (Dissertation) Berlin: Reimer, 2008

JOHANNES, RALPH (Hg.) (2009): *Entwerfen. Architektenausbildung in Europa von Vitruv bis Mitte des 20. Jahrhunderts. Geschichte – Theorie – Praxis.* Hamburg: Junius, 2009

JOPPIEN, JÖRG (Hg.) (2008): *Entwurfslehre - eine Suche. Teaching Design: Texte und Bilder zum Dresdner Architektur-Symposium 2005.* Tübingen, Berlin: Wasmuth, 2008

JORMAKKA, KARI (2008): *Basics Methoden der Formfindung*. Basel, Boston, Berlin: Birkhäuser, 2008

KLEMP, KLAUS; UEKI-POLET, KEIKO (2010): *Less and More. The Design Ethos of Dieter Rams*. (Ausstellungskatalog) Berlin: Die Gestalten, 2010

KRASNY, ELKE (Hg.) (2008): *Architektur beginnt im Kopf. The Making of Architecture*. (Ausstellungskatalog) Basel, Boston, Berlin: Birkhäuser, 2008

LORENZ, PETER (2010): *Gebäude entwerfen. Grundlagen, Methoden, Arbeitshilfen*. München: DVA, 2010

LOVERO, PASQUALE (2008): *La progettazione critica. Un tipo de procedimento progettuale*. Venezia: Libreria Editrice Cafoscarina, 2008

MALDONADO, TOMÁS (2007): *Digitale Welt und Gestaltung. Ausgewählte Schriften*. Hg. von Gui Bonsiepe, Schriften zur Gestaltung, Züricher Hochschule der Künste, Basel, Boston, Berlin: Birkhäuser, 2007

MUÑOZ COSME, ALFONSO (2008): *El proyecto de Arquitectura / The Project of Architecture: Concepto, proceso y Representacion / Concept, Process and Representation*. Estudios universitarios de arquitectura Bd. 16, Barcelona: Editora Reverté, 2008

OSWALD, ANSGAR (2008): *Meister der Miniaturen. Architektur Modellbau*. Berlin: DOM, 2008

PALLASMAA, JUHANI (2009): *The Thinking Hand. Existential and Embodied Wisdom in Architecture*. AD Primers, London, New York: John Wiley, 2009

PICON, ANTOINE (2010): *Digital Culture in Architecture. An Introduction for the Design Professions*. Basel, Boston, Berlin: Birkhäuser, 2010

PROTZEN, JEAN-PIERRE; HARRIS, DAVID J. (2010): *The Universe of Design. Horst Rittel's Theories of Design and Planning*. London, New York: Routledge, 2010

RECK, HANS ULRICH (2007): *Index Kreativität*. Kunstwissenschaftliche Bibliothek Bd. 30, Köln: König, 2007

SCHEINBERGER, FELIX (2009): *Mut zum Skizzenbuch. Zeichnen & Skizzieren unterwegs*. Mainz: Hermann Schmidt, 2009

SCOTT BROWN, DENISE (2009): *Having Words*. AA Words 4, ed. Brett Steele. London: AA Publications, 2009

SEGGERN, HILLE VON; WERNER, JULIA; GROSSE-BÄCHLE, LUCIA (Hg.) (2008): *Creating Knowledge. Innovationsstrategien im Entwerfen urbaner Landschaften / Innovation Strategies for Designing Urban Landscapes*. Berlin: Jovis, 2008

SENNETT, RICHARD (2008): *The Craftsman*. New Haven: Yale University Press, 2008, deutsch: Handwerk. Berlin: Berlin Verlag, 2008

SHAMIYEH, MICHAEL (Hg.) (2010): *Creating Desired Futures. Solving complex business problems with Design Thinking*. Basel: Birkhäuser, 2010

SMET, CATHERINE DE (2007): *Vers une Architecture du Livre. Le Corbusier: édition et mise en pages*. (Dissertation) 1912-1965. Baden: Lars Müller, 2007

SNOZZI, LUIGI; FREEAR, ANDREW; SENNETT, RICHARD (2009): *Bau der Gesellschaft / Construction of the Society*. Architekturvorträge der ETH Zürich Bd. 7, Zürich: gta, 2009

TERSTIEGE, GERRIT (Hg.) (2009): *The Making of Design. Vom Modell zum fertigen Produkt*. Basel, Boston, Berlin: Birkhäuser, 2009

Weitere Literaturhinweise finden Sie unter: www.christiangaenshirt.com

PERSONENINDEX

SACHINDEX

ABBILDUNGSNACHWEIS

Angaben mit Jahreszahl und Seite beziehen sich auf Quellen, die in der Bibliografie aufgeführt sind. Trotz großer Bemühungen ist es uns nicht gelungen, alle Bildrechteinhaber ausfindig zu machen. Sollten ungeklärte Rechtsansprüche bestehen, bitten wir die Inhaber, sich bei Verlag oder Autor zu melden. Die Rechte aller im Folgenden nicht aufgeführten Abbildungen liegen beim Autor.

Aicher, Florian 213, 214, 215, 219, 220, 222, 224
Arch+ Nr. 137, 1997, S. 23 161 (unten)
Arch+ Nr. 137, 1997, S. 27 161 (oben), 163
Arch+ Nr. 137, 1997, S. 36 164
Arch+ Nr. 98, 1990, S. 25 209
Audi AG 158 (oben)
Behnisch, Günter 144, 156
Buether, Axel 111, Umschlagrückseite
Carvalho, Jorge 176
Chevallier, Pascal, WIB Paris 131
Clair 2005, S. 136 74
Clair 2005, S. 190 76
Demetrios, Eames 206
Diderot 1751, Pl. XI. 87
Eccles 1973, S. 264 62
Eisenman, Peter 146
Engel 2003, S. 52 69
ERCO Leuchten GmbH, © 1976 217
Evers 1995, S. 265 155
Evers 1995, S. 285 198
Evers 1995, S. 312 116
Fuhrmann 1998, S. 67 202
Grote 1966, S. 5 84
Grote 1966, S. 6 40
Grote 1966, S. 74 181
Gudehus, Juli 71, 132, 205
Hahnloser 1972, Anhang, fol. 29 115
Hambly 1988, S. 20 81
Hammel, Tobias 113, 136
Hansmann 1999, S. 11 98

International Museum of Photography, The George Eastman House, Rochester, New York 173, 174
Jenny, Peter 96
Jörns, Michael 105
Kemp 1974, S. 223 86
Kristen, Marianne 54, 127, 158 (unten)
Lachenmeier, Nicole Autorenfoto Umschlag
LasCasas 1997, S. 208 157
LasCasas 1997, S. 74 82
LasCasas 1997, S. 75 82
Laugier 1753, S. 83 44
Lawson, Brian 204
Lequeu, 1782 100
Lindinger 1987, S. 146 219
Meyer, Stephanie 20, 135, 184
Müller 1905, S. 35 93
Ostendorf 1913, S. 134, 137 137
Otto 1989, S. 209 152
Pieper, Christian, www.jp3.de 92, 108, 125
Piranesi 1761, Pl. XIII 166
Reti 1987, S. 71 41
Rittel 1992, S. 75 ff. 66
Sachs, Hinrich, © VG Bild-Kunst 106, 189
Santos, José Paulo dos 141
Scheidegger, Ernst, © Neue Zürcher Zeitung, 2007 149
Siza, Álvaro 47, 72, 119, 120, 138, 169
Stachowiak 1973, S. 131, 160 150
Steingruber 1773 129
The Royal Collection, © 2006, Her Majesty Queen Elizabeth II 13, 83
VG Bild-Kunst, © 2007 Umschlag, 61, 197
Wachsmann 1959, S. 204 68